집 나간
아빠를
찾습니다

남자, 아빠를 말하다

집 나간
아 빠 를
찾습니다

초판 1쇄 발행 2015년 5월 11일

지은이   황영헌

펴낸 이   박종태
펴낸 곳   비전북
출판등록   2011년 2월 22일 제396-2011-000038호

주소   경기도 고양시 일산서구 송산로 499-10(덕이동)
전화   (031)907-3927
팩스   (031)905-3927
이메일   visionbooks@hanmail.net

책임편집   김지연
디자인   김은정
마케팅   강한덕, 임우섭
관리   정문구, 맹정애, 강지선, 김병수, 김기범
인쇄 및 제본 | 예림인쇄

공급처   ㈜비전북
전화   (031)907-3927
전화   (031)905-3927

ISBN 979-11-86387-08-5 03190

*본문에 인용된 성경은 〈새번역성경〉을 사용하였습니다.

남 자 ,   아 빠 를   말 하 다

집 나 간

아 빠 를
찾 습 니 다

지은이 **황영헌**

비전북

Part 1

남 자,
아 빠 가
되 다

아빠, 그는 어떤 사랑을 하는가

목차

Part 2

아빠,
스승이
되다

아빠, 그는 어떻게 행동하는가

Part 3

아빠,
교사가
되다

아빠, 그는 어떻게 가르치는가

Part 4

아빠, 람베가 되다

아빠, 그는 무엇을 남기는가

좌절을 느낀다면 역설적으로 희망이 있다

놀라운 결과다. 대한민국 아이들의 행복지수가 OECD 중 꼴찌다. 더 안타까운 사실은 6년 연속 꼴찌라는 사실. 도대체 어떻게 이해를 해야 할까? 이 잘나가는 대한민국의 아이들이 행복하지 않다는 사실을……. 이유는 우리 모두가 아는 것이 아닌가? 바로 공부, 성적, 학원, 입시. 그저 한숨만 나올 뿐이다.

하지만 나는 생각이 좀 다르다. 아이들이 행복하지 않은 이유는 다른 곳에 있지 않을까? 어른들이 행복하지 않기 때문이다. 왜 그리 아이들의 성적에 집착하는가? 대부분은 부모들의 한풀이다.

"엄마, 아빠는 불행하단다. 너희들은 열심히 공부해서 일류 대학 나와서 행복하게 살아라."

이게 부모들이 자녀들에게 주는 유일한 지침이다. 이래서야 우리 아이들이 어찌 행복해지겠는가?

대한민국의 아버지들은 바쁘다. 그저 죽기 살기로 앞만 보고 달려도 만만치 않은 현실이다. 자녀 교육? 그건 엄마들 일이지. 지친 몸을 이끌고 집에 돌아오면 그저 쉬고 싶을 뿐이다. 힘들어 죽겠는데 자녀 교육까지 신경 써 달라고? 애들 문제가 나오면 짜증이 난다. "도대체 당신은 집에서 뭐 하는 거야?"

이게 보통 대한민국 아버지들의 반응이다.

강연을 하다가 청중들에게 질문을 던져 본다.

"아들이 몇 학년인가요?"

"고등학생이요."

"아들과 대화를 잘하시지요?"

대부분의 아버지들은 난감해 한다.

"시간이 없어서 그래요?"

"네."

"그럼, 시간을 주면 잘하시겠네요?"

그럼 또 난감해 한다. 웃기지만 이게 현실이다. 바빠서, 시간이 없어서, 이건 대부분 핑계다. 우린 훈련이 전혀 되어 있지 않다. 좋은 아버지가 되는 법을 배운 적도 없다. 우리가 아는 아버지란 그저 가족을 위해 일만 하신 그런 분, 그럴 수밖에 없었던 우리의 아버지들이 아닌가? 마음이 없는 것은 아니다. 어찌할 줄 몰라서 그런 것뿐이다. 회피하고 도망가는 것 외에는 방법을 몰라서.

얼마 전 저자가 추천사를 부탁하기에 그냥 별생각 없이 알았다고 했다. 무슨 책인지 물으니 자녀 교육에 관한 책이란다. 내가 자녀 교육에 대해 이런저런 이야기를 할 자격이 있는가 생각해 보니 갑자기 가슴이 답답해진다. 아니, 무슨 자녀 교육 전문가도 아닌 사람이 이런 책을 써? 궁금하기도 하고 어쩔 수 없이 원고를 펴 들었다. 놀라웠다. 자녀 교육용 책자가 아니라 저자의 인생이 담긴 자서전이 아닌가? 삶의 철학이 담긴 생생한 기록이었다. 어떤 전문가도 흉내 낼 수 없는 진짜 살아있는 지침서였다. 단숨에 원고를 독파하고 나니 또 가슴이 답답해진다. 뒤에 붙어 있는 100대 명산 이야기와 가족사진을 보니 울화통까지 치민다. 아니, 이 인간은 뭐야? 난 도대체 아이들과 뭘 했는지, 자괴감과 함께 경이로운 마음이 든다.

가족과 함께 여행을 하고 대화를 나누고, 때로는 친구처럼, 때로는 삶의 멘토로 다가가는 아버지. 물론 멋지다. 그러나 이 책을 읽고 가장 감동을 받은 것은 사실 엉뚱한 곳에 있다. 바로 이들 부부의 표정이다. 삶의 굴곡 가운데서도 미소와 희망을 잃지 않는 부모의 표정은, 때로는 지치고 때로는 좌절하기도 했지만, "아들아, 딸아, 세상은 참 살 만한 곳이란다. 엄마, 아빠는 행복하단다" 이런 이야기를 들려주는 것만 같다.

이 책은 전문가가 쓴 책이 아니다. 그래서 좋다. 도대체 아이들과 어떻게 관계를 맺을지 잘 모르는 아빠라면, 어떻게 하면 좋은 아빠가 될 수 있는지 고민하는 아빠라면 이 책을 읽기를 권한다. 다 읽고 나서 스스로를 돌아보면 된다. 한숨이 나고 좌절을 느낀다면 역설적이지만 희망이 있다는 증거다. 최소한 아빠로서의 자신의 상태는 안다는 뜻이니까. 불행히도 우리 모두가 이런 아빠가 될 수는 없다. 흉내를 내기도 쉽지 않은 일이다. 그래도 아직 우리에게 희망이 있다. 이 책을 통해 좋은 아빠가 되고 싶은 마음이라도 먹는다면 말이다.

신영철 강북삼성병원 기업정신건강연구소 소장, 정신건강의학과 전문의

무너진 성품을 바로 세우는 아빠

　　가족을 위해 일터에서 모든 열정을 바치지만, 정작 가정에서는 설 자리를 잃어버린 이 시대의 아버지들. 여기서 나타나는 '부성의 부재' 현상은 한 가정의 문제에 국한되지 않고 사회 전체의 문제로 이어지기도 하는데, 우리 사회에서도 부성의 부재가 가져다준 부정적인 사례들 때문에 고통을 받고 있다.

　　자녀의 정서적인 발달에 영향을 주는 아버지로서의 친밀감이 곧 '부성 Fatherhood'이다. 부성의 부재는 우리 사회가 가진 가부장적이고 권위적인 아버지의 문화와 더해져서 아이들이 좋은 성품을 키워야 할 중요한 시기에 그 과제를 놓쳐 버리게 만드는 주범이 되었다. 아이들은 아버지와의 친밀감 속에서 좋은 기억을 만들어야 하는데, 도리어 아버지로부터 상처를 받거나 무관심에 방치됨으로써 부정적인 성품 형성의 원인이 되는 것이다.

　　그렇다면 왜 우리 사회에 부성의 부재가 대물림되고 있을까? 이 책에서 소개하고 있는 것처럼 지금 세대 아버지들의 양육 방식이 전 세대 아버지들의 양육 방식을 닮기 때문이다. 따라서 자신의 아버지와의 '좋은 기억'이 절대적으로 부족한 아버지들은 자녀들과도 좋은 기억을 만들지 못한다. 반대로 아버지와 자연스럽게 생각을 나누고 감정을 공유해 온 자녀는 훗날 자신이 부모가 되어서도 자녀와의 소통이 자연스럽다.

물론 직장에서의 성취가 가족의 생계와 직결되어 있으므로 직장에 몰두하는 아버지들의 고충을 이해하더라도, 휴일에 누워 있는 아버지를 흔들어 깨워 놀자고 조르다가 끝내 포기해 버렸던 우리의 어린 시절을 생각해 보자. 또 아버지 옆에서 무슨 얘기를 해야 할지 몰라 어색해하던 청소년 시절도 생각해 보자. 그렇다면 지금이라도 내 아이들만큼은 내가 느낀 부성의 부재를 대물림하지 않겠다는 마음가짐으로 아이들에게 좋은 생각, 좋은 감정, 좋은 행동을 많이 표현해야 한다.

이렇게 부성의 회복이 절실한 때에, 부성의 중요성을 이야기한 《집 나간 아빠를 찾습니다》가 출간된 것을 기쁘게 생각한다. 본인은 저자 부부와 몇 년간 교제를 하며 바른 자녀 교육에 관한 많은 생각을 나눠 왔다. 특히 저자는 한국성품학회에서 운영하는 연구 과정에 참여한 바 있으며, 페이스북 등을 통해 교육에 관한 다양한 정보를 소개하고, 교회에서도 오랫동안 청소년들과 함께하는 등 평소 자녀의 양육과 교육에 관한 다양한 일들을 해 왔다. 뿐만 아니라 저자의 세 자녀 모두가 균형 잡힌 성품을 가지고 많은 사람들에게 칭찬을 받으며 성장해 왔다는 것도 잘 알고 있다.

저자는 이 책에서 자녀들로 하여금 바른 성품을 갖도록 하기 위해 고민하고, 실행하였던 많은 에피소드들과 그 과정에서 깨달은 생각들을 소개하고 있다. 빠른 길보다 바른 길을 선택하고, 배려받기보다 배려하는 삶을 가르친 아빠의 다양한 시도가 멋진 결실로 나타나는 과정은 재미도 있지만 많은 깨달음을 준다. 남자가 아빠가 되고, 아빠가 바른 삶을 가르치는 스승이 되고, 지식을 전하는 교사가 되고, 삶의 의미를 깨닫게 하는 랍비가 되어야 한다는 것은 이 시대의 다른 아빠들에게 큰 도전이 되는 내용이 아닐까 생각한다.

아무튼 이 책을 통해 '집 나갔던 아빠' 들이 가정으로 돌아와 좋은 성품의 자녀, 좋은 성품의 가정을 만드는 '진정한 아빠'로 세워질 뿐 아니라 이 사회의 무너진 성품을 바로 세우는 사역에 동참하게 되기를 소망한다.

이영숙 (사)한국성품협회 좋은나무성품학교 대표, 교육학 박사

감사하고 격려하며

교회에서 20여년 중등부 교사를 하며, 세상에서 가장 무서운 병, 이름하여 중2병을 앓고 있는 학생들과 함께 어울렸습니다. 해가 갈수록 점차 미소가 사라져 가고, 자신감을 잃어가는 무표정한 얼굴들이 안타까웠습니다.

직장과 사회에서 아이를 키우는 많은 부모들과 이야기를 나누었습니다. 과도한 공부에 시달리는 자녀들의 모습을 안타까워하는 아빠들, 그리고 자신의 양육 방식의 효과에 대해 의문을 품는 엄마들의 고민이 안타까웠습니다.

양육과 교육 관련 뉴스들을 관심을 가지고 보았습니다. 경주마처럼 눈가리개를 채운 채 질주를 강요하는 한국 교육의 삭막함에 질식할 것 같았습니다. 다가오는 시대에 그런 질주에 대한 보상이 소외와 좌절임을 보며 안타까웠습니다.

그래서 저의 경험을 나누고 싶었습니다. 서울대나 하버드대를 들어간 것은 아니지만 항상 행복한 표정을 지으며, 현재의 삶에서 최선을 다하는 저의 세 아이들의 양육과 교육에 대한 이야기를 소개하고 싶었습니다. 항상 남을 배려하고, 친구들뿐 아니라 어른들의 칭찬을 받는 세 아이의 성장 과정을 나누고 싶었습니다. 공부하는 시간이 절대적으로 적었음에도 불구하고, 배움을 즐기며 좋은 성과를 내는 세 아이들의 비결을 알리고 싶었습니다. 그래서 이 책을 읽는 부모들과 자녀들의 삶에 조금이나마 행복을 더하고 싶었습니다.

원고를 마무리한 것은 지난해 여름철이었지만 우여곡절 끝에 해를 넘겨 가정의 달인 5월에 출간하게 되었습니다. 과정이 늦어져서 속상하기도 했지만 덕분에 오히려 내용을 충실히 다듬을 수 있는 여유가 있었고, 저의 날생각들을 숙성시킬 수 있는 시간이 되었습니다. 이제 생각하니 그 기간이 고맙게 느껴집니다.

책을 출간함에 있어 가장 감사해야 할 대상은 자신들의 숨겨진 이야기를 만천하에 드러내는 것을 허용해 준 규준이, 다솜이, 규승이입니다. 뿐만 아니라 이렇게 멋지게 자라준 것은 더욱 감사한 일입니다. 너희들이 엄마, 아빠의 가장 큰 기쁨이요, 자랑인 것은 말할 나위가 없단다.

더불어 감사를 받아야 할 사람은 자녀들에게 저보다 훨씬 큰 영향을 미쳤음에도 불구하고 아빠에 초점을 맞춘 책의 기획 때문에 이야기의 뒷전으로 물러나 준 아내입니다. 강한 아빠와 자녀들 사이에 갈등이 없을 수 없는데 절묘하게 중재해 주었고, 여러 가지 이유로 생겨날 수밖에 없는 아빠의 부재를 잘 채워 주었으며, 무엇보다 저의 검증되지 않은 양육 방식과 교육에 대한 결정에 따라 준 아내의 결단에 감사와 사랑의 마음을 전합니다.

한 알의 밀알이 결실하는 데도 많은 수고와 구비되어야 할 까다로운 환경이 있는 것처럼 세 자녀의 성장 과정에서도 학교 선생님, 교회 선생님, 그리고 교환학생 기간 동안 이들의 부모가 되어 준 분들, 아이들의 친구들 모두에게도 고마운 마음을 전합니다. 그리고 아이들의 성장 과정에 부모만큼이나 많은 영향을 끼치시고, 바른 삶의 방향을 가르쳐 주셨던 아이들의 할아버지, 할머니께도 감사의 마음을 전합니다. 특별히 아이들이 어릴 때 행복한 추억들을 많이 만들어 주셨고, 이제는 천국의 안식을 취하고 계시는 장인어른 이종석 장로님께 존경의 마음을 올려드립니다.

가장 중요한 감사는 우리 부부를 부르셔서 부부의 연을 맺게 해 주시고, 부족한 가정에 세 명의 값진 선물을 주셨으며, 진리의 말씀인 성경을 통하여, 그리고 삶 가운데 주시는 지혜와 선한 인도하심으로 세 명의 자녀를 기르시고, 가르쳐 주신 하나님께 드립니다.

이 책의 출판을 흔쾌히 허락하여 주신 비전북의 박종태 사장님, 서 말의 구슬을 꿰어 준 편집부, 그리고 삭막한 저작물을 가슴 따뜻한 책으로 변모시켜

준 디자인팀에도 깊은 감사의 마음을 전하고 싶습니다.

특별히 유쾌한 추천사로 후배에게 기쁨을 주신 신영철 소장님, 성품의 중요성을 일깨워 주시고 기꺼이 추천사를 써 주신 좋은나무성품학교 이영숙 박사님, 그리고 바쁜 와중에도 세 자녀의 성장을 기뻐하며 옥고玉稿를 보내 주신 김종태 장군님, 조선우 대표님, 손재호 사장님, 제 은사이신 박노호 선생님, 류현정 기자님께도 깊은 감사의 마음을 전합니다. 특히 출산을 앞둔 류 기자님의 순산과 새 생명의 축복된 삶을 기원합니다.

그리고 저와 함께 창조경제타운호에 승선하여 고락을 나누는 사업단 직원들과 저를 귀한 자리로 불러 주신 한국과학기술정보연구원 한선화 원장님께도 감사의 말씀을 드립니다.

무엇보다 이 책을 읽으며 자녀에 대한 벅찬 사랑의 감정을 가지고, 자녀의 미래를 위해 시간과 수고를 투자하고자 다짐하는 많은 아빠들과 엄마들에게 사랑과 격려의 마음을 전합니다. 혹 함께 나누실 이야기가 있으시면 제가 운영하는 페이스북 페이지를 이용해 주시기 바랍니다.

2015년 5월 **황영헌**

19

책을 시작하며

스위트홈

스위트홈

어릴 적 우리 집 벽에는 어머니가 혼수로 가져오신 커다란 천이 있었는데, 그 천에는 각종 그림이 수놓아져 있었고 한쪽 귀퉁이에 알파벳으로 글씨가 새겨져 있었다.

'스위트홈Sweet Home'

당시 어머니는 4H 활동을 하셨던 나름대로 신세대 여성이었는데, 신세대 여성답게 가정이 행복한 곳이 되길 바라는 마음을 영어로 표현하셨던 것이다. 행복한 가정에서 따뜻한 성품, 건강한 자아를 가진 자녀가 길러질 수 있으며, 행복한 가정이야말로 장차 자녀들이 학교, 직장, 사회에서 좋은 성과를 내는 원동력이 될 수 있다.

가정은 행복한 곳이 되어야 한다. 힘들고 지친 심신이 위로를 받을 수 있어야 한다. 가정이 학교의 연장이 되어 학습의 스트레스를 준다거나 회사의 연장이 되어 긴장이 이어져서는 안 된다. 그러나 오늘날의 많은 학생, 가장, 주부 들이 가정에서 위로는커녕 쉼조차 얻지 못하고 있으며, 오히려 가정은 많은 갈등과 좌절을 주는 공간이 되어 가고 있다. 그만큼 행복에 이르는 길은 요원하다.

많은 이유들이 있겠지만 그중 큰 것이 바로 자녀의 양육과 교육이 아닐까 생각한다. 양육에 대한 그릇된 이해와 교육에 대한 잘못된 생각이 자녀를 지치게 하고, 부모를 불안하게 하고 경제적으로도 어렵게 함으로써 점차 가정에서의 대화는 사라지고, 결국에는 해결하기 힘든 어려움에 처하는 경우가 너무나 많다. 주위에서 빈번하게 볼 수 있는 이러한 경우들로 인해 젊은이들은 결혼도 출산도 기피하게 되었고, 낮아져만 가는 출산율은 급기야 우리나라의 미래를 위협하는 심각한 사회문제가 되고 있으니 참으로 안타까운 일이 아닐 수 없다. 자녀들에 대한 사랑과 헌신이라면 둘째가라면 서러울 우리나라 부모들이 만들어 내고 있는 이런 이율배반적인 결과의 원인은 무엇일까?

아들 둘과 딸 하나의 부모인 우리 부부 역시 자녀들을 잘 키우기 위해 많은 고민을 했다. 그 결과 대개의 경우 일반적인 선택과는 다른 길을 택했다. 많은 순간 내적인 갈등도 있었고, 주위로부터 우려의 시선도 받았지만 꿋꿋이 지켜온 자녀 양육과 교육의 원칙들로 인해 결과적으로 훨씬 나은 결과를 얻었다고 할 수 있다.

먼저 우리 아이들은 늘 행복하다. 그 행복을 지수화해 보지는 않았지만 아이들이 짓는 미소를 보면 속에서 우러나오는 행복을 알 수 있다.

우리 아이들은 다양한 부류의 사람들과의 관계가 원만하고, 많은 경우 칭찬을 받아 왔다. 소통이 필요한 시대에 우리 아이들의 이런 긍정적인 관계 맺기는 이들의 미래를 밝게 하는 소중한 도구가 될 것이다.

우리 아이들은 학업에서도 좋은 성과를 거둬 왔다. 남의 도움을 받는 공부가 아니라 스스로 해결하는 공부를 했고, 강제적이지 않은 자발적인 분위기에서 즐기듯 공부를 해 왔다. 즐기는 공부가 오래가고, 높은 성과로 이어질 가능성이 높다.

또한 우리 아이들은 힘들고, 어려운 일에 도전하기를 두려워하지 않고, 과감하게 새로운 시도를 하면서 자랐다. 다가오는 세상이 과거보다는 역동적인 예측이 훨씬 어렵다고들 하는데, 세상을 바라보는 아이들의 자세야말로 가장 소중한 무기라고 할 수 있을 것이다.

나는 교육전문가가 아니다. 그러나 많은 가정에서 일어나는 부모와 자녀,

그리고 부부간의 갈등이 자녀 양육에서 기인하는 경우가 많은 것을 보며, 우리 가정의 일을 소개해야겠다는 생각을 했다. 완벽한 가정이 있을 수 없는 것처럼 우리 가정에도 많은 결함이 있다. 그럼에도 불구하고 우리 가정의 이야기를 소개하는 것은 거창한 이론서보다는 쉽게 다가올 수 있고, 평범한 가장의 이야기가 보다 부담스럽지 않을 수 있다고 생각하기 때문이다.

아무쪼록 이 책이 양육과 교육으로 인해 고통스러워하는 많은 가정의 문제들에 대한 돌파구를 찾는 데 기여하고, 그로 말미암아 스위트홈을 되찾아 가는 데 일조할 수 있길 바란다.

아빠, 그는 어떤 사랑을 하는가

Part 1

01

자녀의
미래를
내다보는 아빠

자식에게 인정받는 아빠

우리 아빠는 참 자상하시다. 다른 아빠들에 비해 공부, 성적에 대해 혼내시지
않으신다. 그러나 운동은 자주 하시며, 특히 산에 자주 가신다. 항상 우리와 같이
가시는데, 요즈음은 축구나 농구 등을 하기 때문에 산에 가는 것이 뜸해졌다.

아빠는 내가 원하는 걸 하기 원하신다. 보통 다른 아빠들은 돈 많이 벌고, 인
정받는 직장에 가길 원하시지만, 우리 아빠는 좀 다르시다. 진로 면에서는 좀 자유
로우신 것 같다.

얼마 전에 기말고사를 보았다. 아직 성적표는 나오지 않았지만 저번 성적과
비슷하다. 내가 집에 와서 아깝게 틀린 것에 대해 아쉬워하면 아빠는 과정이 더 중
요하다며 격려하신다. 시험을 아무리 못 봐도 아빠는 안 혼내신다. 대신 노력을 안
하고, 놀기만 하는 것에 대해서는 꾸짖으신다.

아빠는 얼마 전에 직장을 옮기셨다. 그게 이사의 원인이기도 하다. 회사가 아주 가까워 자전거로도 출퇴근하신다. 대기업에 다니셔서 우리는 혜택을 많이 받는다. 저번 설날 때 대구까지 버스로 태워 주기도 하고, 이번 핸드폰 바꿀 때도 도움을 좀 받았다.

요즈음 아빠는 회사에 있는 헬스장에서 몸을 가꾸신다. 덕분에 살은 많이 빠지시고, 근육이 늘었다. 그래서 집에 오시면 '근육 자랑'을 하신다. 나쁘진 않지만 정도가 조금 지나치신 것 같다.

아빠는 옛날에 개구쟁이였을 것이다. 재치 있고, 잔머리 굴리기를 잘하셨을 것 같다. 집에서는 가끔씩 유머를 하셔서 분위기를 띄우신다. 하지만 성공 확률은 조금 적다. 하지만 아빠는 계속 유머를 하신다. 다른 아빠들에 비해 조금 '신세대틱(?)'하다고 말할 수 있다.

자녀에게 이 정도 평가를 받는 아빠가 얼마나 될까? 그리 많지는 않을 것 같다. 이 글을 읽었을 때의 행복은 지금 생각해도 미소가 절로 나온다. 아빠에 대해 이런 긍정적인 평가를 내리는 자녀라면 그 미래가 매우 밝을 것이다. 최소한 아빠와의 갈등 때문에 엇나갈 일은 없지 않겠는가.

감사하게도 이 글은 우리 집 장남 규준이가 중학교 2학년 때 쓴 일기다. 용돈을 두둑이 주고 상상의 글짓기를 시킨 게 아니니 절대로 오해는 마시라. 맹세하거니와 나도 얼마 전에야 처음 본 글이다. 아내가 아들의 낡은 일기장을 찾아주지 않았다면 평생 모르고 지나갈 뻔했다. 아들이 어려서 철모르던 시절에 쓴 글이겠지 하고 웃어넘겨도 좋다. 둘째 다솜이와 셋째 규승이의 이야기까지 들어봐야 정말 좋은 아빠인지 알겠노라고 고개를 저어도 좋다. 중요한 것은 내가 아빠로서 행복감을 느꼈다는 것이다.

솔직히 말하자면, 경제적인 면에서 나는 그리 좋은 가장이 아니었다. 둘째 다솜이가 태어나던 해에 직장을 사직하고 박사과정에 들어갔고, 그 후 일 년 반 동안 수입이 없었다. 아내가 두 아이를 키우며 생계형 과외를 해야 했다. 결국 가계를 위해 학위를 다 마치지 못한 채 다시 직장에 들어갔지만 첫째 아이가 여섯 살이 되던 해인 1998년에 IMF로 석 달간 급여를 제대로 받지 못했다. 게다가 아이가 셋으로 늘었던 터라 정말 힘든 시기였다.

이듬해 젠터닷컴www.gentor.com이라는 벤처기업을 창업했다. 그러나 운영한 지 5년째 되던 2004년, 회사 경영이 어려워지면서 급여를 대폭 삭감해야 했다. 경비를 줄이기 위해 처갓집 근처로 이사를 갔고, 아내는 다시 생계형 아르바이트를 시작했다. 결국 회사는 문을 닫았고, 대표이사로서 엄청난 채무를 떠안아야 했다. 급하게 직장을 구하면서 이사를 갔으나, 오래 근무하지 못했고 다시 이사를 해야 했다.

2005년 말 KTF뒤에 KT와 합병에 입사하고 나서야 비로소 안정된 직장생활을 할 수 있었다. 그러나 젠터닷컴과 관련된 채무가 남아있어 급여의 상당 부분이 원금과 이자를 갚는 데 들어가야 했다. 회사 채무는 2009년이 되어서야 청산할 수 있었다. 그동안 가계 운영을 위한 개인 채무가 꽤 늘어났는데, 2014년 KT에서 희망퇴직을 할 때 퇴직금으로 은행 차입금을 가까스로 다 정리했으니 다행이라면 다행이라고 할 수 있다, 덕분에 이제 겨우 재정적으로 안정이 되었다.

부족한 남편, 부족한 아빠를 만나 아내와 자녀들이 고생을 참 많이 했다. 결혼하고 나서 여태껏 무려 열 번이나 이사했고, 그에 따라 아이들은 수시로 전학을 해야 했다. 가족 모두가 고통을 겪었다.

첫째 규준이가 저 일기를 썼을 때는 내가 막 KTF에 들어갔을 때다. 사업 실패와 계속되는 경제적인 문제로 인해 가정에 큰 어려움이 닥쳤고, 그로 인해 자녀들과 관계가 틀어질 수도 있었던 시기다. 그럼에도 불구하고 아빠인 나를 바라보는 규준이의 마음이 그토록 관대했다는 사실에 놀라울 뿐이다.

얘기가 나온 김에 자식 자랑을 좀 해야겠다. 내겐 세 자녀가 있다. 첫째 규준이는 고등학교 1학년을 마친 2009년 초에 교환학생으로 미국으로 떠났다. 교환학생 기간이 끝난 뒤에도 미국에 남아 학업을 계속해서 세인트루이스 대학교Saint Louis University 물리학과에 입학했다. 우수한 성적으로 2년간 공부하다가 2013년 여름에 군 입대를 위해 귀국했다.

유학생은 병역을 기피하거나 입대해도 군 문화에 적응하지 못하고 요령만 피운다는 안 좋은 이미지가 있다고 들었다. 그런데 육군에 입대한 규준이는 신병훈련소에서 솔선수범한 덕분에 사단장 표창을 받았다. 우리 부부는 수료식 날 단상 맨 앞줄에 앉아 아들이 표창을 받는 걸 바라보는 영광을 누렸다. 자대 배치 후에도 상급자나 동기들과도 잘 어울리며 군 생활을 잘하고 있어서 대견하다.

둘째 딸, 다솜이도 역시 고등학교 1학년, 2011년 8월에 미국으로 교환학생을 떠났고, 1년 교환학생을 마치고 한국으로 돌아온 다솜이는 2학년 2학기로 복학하여 한국의 입시과정을 거쳤다. 실제로 다솜이가 미대 입시를 염두에 두고 그림을 배운 기간이 24개월도 채 되지 않았지만 다수의 공모전에 입상하였고, 국민대학교 조형대학 실내디자인과에 합격했다. 입학해서도 1학년 두 학기 동안 우수한 성적을 거두어 장학금을 받았으며, 또한 학교의 많은 행사에도 솔선수범하여 적극 참여하고 있다. 게다가 아르바이트를 하며 용돈도 버는 등 웃음을 잃지 않고, 매사에 최선을 다하고 있다.

막내아들, 규승이도 2013년 1월, 고등학교 1학년을 마치고 미국으로 교환학생을 떠났다. 미국에 있을 동안에 다니던 학교가 폐교되고, 살던 집이 바뀌는 등 우여곡절이 있었지만 남들이 수강하지 않는 어려운 과목을 선택하여 들었고, 그 과목에서 우수한 성적을 거두었다. 이러한 과정을 인정받아 규승이는 수학, 과학 분야에 우수한 성적을 보이는 학생들을 선발하는 KAMS Kansas Academy of Mathematics and Science에 합격하여 2014년 8월부터 다니고 있다. 대학교 부설로 설치된 이 학교는 일종의 과학고등학교다. 2년제이며, 대학교에 개설된 교과목을 듣게 되는데, KAMS를 졸업하고 미국 대학에 입학하면, 대학에 따라 인정학점에는 차이가 있을 수 있지만 고등학교 때 들은 68학점을 인정받아 바로 대학 3학년이 된다. 규승이도 KAMS에서 다른 아이들과 좋은 관계를 유지하며 모범적인 학창생활을 영위하고 있으며, 보다 나은 미래를 위해 열심히 공부하고 있다.

이외에도 세 아이는 어릴 때부터 전국의 산을 등산하고, 다양한 힘든 도전을 했고, 이를 정리한 우리가족 등산, 여행일지는 우리 집의 가보라고 해도 과언이 아니다. 더욱이 이 아이들은 무엇보다 모든 일에 긍정적이며, 도전적일 뿐 아니라, 부모와 조부모, 친척들을 포함한 많은 어른들과 폭넓은 소통을 하

고 있으며, 많은 칭찬을 들으며 자라고 있다. 또래들에게도 인기 있는 아이임
은 물론이다.

팔불출처럼 자식 자랑을 늘어놓았다. 우리 자녀들에 대한 너스레를 들으
며 이 책에 대한 호기심이 조금이라도 늘었으면 좋겠다.

아이들이 살아갈 미래는 불안하다

자본주의가 위기에 처해 있다는 징후나 진단이 심심치 않게 들려온다. 원
인에 대한 많은 분석이 있지만 정보통신기술의 비약적인 발달로 일자리가 급
격하게 줄어들고 있다는 것이 가장 설득력이 있어 보인다. 과거 기계들은 인간
들의 육체적인 한계를 극복하기 위해 개발되었지만, 컴퓨터와 통신의 발달로
거듭난 기계들은 이제 인간의 인지, 검색, 정보처리, 분석, 의사결정 뿐 아니라
인간들 간의 협업마저 대체해 나가고 있다. 또한 도서, 음반, 영상물 등의 디
지털화로 인한 유통방식의 혁명이나 온라인을 통한 상품 거래, 생산시설과 물
류시스템의 자동화 또는 무인화, 3D 프린터 기술의 발달, 서비스의 표준화와
개방화는 과거에 존재했던 많은 일자리들을 앗아가고 있다. 은행 창구의 직원
들이 사라지고 있으며, 지역의 소매점들이 문을 닫고 있다. 생산라인에서 사람
들이 사라지고 있고, 무인자동차, 무인비행기, 무인택배 등이 등장하고, 활용
됨으로써 유통과정과 많은 서비스 분야에서 사람들이 사라지고 있다.

선진국에서 일자리 창출을 위해 각고의 노력을 기울이고 있으나 새롭게

등장하는 산업들이 그다지 많은 사람들을 필요로 하지 않는다. 모든 것을 화폐로 환산하는 자본주의 사회에서 사람을 고용하는 것보다 기계를 사용하는 것이 효과적이라면 굳이 사람을 고용할 필요가 없는 것이다. 그래도 사람을 계속 사용하는 직장들도 있지만, 이 경우도 인위적인 고용 축소에 들어가는 비용이 더 크기 때문이며, 이런 회사들도 대신 신규 채용 규모를 줄이기 때문에 일자리가 줄어들기는 마찬가지다.

결론적으로 기계를 대체함으로써 사람을 고용하는 것보다 비용을 줄일 수 있는 분야의 일자리는 모두 사라진다고 보는 것이 맞다. 당장은 기계를 사용하는 비용이 더 드는 분야도 안심할 수 없다. 최근 뉴스를 통해 듣는 기계의 성능 향상은 가히 상상을 초월할 정도이다. 로봇 기술의 발달, 센서와 빅데이터 기술의 발달로 인해 생산과 유통, 그리고 많은 서비스 분야에서 더 많은 일자리가 사라질 것임이 분명하다.

청년 실업은 어제 오늘의 일이 아니며, 이것은 비단 공부를 등한히 한 사람들의 문제만 아니다. 좋은 대학, 석·박사 학위를 받은 사람들이 구직에 실패하여 어려움을 겪고 있다는 기사도 심심찮게 볼 수 있으며, 이러한 현상은 더욱 급증할 것이다. 공부를 많이 하고, 좋은 학교를 나와도 제대로 된 직장을 가질 수 없다면 상급 학교 진학률도 낮아질 것이며, 덩달아 교육산업의 몰락도 불문가지다. 많은 사람들이 직장을 잃게 되면 세수도 줄어들게 되고, 세금이 줄면 공무원 등 철밥통 일자리 또한 압박받게 될 것이다.

이야기의 첫 장을 일자리 감소와 같은 유쾌하지 않은 내용으로 시작하는 것은 이러한 현상이 자녀들의 미래에 결정적인 영향을 미칠 것이기 때문이다.

컴퓨터를 사용하여 처리하는 일, 기계를 조작하거나 진단하는 일자리, 많은 정보를 머리에 쑤셔 넣고 이를 활용하던 대부분의 일터는 급격히 사라지고 있고, 사라져 갈 것이다. 바꾸어 말하면 열심히 외우고 풀어야 들어갈 수 있는 직장, 죽어라 공부해서 우리의 아들딸들이 입사를 원했던 그러한 직장들이 얼마 안 있어 사라지거나 더 이상 우리의 아들딸들을 필요로 하지 않는다는 것이다. 많은 진단과 대책이 쏟아지고 있지만 급격한 기술의 진보를 막을 수 없는 이상 기계로 인한 일자리의 급격한 감소는 막을 수 없다. 먼 미래의 일이 아니라 이미 닥친 현실이다.

그러나 늘어나는 일자리도 있다. 고령화로 인해 증가하는 의료 복지 서비스, 평생교육 서비스, 관광 서비스 등과, 정신적으로 어려움을 겪는 사람이 늘어나면서 이들을 상담하고, 돌보아 주는 서비스들, 저출산으로 인해 자녀 양육에 대한 투자가 증가하면서 필요한 서비스들은 크게 늘어날 것이다. 또한 늘어나는 여가를 즐기기 위한 레저 서비스도 증가할 것이며, 대부분의 일을 기계가 대체하면서 사람의 숨결이 그리운 이들에게 따뜻한 웃음과 소통을 선물해 줄 수 있는 소규모 음식점이나 여가 공간이 늘어날 것이며, 독거가구가 증가하면서 반려동물 관련 서비스나 주거공간을 지키고, 다양한 일을 대신 처리해 주는 일자리들이 증가할 것이다.

이러한 현상은 선진국들의 통계를 통해서 증명된다. 제조업, 금융 서비스업 등에서의 고용은 지속적으로 감소하는 반면 식음료, 의료복지, 관광 등에서의 고용은 증가하고 있다. 기계나 컴퓨터를 대하던 일자리는 사라지고, 사람의 감정을 읽고, 그 감정에 효과적으로 반응할 수 있는 일자리가 증가하고 있는 것이다. 바꾸어 말하면 폭넓은 사람들과의 소통능력이 뛰어난 사람들을 위한 일자리는 늘어나지만 사람들과 동떨어져 문제를 해결하는 비소통형 일자리는 줄어들고 있는 것이다.

이제 이러한 미래의 변화에 대응하기 위해 교육 방법이 바뀌고, 양육 방법이 바뀌어야 한다. 주위와 단절되어 지식만 습득하던 방식에서 벗어나 많은 사람들과 원만하게 소통하며, 그들의 필요를 신속히 파악하고, 대처할 수 있는 사람을 길러야 한다.

그러나 우리나라 부모들은 책상에 엉덩이를 붙이고, 열심히 책과 씨름하여 성적을 올리는 자녀를 원하고 있다. 그리고 그러한 아이들이 좋은 대학에 진학하고 있다. 오늘날 학교와 가정이 선호하고 선택하는 교육 방식은 장래 없어질 직장에 필요한 인재를 양성하는 데 집중되고 있다는 것에 안타까움과 함께 위기감을 느낀다.

아빠들은 어디로 갔을까

이렇듯 급격하게 바뀌는 환경을 제대로 읽지 못한 채 아이들을 학원으로, 독서실로 몰아대는 엄마들의 활약은 눈부시지만 그 현장에 아빠들은 사라져 버렸다. 왜일까?

그 원인을 찾기 위해 조부모 세대와 내가 속한 부모 세대 그리고 우리 아이들이 속한 자녀 세대로 구분해서 생각해 보자. 편의상 세대는 30세 이하를 자녀 세대, 60세 이하를 부모 세대 그리고 그 이상을 조부모 세대라고 구분해도 괜찮겠다.

우리 사회가 역동적으로 변화해 온 만큼 각 세대는 성장 환경에 있어서 큰 차이를 보인다. 먼저 조부모 세대는 어린 시절을 일제시대, 광복, 그리고 한국전쟁 등 참으로 힘들고 어려운 환경 속에서 보내야 했다. 식민지 시대와 전쟁을 겪으면서 가족을 잃거나 이산가족이 되는 슬픔을 겪기도 했다.

그러나 대가족제도하에 가족 구성원들이 제각기 맡은 역할을 감당하며 기쁨과 슬픔, 영광과 고통을 나누었으며, 자녀 양육과 교육이 가족공동체 안에서 자연스레 이루어졌다. 자녀들은 성장 단계에 따라 적절한 삶의 지식을 습득하며 자랄 수 있었다.

내가 속한 부모 세대가 태어나 자란 때는 한국전쟁 후 가난을 극복하고자 몸부림치던 시기였다. 우리도 한번 잘살아 보겠다는 일념으로 온 국민이 밤낮으로 분주히 일하던 때다. 일자리를 찾아 정든 고향을 떠나 도시로 모여들었고, 휴일도 없이 바쁘게 살아야만 했다. 그러다 보니 대가족은 해체되고, 핵가족화가 급속도로 진행되었다.

우리 세대의 아버지들은 가장으로서 생계를 도맡아야 했다. 바쁜 직장생활로 아이들이 모두 잠든 늦은 밤에야 귀가해서 지친 몸을 뉘였다가 새벽에 다시 집을 나섰다. 쉬는 날이면 모자란 잠을 보충해야 했다. 경제적으로도 시간적으로도 늘 부족했다. 아버지를 중심으로 온 가족이 함께 단란한 시간을 보낸다는 것은 거의 불가능했다.

아이들은 아버지가 쉬는 동안에 숨죽여 놀거나 아예 바깥으로 내몰리곤 했다. 아버지와 자상한 대화를 나눈다는 것은 엄두도 못 냈고, 이따금 아버지의 호통에 오금을 저려야만 했다.

나를 포함한 지금의 부모 세대는 아버지의 부재를 군소리 없이 감내하면서, '나중에 어른이 되면 나는 좋은 아빠가 되어야지' 하고 생각했지만 막상 가정을 꾸리고 보니 막연한 꿈에 불과하다는 것을 깨달았다. 좋은 아버지의 모델을 본 적이 없기 때문이다.

지금의 자녀 세대는 이전 세대들은 누리지 못했던 경제적인 풍요를 누리고 산다. 그러나 이들의 부모 세대, 즉 우리 세대는 먹고살기 위해 일하느라 여전히 바쁘다. 경제적인 풍요는 얻었지만 그만큼 잃은 것도 많다.

자녀 세대는 유래를 찾을 수 없을 만큼 치열한 경쟁사회를 물려받게 되었다. 이로 인해 스승과 제자 관계, 교우 관계가 심각하게 손상되었다. 하지만 부모 세대는 자녀의 상황을 제대로 파악하지도 못한 채 하루하루 살아내느라 분주하다. 게다가 아빠들은 아버지의 역할을 제대로 배울 기회가 없었던 탓에 가정사에 대한 상황 대처 능력이 현저히 떨어진다. 때문에 무기력하고 무대책인 경우가 많다. 그러다 보니 아내들로부터 '자녀 교육 참견 금지'라는 경고장을 받고, 자녀 교육은 아빠가 아닌 엄마가 일임하듯 했다.

설상가상으로 학교에서조차 남자 선생님을 만나기 힘들게 되었다. 이전 세대는 아버지의 부재로 인해 결여된 남성성의 본을 학교의 남자 선생님들을 통해 배울 수 있었다. 지금은 호연지기, 도전 정신, 호탕함 같은 남성성을 경험하기 힘든 세상이 되었다. 게다가 입시 경쟁으로 친구들과 함께 노는 건전한 놀이문화가 사라져 버림으로써 아이들은 이기적이고 냉소적인 성격의 소유자로 자라고 있다.

엄마들은 이해심이 많고 관대한 반면 자녀들에게 단호하지 못한 경우가 많다. 또한 사교성이 좋은 반면 상대적으로 귀가 얇아 부화뇌동하거나 다른 사람들과 끊임없이 비교하는 경향이 있다.

단호함이 없는 관대한 교육은 자녀에게 절제력을 키워 주기 어렵고, 타인과 비교하며 초달하는 교육은 자녀를 불행하게 만든다. 이것이 엄마의 탓만은 아니다. 아빠의 부재가 가져온 결과다. 지금이라도 바로잡기 위해서는 아빠가 절대적으로 필요하다. 남자가 아빠의 자리로 돌아와야 하는 이유다.

왜 엄마가 아닌 아빠여야 할까

아내는 대학에서 중등교사자격증을 땄을 정도로 교육에 관한 한 나보다 전문가다. 그렇지만 나는 아내에게 자녀 교육에 관한 결정은 가급적 아빠인 내 의견을 따라 달라고 부탁했다. 다른 엄마들과 나눈 자녀 교육 이야기를 내게 옮기지 말아 달라는 부탁도 했다.

고맙게도 아내는 내 말을 들어주었다. 많은 경우 나랑 생각이 다르기도 했지만 대개 한두 번 자신의 의견을 이야기한 후에 최종적인 결정은 내가 내리도록 해주었다. 만약 아내의 그러한 협조가 없었다면 교육에 관한 나의 생각이 실행되지 못했을 것이다.

내가 아내에게 특별히 부탁했던 이유는 남자와 여자의 공부 방법과 자녀 교육 방법이 크게 다르다고 생각했기 때문이다.

엄마들이 주문처럼 외우는 말이 있다고 한다.

"자녀의 성공 조건 세 가지, 엄마의 정보력, 할아버지의 경제력 그리고 아빠의 무관심."

그래서 "아빠는 아이들 교육에 관심 꺼 주세요" 하고 당당하게 요구한다.

그러고 보면 아빠들이 자녀 교육에 무관심하게 되고, 교육의 현장을 떠난 것은 아내와의 충돌을 피하고자 한 결과일 수도 있다. 그러나 아빠가 배제된 교육이 이 사회를 망치고 있다고 생각한다.

또 엄마들이 자주 하는 말이 있다.

"공부 못하면 아이가 기죽어요."

생각해 보자. 예전 우리가 학교 다닐 때 공부 못했던 아이들이 기죽어 살았던가. 오히려 더 밝고, 더 자신 있게 지냈던 친구들이 많다. 지금 사회적으로 성공한 사람들 중에 알고 보면 학교 성적이 그리 좋지 않았던 경우가 꽤 많다. 특히 개그맨이나 개그우먼 중에서 학창 시절에 성적 때문에 기가 죽었던 이들이 얼마나 될까?

그렇다. 기는 죽는 것이 아니라 죽임을 당했던 것이다. 오히려 엄마가 아이의 기를 죽이는 경우가 대부분이다. 자녀의 성적 때문에 엄마의 기가 죽고, 기 죽은 엄마 때문에 아빠의 기가 죽는다. 기죽은 엄마 아빠의 잔소리 때문에 아이의 기가 죽임을 당하는 것이다. 이런 이유로 우리나라에서 아직까지 에디슨이 탄생하지 않은 것인지도 모른다.

엄마가 자녀의 성적에 상관없이 의연하고, 혹시 성적이 나쁘더라도 또 다른 가능성을 발견해 준다면 아이는 절대로 기가 죽지 않는다.

또 많은 엄마들이 이야기한다.

"뭘 모르시네. 요새는 예전과 달라요. 다들 학원을 다녀서 선행 학습을 하는데, 선행 학습을 하지 않으면 도저히 따라갈 수 없다니까요."

공부는 마라톤과 같다. 마라토너가 마라톤 대회에 나갔는데, 출발 신호가 울리는 순간 다른 사람들이 미친 듯이 달려 나간다면 그는 회심의 미소를 지을 것이다.

'야, 오늘 마라톤은 거저먹겠군. 저 많은 사람들이 반환점도 돌기 전에 다 쓰러질 테니……. 나는 내 페이스대로 뛰어야지.'

학교 공부를 무시하고, 스스로가 공부할 수 있는 능력을 길러 주지 않은 채 학원에서 공부 기술만 익힌 학생들이 당장은 똑똑해 보이고, 뛰어나 보이겠지만 조만간 뒤처질 것이다. 그러니 절대로 부러워할 필요가 없다.

"내가 아는 누구는 초등학교 때부터 학원을 다녀서 좋은 대학에 가고, 결국 성공했다고요."

천만에, 그 사람은 학원에 다니지 않고도 잘했을 사람이다. 어쩌면 학원을 다니지 않고 일찌감치 스스로 공부했다면 훨씬 더 성공했을지도 모른다.

남들이 하기 때문에 또는 뒤처질까 봐 억지로 하는 선행 학습은 인생에 있어서 결코 좋은 결과를 내지 못한다. 선행 학습을 무조건 반대하는 것은 아니다. 월반할 정도로 학습 능력이 뛰어난 학생이라면 굳이 남들과 맞추어 공부할 필요는 없다. 자신의 실력에 맞게 스스로 찾아서 공부할 수 있다. 오히려 바람직한 일이다. 요즘은 인터넷 강의나 유튜브www.youtube.com 같은 동영상

등 활용할 자료들이 많다. 혼자서도 충분히 선행 학습이 가능하다.

솔직히 나는 자녀 교육에 있어서 엄마들을 신뢰하지 않는다. 엄마의 역할을 부정하는 것은 아니다. 다만 요즘 많은 엄마들이 보여주는 모습에 적잖이 절망감을 느꼈다는 뜻이다.

그럴 만한 충격적인 사건이 있었다. 막내 규승이가 입학한 고등학교가 자율형사립고가 되면서 기숙사를 만들었다. 여느 대학 기숙사 못지않게 시설이 훌륭했다. 그런데 TV도 인터넷도 일체의 통신기기도 허용되지 않아 오로지 공부만 할 수 있도록 되어 있었다.

기숙사 생활을 한 지 두어 달 지나 학부모 설명회가 열렸다. 사정상 아내 대신에 내가 참석했는데, 참석자 대부분이 엄마들이었다. 기숙사 운영에 관한 자세한 설명이 있은 후 질의응답시간을 가졌다. 마지막으로 건의사항을 말하라고 해서 내가 손을 들고 세 가지를 건의했다.

"첫째, 식사를 하면서 뉴스도 보고, 큰 경기가 있을 때는 함께 모여 응원할 수 있도록 식당에 TV를 설치해 주십시오.

둘째, 학생들이 시사도 알고, 관련 정보도 얻을 수 있도록 다양한 신문을 복도에 비치해 주셨으면 좋겠습니다.

마지막으로 저녁 식사 후 학생들이 충분히 운동할 수 있도록 자유 시간을 늘려 주셨으면 합니다."

내 말이 끝나자마자 모든 엄마들이 이구동성으로 "안 돼요"라고 외쳤다. 마치 나를 자기 아들의 장래를 망치려는 불순분자처럼 보는 듯했다. 고등학교 3년 동안 공부 기계가 되어 망가질 아이들의 신체 건강, 정신 건강, 인지능력

등은 전혀 우려하지 않는 표정이었다. 오히려 학교 측의 엄격한 통제에 대만족하고 있었다. 내 건의를 들은 선생님 역시 엄마들의 일치된 반응에 화답하듯 빙긋이 웃으면서 "그렇게는 힘들겠죠?"라고 말했다.

나는 엄마들의 성화에 부화뇌동하는 학교에 크게 실망했다. 아들에게 기숙사에서 나오는 게 좋겠다고 말했다. 그러고 나서 몇 달 뒤 미국으로 교환학생을 떠나보냈다.

이쯤 읽고 이 책의 불온함에 눈살을 찌푸릴지도 모르겠다. 그러나 내 이야기를 조금만 더 들어주기를 바란다. 나는 아이의 장래를 해치는 방해자가 아니라 아이의 장래를 누구보다도 염려하는 아빠이기 때문이다.

집 나간 아빠들 돌아오세요

학교에서는 폭력, 왕따 행위가 빈번하게 일어나고 있고, 교권은 이미 땅에 떨어진 지 오래다. 게임 중독, 무분별한 욕설, 가출, 성매매, 존속상해, 자살 등 참으로 안타까운 일들이 언론을 통해 늘 소개되고 있다. 청소년과 기성세대 사이에 벌어진 엄청난 간극으로 훈육이 제대로 이루어지지 않는다. 대처 방안보다 근본적인 해결책을 찾아야 할 때다.

무엇보다 교육 환경이 중요하다. 사람이라도 늑대 무리 속에서 자라면 늑대의 행동과 소리를 배우게 마련이다. 교육은 단순히 지식이나 기술의 전달이 아니다. 인성과 사회성을 형성하는 중요한 요소이다. 한국인이라도 미국에서 태어나 자란다면 뼛속까지 미국인으로 자랄 것이고, 반대로 미국인이라도 한국 가정에서 자란다면 한국인으로 자라게 될 것이다.

근본적인 해결책을 찾기 위해서는 과거 행적을 찬찬히 돌이켜 볼 필요가 있다. 청소년 문제가 심각하다고 걱정하는 이들이 많다. 문제의 뿌리를 봐야 한다. 처음을 살펴봐야 한다는 뜻이다. 즉 우리 부모 세대가 지금의 청소년들을 어떻게 양육해 왔는지를 돌아봐야 한다.

그런 의미에서 영유아기 교육의 중요성은 아무리 강조해도 지나침이 없다. 아기 때 건강하고, 안전하게 성장할 수 있도록 하는 것도 중요하지만, 자녀가 부모의 훈육을 받아들일 수 있도록 하고, 주위를 살피고, 배려할 줄 아는 기본 인성을 가르치는 것이 무엇보다 중요한 일이 아닐 수 없다. 이것을 뒤늦게라도 실감해야 한다.

이제 집 나간 아빠가 집으로 돌아올 때다. 아빠가 가정에서 중심을 잡고, 아내의 불안을 잠재우고 아이들을 절제로 바로잡아야 한다. 그렇다고 무턱대고 큰소리만 친다면 더 큰 문제를 부른다. 반대로 지금 당장 서툴다고 뒤로 물러서거나 무관심으로 방치한다면 문제는 점점 더 심각해질 수밖에 없다. 급기야 더 이상 손쓸 수 없는 지경이 되고 말 것이다. 그때는 후회해도 소용없다.

나 또한 아빠로서 서툴기는 마찬가지였다. 그러나 어떻게 하면 아빠로서 제대로 살 수 있을까 치열하게 고민하며 여기까지 왔다. 그 과정에서 여러 가지 실수를 했고, 나름 깨달은 것이 많다. 자녀를 바로 세우고, 가정을 회복시킬 지혜를 함께 고민하고, 함께 나누길 원한다.

집 나간 아빠들, 이제 집으로 돌아오자. 자리에서 일어나 팔을 걷어붙이

자. 그리고 우리 자녀들 앞을 가로막는 잘못된 생각들, 관행들을 제거하자. 우리의 사랑하는 자녀들을 위해…….

02

냉정하기에
더 뜨거운
사랑을 하는 아빠

세균, 그까짓 것 괜찮아

제레드 다이아몬드Jared Diamond의 《총, 균, 쇠》를 보면, 신대륙에 살던 원주민의 생명을 빼앗은 제일 큰 원인은 총칼이 아니라 구대륙에서 건너간 세균들이었다는 내용이 나온다. 그런가 하면 지나치게 청결한 환경에서 자라난 동물들이 질병에 취약하다는 연구 결과도 자주 접하게 된다.

요즘 아이들에게 아토피가 많고, 병치레가 많은 것은 지나치게 깨끗한 환경에서 자라기 때문이라고 생각한다. 의학을 전공하지 않았어도 세 자녀를 키워 본 경험과 최근의 의학 관련 자료들을 종합해 보면 알 수 있는 사실이다.

새집증후군으로 아토피와 같은 피부 질환이 많이 일어난다고 걱정이다. 건축자재나 벽지에서 뿜어 나오는 휘발성 유기화합물질이 원인이라고 하지만, 보다 근본적인 원인은 세균을 철저히 방제한 깨끗한 집에서 아이들이 자라느라 다양한 병원균에 노출되지 않아 면역력이 약해진 데 있지 않을까. 인간은 병균과 공존해야 건강하다는 것이 나의 생각이다.

그런 의미에서 산후조리원이 오히려 아기들의 건강을 약화시키는 주요 원인 중의 하나가 아닐까 생각한다. 산모의 회복을 돕는다는 측면에서는 긍정적이지만, 출산 후 한 달 동안 외부와 차단되어 병원균도 없는 청결한 환경에서 영아들이 지낸다는 건 오히려 성장에 좋은 영향을 줄 것 같지 않다.

옛날에도 삼칠일, 즉 21일 동안 금줄을 치고 외부와의 교류를 차단하기는 했지만, 마당에는 소, 돼지, 닭, 개 등 온갖 가축들이 있었고 곳곳에 분뇨가 널려 있었다. 변변한 세제도 없던 시절이라 온 집안에 각종 병원균들이 떠돌 수밖에 없었다. 그런데 아이러니컬하게도 다양한 세균에 접하며 자란 아이들이 오히려 더 건강하다. 면역력이 생겼기 때문이다.

내 아이들이 태어났을 때에는 산후조리원이 보편화되지 않았다. 그래서 세 자녀 모두 산부인과를 나오면서 처갓집에서 4주 정도를 지냈다. 아기의 탄생을 축하하러 오신 많은 친척들과 지인들 덕분에 우리 아이들은 다양한 균에 노출되어 그 결과 면역력이 강해져 튼튼하게 자란 것 같다. 신생아는 병원균에 대한 기본적인 저항력을 가지고 태어나기 때문에 생후 한 달까지는 웬만한 병에는 잘 걸리지 않는다고도 한다.

나와 아내는 세 아이 모두 태어난 지 한 달 만에 교회에 데려갔다. 첫째 규준이는 11월 6일에 태어나서 12월 5일에 처음으로 교회에 출석했는데, 몹시 추운 날이었다. 많은 분들이 다가와 축하인사를 하며 포대기에 꽁꽁 싸인 아기의 얼굴을 들여다보았다. 손도 만져 보고, 얼굴도 만져 보며 그분들의 몸에 있던 병균들을 아기에게 선물해 주었는데, 우리 규준이가 큰 병치레 없이 자란 것은 다 그분들 덕분이 아니었을까.

아기를 데리고 교회에 가면 많은 사람들의 품을 전전하게 마련이다. 특히 규준이는 아파트에서 이웃집 할머니, 아주머니들의 귀여움을 독차지했는데, 그렇게 많은 사람들을 만나다 보니 낯가림 없는 성격으로 자랐다. 아기로 하여금 일찌감치 많은 사람들과 접촉하게 하는 것이 낯가림 방지에도 좋고, 면역력 강화에도 도움이 된다.

최근 연구에 의하면 인체에는 약 만 여 종류의 세균이 1조 마리 정도가 공생하고 한다. 몸무게의 1~3%가 세균의 무게라고 하니 무균無菌 상태에서 산다는 것은 불가능한 일이다. 치명적이지 않은 한 세균과 친하게 지내는 편이 낫다.

아기의 건강을 생각해서 다른 사람들과의 접촉을 까다롭게 피하는 엄마들이 있는데, 보호가 지나치면 아기가 사랑받을 기회를 도리어 막는 셈일 수 있다. 차라리 많은 사람들과 어울리게 하는 편이 수더분한 성격과 건강한 신체를 갖게 만드는 비결이 된다.

울어도 소용없어

해외여행 중에 발견한 특이한 점이 있다. 큰 소리로 울어 젖히는 아기들은 대부분 동양인 아기인데 특히 한국 아기들이 많다는 사실이다. 반면에 서양 아기들은 대개 공갈젖꼭지를 하나씩 물고 유모차에 조용히 앉아 있다. 대체 무슨 차이가 있는 것일까?

서양 문화에서는 아기가 울며 투정을 부려도 여간해서는 안아 주지 않는다고 한다. 아무리 울어도 소용이 없다는 걸 확인한 아기는 더 이상 울지 않게 된다. 오죽하면 "고아는 울지 않는다"는 말이 있겠는가. 울어도 반응해 줄 사람이 없으니 울 필요가 없는 것이다.

웃음은 선천적으로 타고나는 것이지만 울음은 후천적으로 배우는 것이라고 한다. 아기는 울음에 대한 양육자의 반응에 따라 세상에 어떻게 적응할지를 배운다. 아기는 울음으로 자신의 상태나 욕구를 표현한다. 즉 배가 고프거나, 몸이 아프거나, 기저귀를 갈아야 할 때가 되면 울음소리로 표시를 보낸다. 이때 양육자는 아기가 보내는 신호를 제대로 이해하고 신속하게 문제를 해결해 주어야 한다.

그러나 단순히 졸린다고 안아 달라고 투정 부리며 우는 것은 문제다. 투정부릴 때마다 안아 준다면 아기는 '아하, 울면 안아 주는구나' 하고 '울음 = 문제 해결'이라는 공식을 만든다. 그러다가 어느 날 우는데도 안아 주지 않는다면 '내가 덜 울었나 보다. 더 크게 울어야겠다' 하고 울음이란 표현 방식을 더욱 강화할 것이다. 결국 모든 것을 울음으로 해결하려고 들게 된다.

울음은 아이의 무기가 된다. 아이는 슈퍼에서 자기가 원하는 물건을 사달라고 조르다가 안 사주면 울면서 떼를 쓴다. 다부지게 마음먹고 아이의 요구를 거절하면 급기야 바닥에 데굴데굴 구르며 악을 쓰기에 이르고 대부분의 부모들은 아이에게 항복하고 만다. 이것은 '울어야 문제가 해결된다'는 아이의 확신을 더욱 강화시킬 뿐이다.

요즘은 스마트기기가 아이에게 안 좋다는 것을 알면서도 우는 아이와 씨름하기 싫어서 어쩔 수 없이 내주는 부모들이 많다. 그러나 그렇게 하면 스마트기기 중독이라는, 더 큰 문제 속으로 들어가고 만다.

부모는 단호해야 한다. 안 되는 것은 죽어도 안 되는 거다. 울어도 무시하고, 바닥에 굴러도 모르는 체해서 아이가 부모의 단호한 결정을 이해하게 해야 한다.

대개 공공장소에서 아이가 울면 남들의 시선을 의식해서 울며 겨자 먹는 심정으로 아이의 요구를 들어준다. 이것은 잘못된 반응이다. 아이는 그 순간을 놓치지 않고 다른 사람이 있을 때일수록 더 크게 울어서 부모를 곤란하게 만들어 자기의 요구를 관철시키려고 할 것이기 때문이다. 그럴 때는 아이를 안고 가까운 화장실이나 조용한 곳으로 데려가 스스로 울음을 그칠 때까지 기다려야 한다. 그렇게 한두 번만 해도 아이는 우는 버릇을 고치게 된다.

아기가 울 때마다 안아 주다 보면 양육자의 건강에도 무리가 된다. 아기를 안아 주다가 허리나 어깨, 팔꿈치에 문제가 생겨 고생하는 젊은 엄마와 할머니들이 얼마나 많은가. 아기가 울어도 절대로 안아 주지 말고, 가슴이 아파도 꾹 참아야 한다.

울다가 지쳐 잠이 들었던 아기가 깨어 방긋이 웃을 때, 소위 '천사의 미소'를 지을 때 더욱 환하게 웃으며 반겨 주는 것이 좋다. 그러면 아기는 울음은 줄이고 웃음은 더욱 강화하게 될 것이다. 점점 더 잘 웃는 아기로 자랄 것이다.

"아이고, 웃는 우리 아기 예쁘구나. 이리 오렴. 아빠가 안아 줄게."

나는 아이 셋을 이렇게 키웠다. 투정부리는 울음에는 전혀 반응하지 않았다. 그러다 보니 우리 아이들은 울음으로 자신의 요구를 관철시키고자 한 일이 거의 없다. 비정하다고 생각할지 모르지만 사랑에는 단호함도 필요하다.

그렇다고 내가 무조건 아이들의 울음을 무시했다는 것은 아니다. 첫째 규준이가 아기였을 때 흔들침대에 눕히곤 했는데, 칭얼거리면 침대를 가볍게 흔들어 주었다. 어떤 때는 너무 오랫동안 흔들어 줘야 해서 침대를 흔들어 주는 모터를 하나 달아야 하나 하고 생각한 적도 있다. 침대를 흔들면서 아기를 토닥이고, 말을 하면서 부모가 가까이 있음을 알려주어 두려움을 느끼지 않도록 하였다. 덕분에 우리 아이들은 투정 때문에 울지는 않게 되었다.

규준이는 오히려 너무 울지 않아 유별난 아이가 되었다. 15개월 정도 되었을 때 장염으로 응급실에 간 적이 있다. 아기가 어리니 간호사가 핏줄을 빨리 잡지 못해 주삿바늘을 여러 차례 찔렀다. 그래도 규준이가 울지 않자 간호사가 바늘을 꽂고 반창고로 마무리를 하면서 규준이에게 말했다.

"너는 왜 안 우니? 네가 안 우니까 내 마음이 더 아프다. 아프면 울어."

그때서야 규준이는 으앙 하고 참았던 울음을 터뜨렸다. 아프긴 아팠던 모양이다. 이후 규준이는 치과에 가서도 운 적이 없이 자랐다.

요즘은 자녀수가 적다 보니 부모 사이에 아이들이 끼어서 잠을 자는 경우가 많다. 특히 외동아이가 그런 경우가 많은데, 아이가 부부 사이를 갈라놓아 결과적으로 외동이 되는 것인지도 모른다.

아무튼 아주 잘못된 것이다. 아이로 하여금 부모의 사랑에 자기가 개입할 수 있다고 은연중에 가르치는 것이 되기 때문이다. 다시 말해 자기가 아빠에게 엄마보다 더 소중하고, 엄마에게는 아빠보다 더 소중한 존재라고 느끼게 하는 것이다.

부부 사이에 개입될 수 있는 것은 아무것도 없다. 그 사이에 끼어든 시어머니로 인해 파탄 나는 가정이 많고, 요즘은 장모까지도 호시탐탐 개입을 노려 문제가 된다. 일이나 취미가 그 사이를 비집고 들어오기도 한다.

부부 사이에 자녀가 끼어드는 것 역시 심각한 문제다. 사랑스러운 아기를 안고 잠들고 싶을 때가 왜 없겠는가. 그러나 참아야 한다. 부부 중 한 명이 부재할 경우에는 아기와 잠 잘 수 있겠지만 자녀의 독립심을 생각한다면 권장할 만한 일은 아니다.

아이가 부모와 함께 잠을 자면 자립심을 기르기 어렵고 의존적이 되기 쉽다. 동생이라도 태어난다면 당연히 자기 것이라고 생각했던 부모 사이의 잠자리를 동생에게 빼앗겼다고 여길 테니 동생을 얼마나 미워하겠는가. 어떤 집은 자녀 둘이 부모 침대에서 자는 바람에 아빠가 아예 다른 방에서 잠을 잔다고 한다. 참, 애들 잘 키우고 있다.

부모 입장에서도 자녀와 함께 자면 득보다 실이 더 많다. 정상적인 부부 생활을 하기가 어렵다는 것은 차치하고서라도 아기의 뒤척임으로 인해 수면에 영향을 받을 것이다. 나아가 품 안에 끼고 키운 만큼 과잉보호할 우려가 크고, 아이를 품에서 떠나보내야 할 때 결단을 쉽게 내리지 못한다. 실제로 "우리 아이는 외동이라서 혼자 유학 보내기가 어려워요"라고 말하는 부모들을 꽤 많이 만났다.

나는 첫째 규준이가 백일이 될 무렵부터 울타리가 있는 아기 침대를 구입해 딴 방에서 재웠다. 안방 침대에서 놀다가 잠이 들 때도 있었지만 그때도 꼭 안아서 아기 침대로 옮겨 재우곤 했다.

둘째와 셋째에게는 이층침대를 사 주었는데, 아이들이 무척 좋아했다. 잠들기 전에 한동안 키득거리며 노는 소리가 들리곤 했다. 나도 어릴 적에 삼 형제가 한 이불을 덮고, 불 꺼진 방에서 장난을 치면서 이야기꽃을 피웠었다. 깜깜한 방에서 형제들이 키득거리며 나누는 대화는 상상력을 증대시킬 뿐 아니라 낙천적이고 사교적이 되는 데 크게 기여할 것임에 틀림없다.

그런데 아이들을 다 키워 놓고 보니 한 가지 아쉬운 점이 있긴 하다. 아이들 옆에 누워 도란도란 이야기를 나누며 잠들고 싶을 때가 있는데, 여간해서 아빠에게 곁을 내주지 않는다. 내가 어릴 적에는 자다가 한기를 느끼거나 악몽을 꾸면 일어나 아버지, 어머니 옆에 가서 껴안고 잠을 청하기도 했는데……. 게다가 한번 안아 보려고 하면 기겁을 하며 도망가니 일찌감치 부모 품에서 떼어 키운 보응을 받는 것인지도 모르겠다.

공공장소에서 떠드는 어린아이를 혼내면 되레 "왜 우리 아이 기를 죽이느냐"고 화를 내는 부모들이 많다. 그런가 하면 아이를 엄격하게 키우는 젊은 부모에게 애를 그렇게 기죽이면 안 된다고 훈수를 두는 어르신들도 꽤 많다.

하지만 기는, 아이를 먼저 인간으로 만든 후에 살려도 늦지 않다. 기가 펄펄 살아있는 상태에서 훈육하여 인간을 만드는 것은 정말 어려운 일이다.

백화점이나 쇼핑몰에서 자기가 원하는 물건을 사주지 않는다고 바닥에 드러누워 떼를 쓰는 아이를 어떻게 이길 수 있단 말인가? 한번은 서울역 앞을 지나다가 기가 막힌 장면을 목격했다. 화가 머리끝까지 난 엄마가 서너 살 된 아이에게 "그렇게 엄마 말을 안 들으면 나 혼자 가 버릴 거야"라고 소리친 후 정말 혼자 가 버렸다. 그러자 아이가 "갈 테면 가" 하고 고함치더니 반대편으로 걸어가는 것이다. 엄마는 아이가 겁에 질려 따라올 줄 알았는데, 오히려 화를 내며 가버리자 혼비백산하여 뛰어가 아이를 붙잡고 말았다. 정말 기 하나는 제대로 잘 살렸다!

나는 아이들이 사달라는 물건이 있으면 함께 살펴보고, 필요 없다고 생각되면 단호하게 거절했다. 그리고 한 번 거절한 물건은 어떠한 떼를 쓰더라도 사주지 않았다. 다음에 사주겠다고 약속한 물건은 반드시 약속을 지켰다. 약속이 이루어질 때까지 기다리는 법을 가르치는 건 꼭 필요하다.

호아킴 데 포사다Joachim de Posada의 《마시멜로 이야기》에 나오는 마시멜로 실험은 유명하다. 마시멜로 하나를 주고 15분 동안 먹지 않고 참으면 하나를 더 주겠다고 약속한 후에 아이들의 행동을 살펴본 실험이다. 실험 결과, 더 많은 마시멜로를 얻기 위해 참았던 그룹과 그렇지 않은 그룹의 미래가 달랐다는 것이다. 물론 인내할 줄 알았던 그룹의 아이들의 더욱 성공적으로 성장했다고 한다. 자녀의 성공을 바라는 부모라면 아이에게 기다리는 것을 반드시 가르쳐야 한다.

나는 아이들과 식사할 때 아빠인 내가 먼저 밥을 한 술 떠야 아이들도 수저를 들도록 가르쳤다. '전근대적인 아버지의 횡포'라고 생각하고 애들이 기가 죽어서 어떡하느냐고 걱정하는 사람도 있을 것이다. 그러나 이것이 오히려 자녀들의 기를 제대로 살리는 비법이다.

친지 가족 모임에 가면, 어른들은 대부분 음식이 나와도 허겁지겁 식사부터 하지 않는다. 음식이 준비되는 동안 서로의 근황을 물으며 대화를 나눈다. 그러면 성미 급한 아이들은 먼저 숟가락을 들고 음식을 먹기 시작하곤 한다. 그러나 우리 집 아이들은 얌전히 앉아서 기다린다. 눈치 빠른 상대편 부모 중의 하나가 우리 아이들에게 말한다.

"애들아, 너희도 먹어."

그러면 우리 아이들은 한결같이 이렇게 대답한다.

"먼저 드세요."

그다음 어떤 일이 벌어질지는 충분히 상상할 수 있을 것이다. 어른들이 우리 아이들을 칭찬한 후에 자기 아이들에게 훈계하기 시작한다. 훈계는 집에 가서도 잔소리로 이어질 가능성이 있다. 평소 하던 대로 했을 뿐인데 칭찬을 받은 우리 집 아이들은 기가 살고, 평소 기가 잘 살아 있던 그 집 아이들은 바야

흐로 기가 죽기 시작한다. 어른 말씀에 귀 기울일 줄 아는 우리 집 아이들은 자라면서 점점 더 자신감을 얻고, 천방지축 뛰어다니던 아이들은 자랄수록 소금에 절인 배추처럼 시들해진다.

왜 이런 일이 벌어질까? 훈육 과정에서 기를 죽이는 듯 보여도 결국엔 여기저기서 인정받고, 칭찬받는 경험을 통해 자기 자신의 태도와 행동에 대한 확신과 자부심을 갖게 되고, 더욱 강화되어 결국 기가 오히려 살아나는 현상이 나타나는 것이다. 인간적으로 성숙함과 동시에 기도 살리는 결과를 낳는다.

그러나 기를 살리느라 훈육을 아꼈던 아이들은 자라면서 주위의 핀잔과 눈총을 받고, 점점 기가 죽어 가거나 사회에 제대로 적응하지 못하는 부정적인 결과를 낳고 만다.

요즘 프랑스식 교육법이 화제다. 아이를 존중하고 독립적으로 키우되 부모의 권위를 세우는 것이 그 핵심이다. 엄하게 키운 프랑스 아이들이 성장해서는 재치 넘치고 사교적인 어른이 되는 반면에, 기 죽이지 않고 오냐오냐 하며 키운 한국 아이들은 점차 기가 죽어 가고 세대 간의 대화가 사라져 가는 것은 참으로 안타까운 일이다.

나는 아빠로서 사회적 책임을 느낀다. 즉 내 아이만 잘 자라는 데에 만족하지 못한다는 뜻이다. 우리나라 아이들을 제대로 키우는 것은 사회의 일원으로서 당연히 신경 써야 할 부분이다.

그런 점에서 오지랖 넓은 나는 식당이나 공공장소에서 제멋대로 뛰어다니는 아이들을 그냥 지나치지 못한다. 아이를 불러 세워 이렇게 말해 주곤 한다.

"얘, 이리 와 봐. 식당에서 그렇게 뛰어다니는 걸 보니 너 이런 고급 식당에 처음 왔구나, 그렇지? 이런 식당에서는 그렇게 뛰어다니는 게 아니야."

식당에 처음 온 아이라고 무시당한 아이는 대개 자존심이 상한 듯 부모 옆으로 가서 내 눈치를 보며 조용히 앉는다.

어떤 때는 초등학생으로 보이는 아이에게 일부러 이렇게 말하기도 한다.

"애, 너 어느 유치원 다녀?"

그러면 아이가 자신 있게 대답한다.

"저 유치원생 아니에요. 초등학교 1학년이에요."

그러면 짐짓 깜짝 놀란 표정으로 말을 잇는다.

"에이, 말도 안 돼. 초등학생이 식당에서 뛰어다닐 리가 있니? 난 네가 뛰어다니는 것을 보고 유치원생인 줄 알았어."

이 아이 역시 자존심이 상한 채 부모 곁으로 달려간다.

가끔 행동이 지나친 아이를 보면 따끔하게 혼내 주고 싶을 때가 있다. 그럴 때면 나는 아이를 불러서 악수를 청한다. 아이가 자신 있게 손을 내민다. 그러면 나는 환하게 웃는 표정으로 아이의 손이 아플 정도로 세게 움켜쥔다. 아이는 아프지만 소리를 지르지도 못한다. 손을 잡은 아저씨가 웃고 있으니 힘이 원래 센 건지 일부러 힘을 준 건지 알 수가 없다. 아이가 어리둥절한 표정을 지을 때 낮은 목소리로 단호하게 말한다.

"자, 이제 엄마 옆에 가서 조용히 앉아 있으렴."

멀리 앉아 있는 부모는 그저 흐뭇한 표정으로 바라본다. 내 손아귀 힘에 아파하는 아이의 상황을 알 턱이 없다. 아이는 엄마에게 가서 고자질할 수도 없다. 설사 "엄마, 저 아저씨가 내 손을 너무 세게 잡았어요"라고 일러도 엄마는 이렇게 대답할 것이다.

"네가 귀여워서 그러신 거야."

자기 자녀가 식당에서 하도 떠들어서 아예 식당에 가지 못한다고 넋두리하는 부모들을 봤다. 그건 아이 탓이 아니다. 그러니 누워서 침 뱉기와도 같은 말이다. 아이들이 그렇게 자라도록 만든 양육자의 책임이 크다.

세 아이를 미국에 교환학생으로 보내면서 새삼 느낀 것이 있다. 미국의 많은 청소년들은 적어도 고등학교를 졸업할 때까지는 부모와 선생님의 말에 철저히 복종한다. 물론 그곳에서도 일탈하는 학생들이 있고, 제도권에서 벗어난 행위를 하는 불량 청소년들이 있지만 그건 학생의 무모한 객기 때문이라기보다 불우한 가정환경 때문인 경우가 많다.

아이들을 통해 들은 또 다른 흥미로운 사실은, 많은 가정에서 대학에 들어갈 때까지는 자녀의 방문을 항상 열어 두게 한다는 것이다. 그러니 미국의 부모들은 원할 때는 언제든지 자녀의 방에 들어갈 수 있다. 우리나라에서는 초등학교 고학년만 되어도 자기 방문을 꼭꼭 닫아 버리거나 아예 잠그기까지 하지 않는가. 그러면 속상한 부모는 문을 두드리며 소리 지른다.

"좋은 말 할 때 문 열어라. 정말 안 열 거야?"

닫힌 것은 방문만이 아니라 아이와 부모의 대화의 문이다. 어른의 말에 귀 기울이지 않는 아이는 가정에서 습득해야 할 기본적인 소양이 부족하게 되어 막상 어른이 되어서는 자신의 꿈을 펼칠 능력을 가지지 못하게 되고 만다. 그렇기 때문에 자녀의 문을 항상 개방하도록 어릴 적부터 가르치는 것은 참 중요한 지혜다.

삼국지三國志의 적토마赤兎馬도 관우關羽에게 길들여졌기 때문에 명마로서 이름을 떨칠 수 있었다. 부모와 선생님, 나아가 사회가 무한한 잠재력으로 가득 찬 아이들을 한마음으로 훈육하고, 아이들은 그 훈육을 열린 마음으로 받아들일 때 비로소 훌륭한 인재로서 성장할 수 있을 것이다.

체벌의 10가지 원칙

역사상 가장 지혜로운 왕으로 알려진 솔로몬은 아이러니컬하게도 자식 농사는 잘못 지어 그의 사후에 이스라엘이 둘로 쪼개지는 비극을 맞아야 했다. 물론 여러 가지 이유가 있었을 테지만 나는 그의 자녀 교육에 원인이 있다고 본다. 오죽하면 그가 잠언에 이런 글을 남겼겠는가.

> 매와 꾸지람은 지혜를 얻게 만들어 주지만, 내버려 둔 자식은 그 어머니를 욕
>
> 되게 한다 잠언 29:15.

나는 자녀 교육에 있어서 체벌이 필요하다고 보는 입장이다. 이에 나름대로 체벌의 원칙을 세워 지켜 왔다. 여기서 우리 집의 체벌 10가지 원칙을 소개하기로 한다.

첫째, 체벌의 정도는 사전에 정의한다. 동생을 때리면 두 대, 거짓말을 하면 세 대 등으로 주요한 잘못에 대해서는 체벌의 정도를 정해야 한다. 그렇지

않으면 부모의 기분에 따라 매의 수가 달라지므로, 아이들은 잘못했다는 반성보다는 억울하다는 생각을 갖게 될 가능성이 높다.

둘째, 잘못한 순간 즉시 체벌한다. 시간이 지나면 아이들은 자기가 잘못했던 기억을 잊어버린다. 시기를 놓친 뒤늦은 체벌은 잘못을 뉘우치게 하기는커녕 부모에 대한 반감만 가지게 만들 뿐이다.

셋째, 체벌은 남들이 보지 않는 데서 한다. 남들 앞에서 매를 맞게 되면 아이는 모욕감을 크게 느끼기 때문에 자기 잘못에 대해 생각하기가 힘들다. 그러므로 공공장소에서 잘못을 한 경우에는 화장실이나 사람들의 왕래가 적은 계단 같은 곳에서 혼내는 것이 좋고, 다른 사람이 지나갈 때는 잠시 멈추는 것이 좋다.

넷째, 잘못을 인정할 때만 체벌한다. 아무리 생각해도 잘못을 인정할 수 없는 경우도 있다. 특히 형제간의 다툼은 서로가 억울한 경우가 많은데, 이 경우 충분히 설명해서 잘못을 인정하면 체벌해도 되지만, 그렇지 않으면 체벌을 하지 않는 것이 낫다. 무조건 잘못하지 않았다고 우기는 경우에는 전후 상황을 잘 설명하고, 나쁜 행동이 향후에 미칠 영향을 설명해서 아이가 스스로 잘못을 시인하도록 유도해야 한다.

다섯째, 아이와 눈높이를 맞추고 서로 마주보며 이야기한다. 어른이 내려다보는 자세로 아이의 잘못을 지적하는 것은 좋지 않다. 위압적으로 느껴지기 때문이다. 게다가 아이가 어른에게 말을 하기 위해 고개를 쳐들면 건방지다고 혼을 내곤 하는데 이것은 매우 잘못된 행동이다. 아이가 고개를 숙인다고 해서 반성하는 것이라고 보면 안 된다. 짜증난 표정으로 입을 비죽거리고 있을 수도 있다. 아이가 어릴수록 어른은 바닥에 앉고, 아이는 서 있는 자세에서 서로 눈을 맞추어 이야기를 나누는 것이 좋다.

여섯째, 체벌을 할 때는 반드시 도구를 사용한다. 손이나 발을 사용해서 직접 신체에 매를 가할 경우 심한 모욕감을 느끼게 된다. 30센티 자나 적당한 크기의 매를 미리 약속해 두어 손바닥이나 엉덩이나 종아리 등을 때리는 것이 좋다. 머리와 얼굴은 절대로 피해야 한다.

일곱째, 잘못에 대한 판단은 객관적이어야 한다. 방을 치우지 않으면 혼내겠다고 미리 약속했다면, 방이 지저분할 때 반드시 혼내야 한다. 만일 "오늘은 기분이 좋으니까 그냥 넘어가자"라고 한다면 막상 혼나야 할 때는 자기가 잘못해서 혼난다고 생각하지 않고 그날따라 엄마 아빠의 좋지 않아서 혼나는 것이라고 생각할 것이다. 약속은 지키되 경우에 따라서 체벌의 정도를 조절할 수 있다. 예를 들어, "방은 어지럽지만 오늘 다들 사이좋게 지냈기 때문에 살살 때리겠다"고 말이다.

여덟째, 과민 반응을 보이더라도 혼을 낸다. 매만 들면 울면서 잘못했다고 싹싹 빌거나 자지러지게 우는 아이들이 있다. 심한 경우에는 토하기도 하는데, 이럴 때 마음이 약해져서 체벌을 그치면 아이는 그것을 이용하게 된다. 울음이 멈출 때까지 기다리고, 토한 것을 정리한 뒤에 체벌을 끝까지 마쳐야 한다.

아홉째, 부부간에 옆에서 절대로 간섭하지 않는다. 엄마가 체벌하는데, 아빠가 옆에서 "왜 그런 것을 가지고 혼을 내느냐"고 한다면 체벌의 효과는 오히려 마이너스가 된다. '내가 맞을 짓을 하지도 않았는데 엄마가 나를 때리는구나'라고 생각한다.

열째, 결자해지結者解之. 정말 중요한 원칙이다. 부모 중에 한 명이 악역을 맡고, 또 다른 한 명이 아이를 달래는 경우가 많다. 예를 들어, 아빠에게 맞고 엄마에게 안겨서 위로받는다면 아이는 아빠를 나쁜 사람으로 여길 것이다. 언제나 매를 들었던 사람이 아이를 안아 주며 토닥거림으로써 체벌을 완성해야 한다. 이것이 멋진 마무리다.

"아빠도 가슴이 많이 아파. 그러나 아빠가 매를 드는 것은 너를 사랑하기 때문이야. 네가 멋지게 자라도록 하기 위해 매를 든 거야. 알았지? 사랑해"

그러면 아이는 아빠 품에 안겨 섭섭한 마음을 한바탕 울음으로 해소할 것이다.

이 10가지가 우리 가정에서 지켜온 체벌 원칙이다.

한번은 처갓집에 갔을 때 딸아이를 혼내야 할 일이 생겼다. 바로 혼내기 위해 구석방으로 데리고 들어갔다. 장모와 처제가 뭘 그런 것을 가지고 혼을 내느냐며 말렸지만 나는 다솜이에게 매를 들었다. 밖으로 나간 다솜이에게 처제가 물었다.

"아빠가 때리니까 밉지?"

그러자 다솜이가 대답했다.

"아니에요. 아빠가 우리를 사랑하니까 때리시는 거예요."

아이가 아빠 마음을 아는 것이다.

엄마들은 대개 매를 드는 대신에 잔소리를 한다.

"너 혼날 줄 알아. 이제 밥 안 줄 거야. 쫓아내 버릴 거야. 아빠에게 이를 거야. 내가 못 살아, 못 살아. 엄마가 속이 터져 죽어 버렸으면 좋겠니?"

늘상 이런 잔소리를 듣고 자란 아이는 곧 속으로 생각한다.

'어이쿠, 또 잔소리가 시작되는군. 조금만 참자. 기다리면 그치겠지.'

날이 갈수록 잔소리는 길어지고, 목소리도 커질 수밖에 없다. 그러나 안타깝게도 잔소리는 전혀 효과가 없다.

나는 아이들이 돌이 될 무렵부터 매를 들었다. 좀 더 자란 후에는 의자나 방석을 구석에 갖다 두고, 잘못한 아이를 정해진 시간 동안 그곳에 혼자 앉아 있도록 했다. 다른 가족들이 화기애애하게 지내는데, 구석에서 혼자 앉아 있자니 아이에게는 제법 큰 벌인 것이다.

어려서부터 혼을 내지 않은 아이는 초등학교 고학년이 되면 더 이상 통제하기 어려워진다. 그 때문에 집안이 늘 전쟁터 같아질 수도 있다. 그러나 어릴 때 매를 아끼지 않으면 아이가 자랄수록 매를 들 일이 점점 더 줄어들게 되고, 그만큼 아이 때문에 속 썩을 일도 없어진다. 적절한 훈육은 화목한 가정을 만드는 비법이다.

함께 울면 형을 안아 준다

둘째 동생이 태어나면 첫째가 받는 충격은 남편이 첩을 데려왔을 때 아내가 느끼는 감정과 비슷하다고 한다. 첫째 아이는 자기로부터 엄마를 빼앗아 간 동생을 미워하게 되고, 아무도 없을 때 동생을 괴롭히거나 심지어 엄마가 있을 때도 동생에게 해코지하기도 한다. 어떨 때는 칭얼대며 짜증을 내기도 하며,

심한 경우 동생처럼 드러누워 젖병을 빠는 퇴행을 보이기도 한다. 이럴 때 대부분의 엄마들은 첫째를 혼낸다. 하지만 이는 동생에 대한 반감을 키워 오히려 더 나쁜 결과를 낳게 된다.

우리 집은 첫째와 둘째가 18개월 터울을 가지고 태어났다. 동생이 태어났을 때 겨우 18개월이었던 첫째가 느낀 당혹감은 이루 말할 수 없었을 것이다. 엄마가 동생을 돌보는 동안에 첫째는 자기도 봐달라며 울음을 터뜨렸다. 이때가 중요하다. 많은 엄마들이 큰애에게 "지금 엄마가 동생 보고 있는 거 안 보여? 뚝 그쳐!" 하고 소리 지른다. 그러나 그것은 동생을 향한 분노에 기름을 끼얹는 격이 될 뿐이다. 내 아내는 과감히 동생을 내려놓고 첫째를 안아 주었다. 이것은 투정 부리는 것과는 다른 상황이기 때문에 곧바로 안아 주는 것이 옳다. 첫째는 괜한 투정을 부리는 것이 아니라 엄마에게서 버림받을지도 모른다는 두려움에 싸여서 우는 것이기 때문이다. 그러니 바로 해소시켜 주는 것이 좋다.

그런데 동생을 내려놓고 첫째를 안아 주면 이번에는 동생이 울음을 터뜨린다. 이럴 때 엄마는 어떻게 해야 할까? 우는 동생을 무시한 채 첫째를 위로해 주어야 한다. 충분한 위로를 받고 울음을 멈춘 첫째는 동생이 우는 것을 보고 안쓰러워 엄마에게 말한다.

"엄마, 아가가 울어요."

"아냐, 아가는 울어도 돼. 나는 네가 더 소중해."

그 말을 듣는 순간 둘째로 인해 쓰렸던 첫째의 가슴은 기쁨과 신뢰로 가득 차게 된다. 안정감을 찾은 첫째는 자신의 의젓함을 드러냄으로써 엄마의 인정을 받을 수 있는 기회를 놓치지 않는다.

"엄마, 난 이제 괜찮아요. 아가를 안아 주세요."

"그래. 참 착하구나. 아가가 울어서 시끄러우니 아가를 달래 줄게. 잠깐만 기다려. 엄마가 조금 있다 놀아 줄게."

이런 일이 한두 번 반복되면, 첫째는 엄마가 진짜 사랑하는 것은 자기이며 동생은 자기의 배려가 필요한 나약한 존재라고 생각하게 됨으로써 동생을 더 아끼고 사랑하게 된다. 만일 동생이 울면 엄마에게 소리칠 것이다.

"엄마, 아가 울어요."

이것은 아빠에게도 그대로 적용된다. 엄마와 아빠의 변치 않는 사랑을 확인한 첫째는 더 큰 사랑을 얻기 위해 보다 어른스러워진 모습을 보이게 된다.

참 간단하지 않은가? 실제로 우리 집에서는 세 자녀를 키우면서 동생을 시샘하거나 괴롭힌 사건은 한 번도 없었다.

아, 딱 한 번 있기는 했다. 태어난 지 몇 달 되지 않은 다솜이가 자지러지게 울어서 가 보았더니, 첫째 규준이가 다솜이 옆에 몹시 당황한 표정으로 서 있었다. 다솜이를 자세히 살펴보니 엄지발가락에 물린 자국이 있었다. 아기를 깨물면 어떤 반응을 보이는지 궁금했던 것이다. 규준이가 깨무는 힘을 조절할 줄 모르니 다솜이가 울음을 터뜨렸던 것이다. 나는 모른 척하고 다솜이를 안아 달래 주었고, 이후 규준이는 다솜이의 둘도 없는 보호자가 되었다.

여러 명의 자녀를 키울 때 제일 중요한 것 중의 하나가 비교를 하지 않는 것이다. 에덴동산에서 뱀이 이브를 유혹할 수 있었던 것도 비교라는 미끼를 던졌기 때문이었다.

"선악과를 먹으면 하나님처럼 될 수 있어."

"형은 이런데, 너는 왜 그러니?"라는 말처럼 아이들을 좌절하게 만들고, 화나게 만드는 말은 없다. 동기간의 비교를 통해 판단하고, 책망하는 것은 절대 피해야 한다. 비교하는 부모를 미워하게 될 뿐 아니라 비교 당하는 형제자매도 미워하게 된다. 만약 혼나고 있을 때 비교대상인 동기가 옆에서 우월감을 드러내는 표정을 짓거나 혀를 삐죽 내밀며 약을 올린다면, 그 미움은 증오심으로 발전하게 된다.

그러나 비교를 잘만 하면 좋은 영향을 줄 수 있다. 비교란 관찰과 분석이 따라야 하는 것인데, 이를 통해 많은 진보를 이루게 되는 것이다. 잘나가는 회사의 일하는 방식을 흉내 냄으로써 회사의 경쟁력을 향상시키는 벤치마킹bench-marking이 형제간에도 적용될 수 있다. 시기와 질투는 성장의 큰 동력이 되기도 한다.

비교를 할 때는 조금 더 노력하면 동등하게 되거나 더 나아질 수 있다는 자신이 있을 때 효과가 있다. 당연한 이야기지만 너무 큰 격차가 있어 엄두를 내지 못하는 분야에서의 비교는 모욕으로 느껴질 수 있고 부당한 대우로 여겨질 수 있다. 나이 차이를 감안하지 않은 비교나 노력해도 어찌할 수 없는 신체적인 특성, 또는 성적 차이가 크게 나는 형제에게 성적을 비교하는 것은 반발만 불러일으키며 경우에 따라서는 자포자기하게 만든다.

대신 "형은 이제 혼자서도 세수를 잘하네", "누나는 이제 텔레비전을 안 보고 책을 보는구나. 너도 그림책 줄까?", "오빠는 혼자서도 잘하네. 너도 이제 잘할 수 있을 텐데" 등 조금의 노력으로 달성할 수 있는 비교를 하면 아이에게 동기를 부여하는 효과를 얻을 수 있다.

우리 집에서는 막내 규승이가 유별나게 승부욕이 강한 편이었다. 가족이 함께 등산을 할 때 자기가 맨 앞에 나서면 힘이 나서 잘 걷고 뛰었지만 형이나 누나에게 뒤처지면 바로 기운을 잃고 힘들어 못 올라가겠다고 떼를 쓰곤 했다. 나는 규준이와 다솜이에게 규승이의 뒤에서 따라가는 시늉을 하라고 했다. 그러자 규승이는 형과 누나에게 추월당하지 않기 위해 피곤한 줄도 모르고 뛰어 달아나곤 했다. 비교 의식을 이용해서 규승이가 등산을 더 즐겁게 할 수 있었던 것이다.

비교를 통해 동기들의 장점이 다른 형제자매에게 확산되고, 동기의 장점이 경쟁을 통해 자신의 능력 상승에 도움을 얻을 수 있도록 해야 한다. 그렇게 되면 우리 아이들은 사회로 나가서도 자연스럽게 주위에 있는 좋은 사람들의 장점을 눈여겨보고 배우려 할 것이다.

심각한 저출산 시대다. 아기를 적게 낳거나 아예 안 낳는 데에는 이유도 많다.

"돈이 많이 들어서 못 낳아요."

"나이가 들어서 못 낳아요."

"힘들어서 못 낳아요."

"아이가 동생이 태어나는 걸 싫어해서 못 낳아요."

"아기를 봐 줄 사람이 없어서 못 낳아요."

"첫째 때 하도 고생을 많이 해서 못 낳겠어요. 또 저런 말썽쟁이가 태어날까 봐 무서워서 못 낳아요."

나는 아기를 외동이로 키우는 사람은 참 잔인하다고 생각한다. 하나만 낳아 잘 키우겠다는 소신파도 있겠지만, 조금만 생각해 보면 그러한 생각이 얼마나 잘못된 것인지 알 수 있다.

외동아이들이 혼자 장난감 놀이를 하는 것을 보면 안쓰럽다. 외동아이들은 심심하기 때문에 부모의 사랑을 더 요구하게 되고, 점점 더 응석받이가 되기 쉽다.

더 심각한 문제는 부부 싸움을 할 때다. 부모가 서로 언성을 높이면서 싸움이 격해질 때 아이의 마음이 어떨지 상상해 보라. 얼마나 무섭고 힘들겠는가? 때로 엄마, 아빠의 바짓가랑이를 붙들고 싸우지 말라고 말려도 "넌 비켜!"라는 명령이 떨어지면 아이는 갈 곳이 아무 데도 없다.

한번은 우리 부부가 방에 들어가서 큰 소리로 다툰 적이 있다. 그런데 밖에서 쿵쾅하는 소리가 들렸다. 대화를 마친 후 나와서 아이들에게 뭘 했느냐고 물었다.

"우리 세 명이 모여서 혹시 엄마, 아빠가 이혼을 하면 누가 누구를 따라갈지 회의했어요."

상상이 가는가? 아이들은 부모의 다툼에 대해 어떻게 대처해야 할지 제법 진지하게 상의했던 것이다. 아마 처음에는 한쪽으로 몰렸던가 보다. 그래서 서로 네가 가야지, 아냐, 난 안가 하면서 옥신각신했다는데, 어느 쪽으로 몰렸는지는 두려워서 물어보지 못했다. 쿵쾅거리는 소리는 무엇이었느냐고 물었다.

"그건 엄마, 아빠가 조용해져서 무슨 이야기를 하시는지 규승이가 들어보고 오는 소리였어요."

그러니까 규승이가 염탐하러 왔는데, 아직 어려서 까치발을 못하니까 쿵쾅거리며 흔적을 남겼던 것이었다. 규승이가 형, 누나에게 보고했더란다.

"이제 싸움을 안 하실 거 같아."

그렇다. 형제가 많으면 부부 싸움도 아이들의 토론거리가 될 수 있고, 즐길 만한 소재가 될 수도 있는 것이다. 물론 자녀가 많다고 부부 싸움을 많이 해도 좋다는 이야기는 아니다. 다시 한 번 말하지만 외둥이에게 부부 싸움은 공포스러운 일이다.

아이가 자라 어른이 되어서도 외둥이에게는 심각한 문제가 따라다닌다. 인생살이가 다 순탄한 것은 아니지 않는가. 엄마가 죽을 수도 아빠가 죽을 수도, 아내나 남편이, 경우에 따라서는 자녀에게도 견디기 힘든 사건이 발생할 수 있다. 생각해 보라. 상을 당한 상주에게 삼촌이, 사촌이 위로가 되는가를. 그 정도의 큰 슬픔은 형제자매가 아니면 위로가 되지 않는다. 상가를 찾아온 사촌들은 이야기할 것이다.

"수고해. 내일 다시 올게."

삼촌이나 사촌이 할 수 있는 최고의 위로는 이 정도다. 그러나 형제자매라면 같이 울고, 등을 토닥이기도 할 것이며, 밤을 새워 가며 후일의 대책을 논의하는 등 서로에게 의지가 될 수 있다.

이렇듯 자랄 때 외로움과 두려움을 나눌 수 있고, 자라서 천붕天崩의 아픔을 함께 나눌 수 있는 형제자매를 하나도 낳아 주지 않는다는 것이 과연 사랑의 선택인지 모르겠다. 아이에게 제일 좋은 선물은 장난감도 게임기도 멋진 옷도 아니다. 제일 좋은 선물은 아기가 원하든 원하지 않든지 간에 동생이다.

동생이 태어나면서 형이나 누나 또는 오빠나 언니는 배려를 배우게 되고, 보다 더 큰 시야를 가질 수 있게 된다. 형제가 둘이면 대화를 배우고, 셋이면 정치를 배우고, 넷이면 팀워크를 배우게 마련이다.

형제 둘은 대화가 아니라 대결을 배운다는 말도 있다. 자기의 이익을 최대화하기 위해서는 무조건 상대방의 것을 빼앗아야 하기 때문이다. 일리 있는 말인 것 같다.

그런데 형제가 셋이 되면 대결은 좋은 결과를 낳지 못한다. 자신의 이익을 극대화하기 위해서는 다른 한 명을 자기편으로 끌어들여야 하는 것이다. 2대 1 구도에서 혼자는 무조건 나쁘기 때문이다. 두 명이 시시덕거리며 놀고 있는데, 구석에 혼자 노는 것은 생각만 해도 끔찍하다. 만약 2대 1로 싸움이 일어나는 경우에는 부모가 두 명 쪽 진술을 신뢰할 가능성이 높기 때문에 외톨이는 억울하게 혼나야 한다. 그러므로 혼자가 된 아이가 취할 전략은 자기 것을 일부 양보하면서 다른 한 사람을 자기편으로 만드는 것이다. 상대방이 좋아할 만한 것을 먼저 내놓아야 비로소 자기편으로 만들 수 있다.

결국 형제 셋이 함께 자라는 경우에는 상대방의 마음을 읽을 수 있는 능력과 자기 것을 내어놓는 양보와 타협의 과정을 통해 얻는 협상력 등이 저절로 몸에 배게 된다. 많은 형제들 사이에서 리더십이 자연스레 체화되는 것이다.

외둥이거나 형제가 적을 경우에는 이웃집 아이들과 어울려 사회성을 기를 수 있도록 배려할 필요가 있다. 가끔 한 번씩 만나 데면데면한 사이보다는 형제자매에 버금갈 정도로 친밀한 사이가 되는 것이 좋다.

분명한 것은 외둥이보다는 형제가 여럿일 때 동기들끼리 화목하기 쉽고, 원만한 성격에 경쟁력까지 갖춘 사람으로 성장할 가능성이 높다는 것이다.

자녀와 하나 되는 아빠

03

_____살을 부비고, 삶을 부비고

아이들의 성장과 두뇌발달에 스킨십이 중요하다는 이야기를 많이 한다. 특히 뇌를 연구하는 학자들에 의하면 피부와 뇌는 서로 풍부한 신경회로로 연결되어 있기 때문에, 약한 피부자극도 뇌로 전달되어 자극한다고 한다. 뿐만 아니라 마사지를 많이 받은 아이들이 체중도 빨리 늘고, 정서적으로도 안정되는 효과를 주기 때문에, 만 3세가 되기 전의 마사지는 특히 중요하다고 한다.

진즉에 이런 사실을 알았더라면 좋았을 텐데, 우리 아이들이 자랄 때는 이런 걸 몰랐다. 비록 마사지가 성장과 지능에까지 영향을 미친다는 것은 몰랐지만 부모와의 스킨십이 정서적으로 큰 도움을 준다는 사실은 알고 있었기 때문에 나는 아이들이 어렸을 때부터 스킨십을 많이 가졌다.

아이들이 말을 배울 때쯤에는 온갖 뽀뽀를 다 해봤다. 눈뽀뽀, 뺨뽀뽀, 입뽀뽀, 이마뽀뽀, 배꼽뽀뽀 ……. 신체 이름도 외울 수 있지만 서로 깔깔대면서 자연스럽게 스킨십을 할 수 있었다. 또한 조금이라도 키를 더 키워 보려는 욕심에서 다리를 쭉쭉 펴주었고, 종종 목욕도 시켜 주었다. 아이가 혼자 일어설 수 있을 때부터는 탕에 데리고 들어가서 같이 목욕을 했고, 어떤 때는 세 아이들과 함께 탕에 들어가 목욕하곤 했다.

밤에는 따로 재웠지만, 낮에는 아이들에게 팔베개를 해주며 낮잠을 재우기도 했다. 공원에서 놀 때면 아이들을 껴안고 잔디밭을 뒹굴기도 하고, 목말을 태우거나 아이들을 안은 채 뒤집거나 위로 던지는 놀이를 하곤 했다.

그런데 딸 다솜이와의 스킨십은 어처구니없는 일로 빨리 끝나고 말았다. 다솜이가 초등학교 3학년 때의 일이다. 아내가 황당한 표정으로 종이 한 장을 보여 주었다. 학교에서 나눠 준 설문지였다. 거기엔 다음과 같은 질문이 있었다.

"나의 몸에 손을 대는 남자가 있나요?"

아마 성추행에 대한 조사를 하는 모양인데, 다솜이가 당당하게 이렇게 적었다.

"아빠."

학교에서 어떤 충격적인 교육을 받았는지 다솜이는 그 이후 내가 자기 몸에 손을 대는 것을 질색했고, 샤워할 때 문을 잠그는 것은 물론이고 옷을 다 챙겨 입은 후에야 욕실에서 나왔다. 어쩌다 내가 샤워를 하고 벗은 몸으로 밖에 나오면 다솜이는 기겁을 하면서 나를 타박했다. 초등학교 3학년밖에 안 된 아이가 말이다. 친척에 의한 성범죄가 사회문제로 시끄럽긴 하지만 초등학교

3학년에게 아빠까지 잠재적 범죄자로 교육한 것은 좀 심했던 것 같다.

첫째 규준이가 태어났을 때 참 방정맞은 생각을 했다. 혹시라도 내가 세상을 너무 일찍 떠나게 되면 아이의 기억 속에 아빠라는 존재가 남아 있지 않을 텐데 그러면 아이에게뿐 아니라 내게도 너무 슬픈 일이라고 생각했다. 나는 적어도 규준이가 초등학교에 들어갈 때까지는 건강하게 잘 살아있어야겠다고 다짐했다.

둘째, 셋째가 태어나자 그만큼 살아야 할 시간이 자연스레 늘어났다. 아이들이 초등학교에 들어가니 초등학교 때 아빠의 역할이 얼마나 소중한지를 알게 되었고, 아이들이 사춘기에 접어드니 그때 역시 아빠의 역할이 절실하다는 생각이 들면서 내가 살아야 할 기간은 점점 더 늘어만 갔다.

어쨌든 혹시라도 내가 먼저 세상을 떠날 때를 대비해서 아이들과 함께 사진이나 비디오를 많이 찍어 두었다. 아빠와 즐겁고 행복하게 노는 모습을 사진과 비디오로 남겨놓는다면 혹시 내가 일찍 세상을 떠나더라도 아이들에게 행복한 기억을 남겨 줄 수 있겠다는 생각이었다. 그래서 우리 집에는 가족들, 특히 내가 아이들과 함께 있는 사진이나 동영상이 많다.

규승이가 초등학교 1학년 때 반 친구들을 모두 초대하여 생일파티를 한 적이 있다. 아내가 집을 아기자기하게 꾸미고, 떡볶이와 부침개를 만들어 치킨과 음료수, 과자 등을 함께 내 놓았다. 식사를 마친 아이들을 아파트 안에 있는 작은 공원으로 데려가 아빠인 내가 직접 사회를 보고 오락을 진행했다. 마흔 명 정도 되는 아이들에게 수수께끼를 내고, 다양한 게임도 진행했다. 먼발치에서 이 광경을 생소하게 바라보는 동네 사람들 앞에서 진땀이 났지만 나름대로 흥겨운 시간을 보냈다. 이때 찍은 동영상이 가장 기억에 남는다.

영상 속에서 제일 행복한 표정을 짓는 아이는 누구였을까? 당연히 규승이다. 규승이가 제일 크게 웃고, 소리치면서 그 시간을 만끽했다.

부모와 자녀들이 서로 살을 부비고, 삶을 부비는 것이야말로 부모가 자녀들에게 선물할 가장 중요한 기억이 아닐까.

산타클로스는 있다

산타클로스가 없다는 사실을 언제쯤 이야기해 주는 것이 좋을까? 많은 엄마, 아빠들이 고민하는 것들 중에 하나다. 어떤 부모는 아이가 유치원생일 때부터 산타클로스가 없다고 가르쳤다고 자랑스레 이야기한다.

그러나 나는 산타클로스가 없다는 것은 최대한 늦게 가르쳐 주는 것이 낫다고 생각한다. 아이들이 보는 만화나 영화나 동화책이 모두 허구이지만, 아이들은 이런 것들을 보고 마치 실제로 있는 양 상상의 나래를 펴지 않는가. 그러한 상상은 꿈속에서도 이어져 행복한 시간을 보내다 잠에서 깨어나기도 할 것이다.

아이들에게 "뽀로로는 없어. 실제로 펭귄과 흰곰은 같이 살지도 않아"라고 굳이 밝힐 필요가 있을까? 아이들은 어차피 자라나면서 자연스럽게 판타지와 현실, 동화와 진실의 간극을 깨닫게 된다. 그것을 늦게 알게 되었다고 부모에게 배신감을 느끼지도, 그것이 허구임을 알았다고 사물을 향한 인식에 혼돈이 생기지도 않는다. 오히려 산타클로스가 없다는 사실을 조기에 일깨워 줌으로써 일찌감치 상상의 공간을 빼앗아 버리는 결과를 낳을 것이며, 이것은 자녀의 감성에 좋지 않은 영향을 미칠 것이다. 크리스마스 즈음이면 특히 개그 프로에서 산타클로스가 없다는 것을 비꼬아 시청자를 웃기려는 경우가 많은데, 나는 솔직히 불만이다.

아내와 나는 아이들에게 산타클로스 할아버지가 있다고 말했고, 이 때문에 우리 아이들은 학교에서 친구들과 다투기까지 했다.

"아빠, 친구들이 산타클로스가 없대요, 글쎄."

씩씩거리는 아이들에게 아내가 이야기했다.

"산타클로스는 정말 있어."

결국 우리 집 아이들은 한두 번 고개를 갸웃하거나 아빠, 엄마를 의심의 눈초리로 쳐다봤지만 초등학교 6학년 때까지 대체로 산타의 존재를 믿었다. 나중에 아이들이 "왜 엄마는 그때 거짓말을 했어요?"라고 물었을 때, 아내가 대답했다.

"하나님께서 엄마, 아빠에게 산타클로스의 역할을 주신 거야. 그러니까 산타클로스는 있는 거지."

괜찮은 설명인 것 같다.

재미난 에피소드가 있다. 2002년 크리스마스 때의 일이다. 이때 규준이는 4학년, 다솜이는 2학년, 규승이는 예비 초등학생이었다. 산타클로스의 선물에 글씨를 적어야 하는데, 아무래도 아이들이 우리의 글씨체를 알아볼 것만 같았다. 그래서 컴퓨터에서 글을 작성하여 출력한 후에 선물 포장지 위에 붙였다.

멋진 규준이가 벌써 자는구나. 어제 네가 "이번에는 산타 할아버지 꼭 만나봐야지"라고 말하는 것을 듣고 너를 만나려고 했는데, 이미 잠들었으니 그냥 간다.

항상 남들을 도우려고 하는 모습이 대견하구나. 동생들과 더욱 사이좋게 지내라. 축구도 열심히 해서 건강한 어린이가 되길 바란다.

사랑하는 다솜아. 다솜이는 자는 모습이 얼마나 예쁜지 모르겠다. 수영, 피아노, 미술, 영어 등을 배우느라 힘들었지. 힘들더라도 열심히 배워야 나중에 훌륭한 일을 많이 하게 되지. 새해에도 예쁜 일을 더욱 많이 해서 하나님의 사랑을 독차지하는 어린이가 되길 바란다.

귀여운 규승아. 초등학교에 들어가려면 운동도 열심히 해야 하지만, 글 읽기, 쓰기 연습을 더 해야겠더라. 오늘 규승이의 일기를 읽고 얼마나 웃었는지 모른다. 잘 썼지만 글씨 연습은 좀 더 하는 게 좋겠더구나. 형, 누나랑 사이좋게 지내고. 이제 초등학생이 될 텐데 엄마 목걸이는 그만 만져라. 알았지?

아이들이 아침에 일어나 선물을 풀어서 갖고 놀다가 컴퓨터 앞으로 갔다. 아이들이 나를 불렀다. 아뿔싸, 실수로 컴퓨터를 끄지 않았던 것이다. 규준이가 말했다.

"아빠, 이거 봐요. 우리 선물에 있는 내용이 컴퓨터에 있어요. 이게 말이 돼요? 아빠가 쓴 거 아니에요?"

"그건 산타클로스 할아버지가 급하게 오느라 편지를 못 적어서 우리 집에

와서 쓴 거겠지."

대충 둘러대었는데, 다슴이와 규승이가 의심하는 첫째 규준이에게 말했다.

"그것 봐. 산타클로스가 쓴 거 맞잖아."

아빠는 네 잡동사니까지 사랑해

아이들은 참 쓸데없는 것들을 잘 모은다. 우리 아이들도 어릴 적에 포켓몬 카드, 디지몬 카드, 유희왕 카드 등을 잔뜩 모았으며, 과자 치토스 속에 든 '따조'를 모으기 위해 눅눅해진 과자는 그냥 버려야했던 적도 많다. 규준이는 특히 자동차 모형을 지나칠 정도로 좋아했는데, 집 안에 자동차 모형이 가득했다. 많은 여자아이들이 그러하지만 다슴이도 예쁜 새 인형보다 꾀죄죄하고, 팔다리가 심각하게 망가진 인형을 애지중지하곤 했다. 막내 규승이는 유별나게도 두루마리 휴지 속심을 모으곤 했다.

아이들은 어른들이 보기에는 아무런 의미도 없어 보이는 돌을 모으는가 하면, 별로 예쁘지도 않은 조개껍질을 모으기도 한다. 방을 어지럽히고, 엄마의 성질을 돋우는 그것들을 말이다.

주위를 둘러보면 수집은 일반적인 습관인 것 같다. 나도 어릴 적에 종이로 접은 딱지, 만화가 그려진 둥근 딱지, 구슬 등을 모았고, 한때는 병뚜껑을 모은 후 송곳으로 구멍을 뚫어 철사에 꿰어 다니곤 했다. 초등학교 6학년 때부터는 우표를 수집했는데, 그때 새벽같이 우체국 앞에 줄을 서서 샀던 우표들은 지금에 어디 있는지도 모르겠다. 우리나라 국력이 약했던 당시에는 외국 정상의 한국 방문이나 대통령의 해외 방문이 흔치 않아서 그럴 때마다 기념우표가 발행되곤 했다. 그런 날이면 새벽부터 전국의 우체국은 우표 수집하는 사람들로 인산인해를 이루었다. 그래서 다들 우표를 잘 모으면 곧 엄청난 부자가 될 줄 알았다.

어른들도 많은 것을 수집한다. 책, 음반, 골동품, 예술품, 장난감, 인형, 와인, 옷, 구두 등을 사 모으거나 여행지에서 건진 추억의 소품들, 사귀었던 이성에 대한 흔적을 모으기도 한다. 수집벽을 이해하지 못하는 사람은 부질없어 보이겠지만 그 사람들에게는 무척 소중한 것임에 틀림없다.

아이들의 수집품 역시 그들에게는 매우 소중한 것이다. 어른들이 보기에는 다 비슷비슷해 보이는 카드들도 종류별로 다 외우고, 카드에 그려진 캐릭터의 특성을 다 기억하는 것을 보면, 한낱 종이에 불과해 보이는 그 카드들이 아이에게는 돈 몇 푼의 값어치를 훨씬 넘는 큰 의미인 것이다. 캐릭터들을 보면서 그것들이 움직이는 모습과 소리를 상상하며, 때로는 캐릭터 간 격렬한 전투를 머릿속에 그리고 있을지도 모른다. 조개껍질을 보면서 그것을 주웠던 해변에서의 아름다운 추억을 떠올릴 수도 있다. 무엇보다 자기만의 비밀을 소유하고, 자기만의 것을 가졌다는 기억이 아이에게 큰 행복을 준다. 어른들의 눈에 쓸모없어 보이는 돌과 인형들에게 아이는 생명을 불어넣고, 그것과 대화하며, 그것과 함께 꿈을 꾼다.

그런데 대부분의 엄마, 아빠들은 아이들에게 이렇게 호통친다.

"이런 쓸데없는 것들을 왜 모으니? 다 갖다 버려. 네가 안 버리면 내일 내가 다 버려 버릴 거야."

아이들과 일체가 되어 있는 그것을 어른의 입장에서 판단하여 임의로 처분해 버리는 것은 어른들이 오랫동안 많은 돈을 들여 수집한 것들을 빼앗는 것과 같은, 아니 그보다 더 큰 상실감을 주는 행위이다. 자기가 아끼는 것을 이해해 주지 못하는 부모에게 느낄 배신감과 절망감이 얼마나 크겠는가. 나아가 증오심마저 느낄 수도 있다.

반대로 아이와 그것들을 가지고 함께 놀면서, 아이의 이야기에 귀 기울여 준다면 아이는 몇 시간이고 자기가 모은 잡동사니들을 자랑할 것이다. 막혔던 말문과 닫혔던 가슴이 이런 잡동사니를 통해 열릴 수 있는데, 굳이 아이들에게 상처를 주면서까지 버리게 할 것이 무엔가. 잘못된 일이 아닐 수 없다.

그렇다면 그 잡동사니를 어떻게 처분해야 할까? 그것은 시간이 청소해 준다. 아이가 성장하면서 그 소중했던 것들은 어느 순간 아이의 뇌리에서 잊히게 되고, 결국 아이 스스로 그것들을 버리는 때가 온다. 애니메이션 〈토이스토리Toy Story〉에 나오는 많은 장난감들이 아이가 자라면서 아이의 뇌리에서 잊혀 갔던 것처럼…….

아빠는 네 선생님을 존경해

"이번 새 학기에는 좋은 선생님과 좋은 친구들을 만나야 할 텐데"라는 말을 자주 듣는다. 그러나 내 생각은 다르다.

선생님 이야기부터 해보자. 지금까지 우리 세 자녀의 담임선생님으로 약 서른 분을 경험해 봤다. 결론을 먼저 이야기하면 그들은 하나같이 다 좋은 선생님들이었다. 그중에는 일 년 내내 노래만 가르치던 선생님도 있었고, 전교조 활동으로 많은 잡음을 내던 분도 계셨으며, 내 고등학교 동기의 아내가 아이의 담임선생님인 적도 있었다. 잔소리가 많은 선생님, 전혀 간섭을 하지 않는 선생님, 성적을 강조하는 선생님, 성품을 강조하는 선생님 등 참 다양한 선생님들이었지만, 선생님 한 분 한 분이 아이들의 성장과 성숙에 좋은 영향을 미쳤다. 생각해 보면 내가 초등학교부터 대학교까지 거치면서 만났던 많은 선생님들 또한 모두 좋은 선생님들이었다.

만약 좋은 선생님과 나쁜 선생님이 있다고 생각한다면 부모는 선생님을 판단하게 될 것이고, 부모가 선생님을 판단하고 의견을 표명하는 것을 듣는 자녀들 또한 선생님들 중에 좋은 선생님, 나쁜 선생님이 있다고 여기게 될 것이다. 까다로운 부모는 훨씬 엄격한 기준으로 선생님에 대한 호불호를 판단할 것이니, 그들의 자녀가 나쁜 선생님을 만날 확률도 높아진다. 결국 자녀들이 공부를 하지 않는 핑계, 학교생활에 흥미를 못 붙이는 핑계를 부모가 만들어 주게 되는 것이다.

결국 나쁜 선생님은 부모가 만드는 것이다. 반대로 엄마가 항상 선생님을 존경하는 자세를 지닌다면 자녀들 또한 좋은 선생님을 만나게 된다.

어려운 질문을 하는 아이에게 "그건 선생님이 잘 아실 거야. 선생님께 여쭤 봐"라고 선생님에 대한 존경심을 표현해 준다면 아이도 선생님을 존경하게 될 것이다. 선생님에 대한 불평을 늘어놓는 아이에게 "선생님들은 아빠, 엄마만큼이나 너희를 사랑하고 아끼는 분들이야. 선생님 말씀 잘 들어야 돼"라고 선생님 편을 들어 준다면 그 선생님은 반드시 우리 아이에게 좋은 선생님이 될 것이다.

내가 어릴 적에는 학교에서 선생님께 야단맞고 돌아오면, 부모님은 이유도 묻지 않으시고 "네가 잘못했으니 맞았겠지"라고 선생님 편을 드셨다. 옛날에는 자녀를 서당에 보낼 때 싸리나무로 회초리를 만들어 훈장에게 드렸다고도 했다. 그러나 요즘은 자녀의 말만 듣고 학교로 뛰어가 팔 걷어붙이고 선생님께 난동을 부리는 부모들 때문에 뉴스거리가 많다.

선생님은 무조건 옳다. 그리고 모든 선생님들은 좋다. 초등학교, 중학교, 고등학교, 12년 동안 만난 그 좋은 선생님들이 아이에게 얼마나 긍정적인 영향을 미치겠는가. 문제는 내 자녀가 좋은 학생이 되는 것이다.

물론 간혹 극단적인 선생님들이 있다는 것도 안다. 무조건 자녀만 질책하는 것이 능사가 아니라는 것도 안다. 아이의 속상한 마음을 헤아리지 않고, 선생님 편만 드는 것은 분명히 옳지 못한 것이다. 아이의 말에 충분히 귀를 기울이고, 아이의 형편을 이해하고 문제 해결을 도와주어야 한다. 그러나 만나보지도 않은 선생님이 나쁜 선생님일 수도 있다고 가르치는 것은 분명히 잘못된 것이다. 이제 말을 바꾸어 보자.

"올해는 우리 아이가 좋은 학생이 되어야 할 텐데."

많은 엄마들이 아이에게 이야기한다.

"나쁜 친구 사귀면 안 돼."

"넌 왜 저런 애랑 사귀니. 그만 만나."

"네가 나쁜 친구들과 다니니까 네 성적이 떨어지는 거야. 이제 공부 잘하는 애랑 친하게 지내."

그렇지 않다. 내 아이가 사귀는 친구들은 모두 다 좋은 아이들이다. 내 아이가 좋아서 사귀는 친구가 아닌가. 아이가 좋아하는 친구를 부모가 반겨 주는 것은 그만큼 아이의 의사를 존중해 주는 것이다. 자기가 부모에게 존중받고 있다는 느낌만큼 아이에게 중요한 것이 또 있을까?

자기보다 성적이나 체격 등 여러 가지 면에서 우월한 느낌이 드는 친구랑 사귀는 것도 좋다. 그들로부터 자기에게는 부족한 측면을 배울 수도 있고, 새로운 자극을 받을 수도 있다. 그러나 오히려 자신감을 잃고, 위축될 수도 있다. 반대로 자신의 도움을 필요로 하는 친구들과 사귄다면, 리더십을 발휘할 수 기회를 가지게 되고, 남을 배려하는 마음도 배울 수 있다.

부모의 재산이나 사회적 명성을 보거나 그 친구의 성적을 판단하여 사귀도록 가르치거나, 엄마가 괜찮은 학생들을 모아 인위적으로 친분 관계를 갖도록 하는 것이 당장은 효과적으로 보일 수 있다. 그러나 그렇게 하면 아이가 스스로 친구를 고르는 안목을 가지지 못하게 되고, 부모의 눈치만을 보는 소위 마마보이, 마마걸이 되고 말 것이다.

또한 더불어 살아가야 하는 세상에서 자기의 이익만을 우선시하는 아이는 머잖아 다른 친구들로부터 배척받게 될 것이다. 만약 그런 이기적인 자세가 성공으로 이어지게 된다면, 성공한 그의 주변에는 진실한 친구 대신 그의 성공을 이용하려는 또 다른 이기적인 친구들로 가득 찰 것이다.

우리 아이들이 지금까지 집에 데려온 친구들 중에는 코흘리개나 싸움꾼도 있었으며, 사회적으로 터부시되는 직업을 가진 부모를 가진 아이, 가정이 망가진 아이, 신체에 장애를 가진 아이도 있었다. 하지만 어떤 친구들이라도 그런 아이와 사귀지 말라고 한 적은 한 번도 없다. 혹 우리 아이에게 좋지 않은 마음을 먹은 친구가 있더라도 그들을 집으로 초대하여 반갑게 맞아 주면 오히려 내 아이의 가까운 친구로 바뀌거나, 그렇지 않더라도 해코지할 마음은 버리게 된다.

우리 아이들도 얼굴이나 몸에 상처가 나서 집에 온 적이 몇 번 있었다. 사실 아이들의 몸에 상처를 보면 덜컥 겁이 나긴 한다. 우리 애가 누구에게 맞진 않았나? 다쳐서 온 아이에게 자초지종을 물어보았다. 그리고 걱정이 되는 경우에는 다른 친구들에게 물어서 확인하기도 했다. 친구랑 장난을 치다가 또는 둘이 싸우다 다쳤다는 것을 들은 후에는 "잘했다"라고 한 후 그냥 넘어갔다. 아이 몸에 난 상처 때문에 상처를 낸 친구의 부모에게 연락한 적은 한 번도 없었다. 친구끼리 있을 수 있는 일 아닌가. 그러면서 더 친해지는 것 아닌가 말이다.

이제 이렇게 이야기해 보자.

"다른 친구들에게 좋은 친구가 되길 바란다."

"네가 소중하게 생각하는 친구는 엄마, 아빠도 소중하게 대할 거야."

이해할 수 없는 일들이 학교에서 많이 일어난다는 것도 알고 있다. 그리고 그러한 일로 인해 말할 수 없이 심한 고통을 겪다가 극단적인 선택을 하는 안타까운 뉴스도 많이 접하고 있다. 분명한 것은 많은 학생들과 두루두루 친하게 지낼수록 그런 극단적인 어려움에 처하는 일이 드물다는 것이다. 이기적인 목적으로 친구를 사귀려고 하거나 주도적으로 친구들과 관계를 잘 맺지 못하는 경우에는 친구 관계에서 어려움을 당할 가능성이 높아진다. 그러므로 아이가 좋아하는 친구들과 사귈 수 있도록 도와주는 것이 좋다. 그렇게 함으로써 주도적으로 교우 관계를 이끌 수 있고, 친구들을 폭넓게 사귈 수 있게 된다. 친구가 많아야 학교생활이 즐거운 법 아닌가.

아이가 가해자가 되어 남에게 피해를 주는 것 또한 심각한 문제가 아닐 수 없다. 가해자가 되는 것은 친구들 중에는 쓸모없는 친구, 사소하게 대해도 좋은 친구가 있다는 전제에서 시작하는 것이 아니겠는가. 아이에게 친구를 가려서 사귀라고 종용하면 할수록 아이가 가해자 그룹에 속할 가능성이 높아진다. 그러므로 다양한 형편의 친구들을 소중하게 생각하고, 함께 사귀도록 격려하는 것이야말로 아이가 불미스런 사건에 개입되는 것을 막는 데 도움이 된다.

아빠는 유머광, 만화광

나는 유머를 좋아한다. 유머 카페를 10년째 운영해 오고 있고, 유머 책을 다섯 권이나 낸 바가 있다. 내가 만든 유머도 수백 개가 되고, 번역을 하거나 개작을 한 유머는 그것보다 훨씬 많으며, 일간지와 월간지에 유머 코너를 연재한 적도 많다.

나는 책을 쓰거나 카페에 올리기 위한 유머 소재를 찾기 위해 많은 시간을 인터넷을 뒤지거나 책을 보는 데 쓴다. 그러다 보니 재미난 유머를 많이 알게 되는데, 아이들에게도 재미있을 것 같은 유머가 있으면 들려주거나 보여 주곤 한다. 아이들의 눈높이를 맞추는 데 실패하여 뜨악한 표정의 반응이 돌아올 때도 있지만 아이들과 유머를 나누는 건 참으로 즐겁다.

막내 규승이도 이제는 인터넷에서 재미난 유머를 보면 내게 알려준다.

"아빠, 이거 정말 재미있지 않아요?"

규승이가 알려준 유머를 책에 소개한 경우도 자주 있다.

나는 TV를 잘 보지 않지만 시간이 나면 개그 프로들은 꼭 본다. 그리고 시험 전날이라도 아이들이 개그 프로를 보는 것은 허락하거나 장려하기까지 한다. 종종 내가 개그맨의 목소리를 흉내 내며 아이들을 웃기기도 하는데, 십중팔구 심한 야유를 받는 것을 보면 나의 유머 재능은 개그맨보다는 작가에 있음에 틀림없다.

아이들이 어릴 때 장난을 많이 쳤다. 몰래 아이들 방 밖의 베란다로 나가 갑자기 창문으로 얼굴을 내밀어 놀라게 하기도 하고, 창문을 넘어 들어간 후 책상 밑에서 튀어 나오기도 했다. 아기 때는 신문지나 책으로 얼굴을 가렸다가 보여 주는 까꿍 놀이를 즐겼고, 일부러 작은 실수를 반복해서라도 깔깔 웃게 만들곤 했다. 아기의 경쾌한 웃음소리가 부모에게는 얼마나 큰 행복인지 모른다.

유머와 웃음을 강조하는 데에는 여러 가지 이유가 있다. 먼저 많이 웃는 가정이야말로 소통이 잘되는 가정이며, 소통이 잘되는 화목한 가정은 어떤 어려움도 다 이겨낼 수 있는 힘을 가지게 되기 때문이다.

또 가화만사성家和萬事成이란 말이 있듯이 집에 웃음이 가득할수록 자녀들이 장차 성공으로 이끌리는 지름길이 열린다. 웃는 사람의 얼굴에 침 못 뱉는다는 말처럼, 모든 어려움을 허허실실 웃음으로 이기는 사람의 길에는 성공이 있을 수밖에 없다. 또한 유머 감각은 많은 사람들에게 호감을 주는 제일 좋은 방법이기도 하니 모름지기 성공을 꿈꾸는 사람이라면 가정을 웃음으로 채울 것이다.

뿐만 아니라 공부도 기분이 좋아야 더욱 잘된다. 뇌 연구에 의하면 유쾌할 때 공부한 것이 잘 기억되고, 기분 나쁠 때 암기한 것은 잘 기억이 되지 않는다고 한다. 부모에게 혼이 난 후에 하는 공부는 거의 효과가 없다. 반면 신나게 웃고 들어가서 하는 공부는 효과가 배가 된다.

주위에는 작은 우스개에도 정말 빵빵 터지는 사람들이 있는가 하면, 어지간한 유머에도 굳은 표정을 풀지 않는 사람들이 있다. 유머 감각이 떨어지는 사람들은 대개 경직된 가정환경에서 자란 경우가 많다. 사십대가 되면 자신의 얼굴에 책임을 져야 한다고 하는데, 이왕이면 미소가 만든 주름을 가지는 것이 좋지 않을까? 사회적 지위가 높아짐에 따라 억지로 미소를 절제하여 입매가 근엄하게 밑으로 처진 사람들을 많이 볼 수 있는데, 자녀의 성공을 원한다면 가정에서는 그런 표정을 버려야 한다.

유머 외에 우리 집이 자랑할 만한 것은 독서실 수준의 많은 책들과 특별히 많은 만화책들이다. 내가 책을 많이 모으는 편이기도 하지만 아내가 독서논술을 하면서 학생들과 함께 토론을 하기 위해 책을 많이 구입하고 있다. 일반 가정집치고는 책이 엄청나게 많은 편이어서, 이사 갈 때마다 책을 옮기고, 정리하는 일이 큰 고역이다. 그러나 이렇게 많은 책들을 읽으면서 느끼는 행복은, 그러한 수고에 대한 충분한 보상이 되고도 남는다.

나는 아이들을 위해, 때로는 나를 위해 만화책을 많이 구입했다. 아이들이 좋아하는 《살아남기》시리즈, 《마법 천자문》, 《수학도둑》을 비롯해서, 이원복 교수의 《먼나라 이웃나라》, 《가로세로 세계사》, 고우영 화백의 《만화 십팔사략》, 일본 만화가 요코야마 미쓰테루가 그린 60권짜리 《만화 삼국지》등 수백 권의 만화책들이 책장에 꽂혀 있다. 나의 중국역사에 대한 대부분의 이해는 《만화 십팔사략》에서 얻은 것이며, 세계에 관한 많은 상식들 역시 이원복 교수의 만화책을 통해 얻었다. 아이들이 어릴 때는 《만화 삼국지》를 여러 차례 읽었는데, 특히 두 아들은 삼국지의 등장인물뿐 아니라 각 권에 붙은 제목까지도 줄줄이 외웠으며, 나와 함께 인물에 대한 평을 하기도 했다.

독서의 장점이야 여기서 새삼 논할 필요가 없지만 아이들과 함께 같은 만화를 보고, 같은 동화를 읽고 대화를 나누는 것만으로도 아이들과의 간극을 줄여 주고, 아이들의 생각을 읽을 수 있게 도와준다. 자신이 감동 깊게 읽은 책을 아빠나 엄마가 읽으면 무척 반가워한다. 내가 스물세 권이나 되는 해리포터 전질을 다 읽었을 때 나보다 먼저 책을 읽었던 아이들이 비로소 자신들과 같은 수준에 도달한 나를 진심으로 축하해 주었다.

핵가족화되고, 일터를 따라 또는 공부를 위해 먼 곳으로 떠나는 것이 일상화되면서 가족이 뿔뿔이 흩어지는 것은 피할 수 없는 흐름이 되었다. 한집에 살더라도 원만한 소통이 힘들어지는 오늘날, 하물며 흩어져 사는 가족끼리 긴밀하게 소통하기란 쉽지 않은 일이다.

나는 삼형제 중 장남으로 태어났다. 지금 부모님과 막내 가족은 대구에, 둘째 가족은 울산에, 그리고 우리 가족은 서울에 살고 있다. 2006년 흩어진 가족들과 소식을 나누고자 가족 카페를 개설했다. 카페에는 할아버지, 할머니의 소식과 함께 서울, 울산, 대구에 흩어져 있는 삼형제 가족들의 소소한 일상을 담은 글들이 올라왔다. 카페의 이름은 우리 황가와 어머님의 성씨인 권씨를 합쳐서 〈황가 권가의 후예들〉로 지었다.

최근에는 페이스북이 새로운 대세가 되면서 다들 페이스북에 글을 올리기 시작했다. 특히 규준이와 다솜이가 교환학생으로 가면서 미국 친구들과 교류하기 위해 페이스북을 사용했는데, 다들 가족으로 등록해서 서로의 소식을 주고받고 있다. 일흔이 넘으신 할머니부터 이제 고등학교 다니는 손자, 손녀들까지 SNS를 통하여 소식을 나누고 있다.

삼대가 함께 페친^{페이스북 친구}이 되어 서로의 근황과 생각을 나누고 있는 것이다. 자녀들이 힘들어하는 글이 올라오면 엄마, 아빠보다도 먼저 할머니의 위로와 기도 글이 올라온다. 또한 새해나 생일 등에 할아버지, 할머니가 손주와 아들, 며느리에게 전하는 메시지는 외로울 때 큰 힘이 된다. 특히 아이들이 미국에서 페이스북을 통하여 소식을 전하고 있으니, 페이스북은 서울, 대구, 울산 그리고 미국에 흩어져 있는 가족들의 좋은 소통의 공간이 되고 있다.

아이들이 미국에 가 있을 동안에 명절이 되면, 영상 통화를 통하여 세배도 드리고, 덕담을 나누기도 했다.

요즘 아이들은 SNS를 할 때 부모와는 절대 친구를 맺지 않는다고들 하고, 혹시 부모가 가입을 하면 얼른 계정을 차단하는 경우가 많다고 들었다. 물론 부모 또는 조부모와 함께 SNS를 하는 것이 불편할 수는 있지만 SNS에 부주의하게 남긴 글로 인해 어려움을 겪는 일이 다반사인 오늘날 어른들과 함께 생각을 나누는 젊은이들은 그러한 실수를 피할 수 있을 것이다. 내 아이들과 페친 관계를 맺은 내 친구 또는 아내의 친구들도 꽤 있다. 부모의 친구와 함께하는 소통이 우리 아이들의 생각을 깊게 하고, 예의바르게 만들어 주리라 생각한다.

카카오톡이나 라인, 밴드 등의 SNS가 손쉽게 사용할 수 있다는 장점이 있으나 이들은 모두 기존에 있던 사람들과의 소통에 도움을 주는 것이지 새로운 관계의 확장에 크게 도움을 주지 않는다. 반면 페이스북은 새로운 네트워크를 만들어 나갈 수 있도록 도와주기 때문에 나는 아이들에게 가급적 페이스북을 사용할 것을 권유한다. 또한 특히 글로벌 시대에 전 세계에 흩어진 다양한 사람과의 느슨한 네트워크는 자녀들의 장래에 큰 힘이 될 수 있는데, 이러한 네트워크를 유지하기 가장 좋은 도구가 페이스북이라고 생각하기 때문이다.

인터넷에서 사용하는 내 닉네임은 항상 '준솜승빠'다. 규준, 다솜, 규승이의 아빠라는 뜻이다. 이 닉네임을 사용하는 것은 우리 가정에 주어진 세 자녀의 존재를 자랑스러워하고, 감사하기 때문이다. 자신을 자랑스러워하는 부모 밑에서 자란 아이들이 정서적으로 안정되고, 사랑 많은 사람으로 자라게 될 것이다.

자칫 소홀해지기 쉬운 현대의 가족 관계를 SNS를 통하여 연결하고, 서로 소식을 나누고, 살가운 대화를 나눔으로써 우리 가족은 물리적인 거리를 거의 느끼지 못한 채 살고 있다. 가족의 중요성이야 새삼 강조할 필요가 없지만 공간적으로 흩어지고, 시간적으로도 함께 하기 힘든 요즘의 가족구성원들을 이러한 SNS를 통하여 가족의 유대를 느끼도록 한다면 이들의 가슴 한편에 항상 따스한 가족애가 함께할 것이다.

아빠, 그는 어떻게 행동하는가

Part 2

2002. 6. 14 설악산 울산바위

01

빠른 길보다
바른 길로

스코틀랜드 작가 새뮤얼 스마일스Samuel Smiles는 "생각을 심으면 행동을 거두고, 행동을 심으면 습관을 거두며, 습관을 심으면 성품을 거두고, 성품을 심으면 운명을 거둔다"고 했다. 〈좋은나무성품학교〉의 설립자인 이영숙 박사는 바른 성품을 가지는 것이 얼마나 중요한 것인가를 강조하며 다양한 활동을 벌이고 있다.

나도 아내와 결혼할 때 우리 집 가훈을 '온유한 성품, 성실한 삶'이라고 정하였고, 이를 아이들에게 수시로 가르쳐 주었다. 성품 교육은 가정에서 시작되어야 하며, 어릴 때 가정에서 이루어지는 성품 교육이야말로 스마일스의 말처럼 아이들의 운명에 지대한 영향을 미치게 될 것이라고 믿기 때문이다.

성품 교육에는 여러 가지 내용들이 있겠으나 나는 우리 아이들에게 다음 몇 가지를 특히 강조해서 가르쳤다.

'남에게 피해 주지 않기.'

'어른 존경하기.'

'인사하기.'

'거짓말하지 않기.'

'욕설 하지 않기.'

아주 기본적인 것들이지만 반드시 갖추어야 할 태도임에 틀림없다. 또한 가족과 국가에 대한 고마움과 존경심을 가지도록 늘 가르쳤다.

바른 성품을 소유한 아이들은 스스로를 행복하게 할 뿐만 아니라 주위를 행복하게 만들 것이다.

예절을 알아야 세상이 너를 대접한다

언어는 매우 중요한 소통 수단이다. 언어를 통해 상대방에게 예의를 표하는 가장 쉽고, 좋은 방법은 존댓말이다. 존댓말이 위계질서位階秩序를 강조하기 때문에 자유롭고, 평등한 커뮤니케이션을 강조하는 요즘 사회에는 맞지 않는다고 말하는 사람도 많다. 그러나 말로써 예의를 갖추는 것은 시대를 초월하여 가장 중요한 덕목 중의 하나다. 그래서 나는 우리 아이들에게 어른들에게는 반드시 존댓말을 쓰도록 가르쳤다.

또한 앞에서 한 번 이야기했듯이 식사할 때 어른이 먼저 한 술을 뜬 후에야 아이들이 수저를 들도록 가르쳤다. 전근대적인 교육이라고 비판할 수도 있지만, 평소 윗사람을 존경하는 태도를 가르치는 것이 중요하다고 생각한다.

식당이나 지하철, 도서관이나 교회 같은 공공장소에서 마치 운동장 뛰어다니듯이 소리 지르며 뛰어다니는 아이들이 얼마나 많은가. 눈살이 찌푸려질 뿐만 아니라 안타깝기까지 하다. 나는 세 아이들에게 공공장소에서는 늘 정숙하도록 가르쳤다. 덕분에 우리 세 아이가 다른 사람들의 눈총을 받은 기억은 거의, 아니 전혀 없다.

남을 배려하지 않는 무례함은 어렸을 때 고쳐야 한다. 그렇지 않으면 어른이 되어서도 무례한 행동을 계속하게 된다. 지하철에서 큰 소리로 통화하는 사람, 이어폰을 사용하지 않고 동영상을 시청하는 사람, 옆 사람과 큰 소리로 떠드는 사람들을 볼 때 마음이 어떻던가? 낯부끄러워서 여기가 대한민국이 아니었으면 하는 생각마저 들지 않던가. 공익광고를 통하여 계속 교육을 해도 쉬이 개선되지 않는 것을 보면 참 안타깝다. 그 외에도 동네를 돌아다니며 큰 소리로 호객 행위를 하는 트럭, 거리에서 앰프를 가지고 자신들의 주장을 시끄럽게 떠드는 시위대, 많은 사람들이 다니는 공간에서 큰 소리로 노래를 하는 모습들도 눈살을 찌푸리게 만든다.

요즘은 전에 비해 식당이나 지하철에서 떠드는 아이들이 많이 줄었다. 그러나 다행이라고만 할 수 없는 것이, 아이들이 예의범절을 익힌 덕분이 아니라 손에 쥐어 준 스마트폰이나 게임기를 가지고 노느라 조용한 것이니 씁쓸할 뿐이다. 아이들의 주의를 잠시 다른 데로 돌릴 수 있다는 편리함 때문에 무분별하게 쥐어 준 스마트기기가 아이들에게 얼마나 심각한 해악을 끼치는지에 대해서는 이미 많은 연구가 이루어져 있다. 임시방편이 더 큰 문제를 만드는 것이다.

나는 아이들이 놀고 나면 반드시 스스로 치우도록 했다. 놀고 난 흔적을 자기가 정리하는 것은 남에 대한 배려이자 당연한 지켜야 할 일이다. 아이들이 어릴 적에 큰 바구니를 방 가운데 두고 이렇게 말하곤 했다.

"자, 가지고 놀던 장난감들을 이 바구니에 다 담아. 이 바구니에 넣지 않은 장난감은 다 버릴 거야."

그러면 아이들은 여기저기 널려 있던 장난감들을 정신없이 바구니에 담았다. 장난감들이 어느 정도 모이면 다시 이야기했다.

"이제 여기 있는 장난감들을 원래 있던 곳으로 다 치우기."

이렇게 하면 세 아이들은 신이 나서 장난감을 다 모은 후 제자리에 갖다 두곤 하였다.

그러나 스스로 치우는 것을 아무리 강조했어도 방 정리만큼은 뜻대로 되지 않았다. 자라면서 아이들의 방은 점점 더 무질서하게 되어 갔지만, 자기들의 영역이니 얼마간은 존중하는 마음으로 타협하고 살고 있다.

인사만 잘해도 얻는 게 많다

해외여행을 하다 보면 호텔 엘리베이터에서 모르는 사람들끼리도 반갑게 인사하는 것을 많이 볼 수 있다. 그런데 우리는 평소 습관이 되어 있지 않아 외국인이 밝게 인사해도 무뚝뚝하게 반응하여 인사하는 사람을 무안하게 만드는 경우가 많다.

나는 아이들에게 아파트 엘리베이터에서 어른들을 만나면 인사하는 것은 당연한 일이라고 누누이 가르쳤다. 몇 번 인사를 하다 보면 얼굴을 알아보는 어른들이 우리 아이들을 반갑게 맞아 주며 "학교 잘 다녀왔어?", "어디 가니?" 하고 먼저 말을 건네기도 한다. 인사를 잘한다고 칭찬을 받는 것은 덤이다.

엘리베이터에서 다른 집 아이들이 내게 인사를 하지 않으면 살짝 꿀밤을 주며 "어른을 보면 인사를 해야지" 하고 농담 삼아 말을 시키곤 했다. 그렇게 하면 얼마 안 있어 엘리베이터를 탈 때마다 서로 인사를 나누는 좋은 분위기가 형성되게 마련이다.

아이들과 자주 산에 올랐는데, 사람이 아주 붐비는 때가 아니면 반대편에서 오는 사람들에게도 인사를 하도록 가르쳤다. 오랜 시간 등산을 하며 지친 사람들끼리 반가운 인사를 나누는 것은 인사를 받는 사람에게도, 하는 사람에게도 참 유쾌한 일이다. 특히 등산을 할 때는 간식거리를 가지고 다니는 사람이 많은데, 인사를 잘한다고 머리를 쓰다듬으며 간식도 나누어 주니 우리 세 아이들은 인사가 얼마나 좋은 것인지 스스로 체험하기도 했다.

모든 인간관계는 인사로부터 시작된다. 뿐만 아니라 인사는 관계를 더욱 돈독히 하는 역할도 한다. 인사는 한마디로 새로운 관계를 만드는 열쇠이자 관계를 부드럽게 만드는 윤활유인 것이다. 예전에는 인사성이 밝다는 칭찬이 최고의 찬사 중 하나였는데, 요즘은 그런 칭찬을 하는 것을 듣기가 어렵다. 안면이 있는데도 빤히 보면서 인사를 하지 않는 학생들을 보면 민망하기도 하지만 어른에게 인사도 제대로 할 줄 모르는 아이들이 자라서 어떻게 될 것인가 생각하면 가슴이 답답해진다.

규준이가 미국에 교환학생으로 가 있을 때 사는 집과 학교를 방문한 적이 있다. 학교를 구경하던 중 점심시간이 되어 구내식당으로 갔다. 먹을 것을 식판에 챙기고 규준이 친구들과 함께 식사를 하려고 하는데, 배식하던 아주머니가 우리 쪽으로 다가와 인사를 하며 말했다.

"He is a very polite student."

아주머니는 규준이와 똑 닮은 나를 아빠인 줄 알아보고, 바쁜 중에도 일부러 찾아와서 "매우 예의 바른 학생"이라며 칭찬을 해 준 것이다. 평소에 배식 아주머니들에게 인사를 잘한 덕일 것이다. 뜻하지 않은 곳에서 뜻밖의 사람에게 아들의 칭찬을 들으니 얼마나 뿌듯했는지 모른다.

마음이 담긴 인사는 만나는 모든 사람에게 기쁨을 선사한다. 상대방의 기쁨은 부메랑이 되어 인사한 사람에게 큰 복으로 돌아오게 된다. 자녀에게 새해 복 많이 받으라고 축복하기 전에 밝게 인사하는 법을 가르친다면 복은 저절로 들어오게 되어 있다. 나는 그렇다고 믿는다.

___정직의 가치는 크다

나는 아이들이 어릴 때부터 거짓말은 정말 나쁜 것이라고 강조했으며, 거짓말한 것을 발견하면 실제로 심하게 혼을 냈다. 그래서 그런지 우리 아이들이 거짓말로 나와 아내의 속을 썩인 일이 거의 없다. 모르고 넘어간 일이 있을지도 모르지만 말이다.

아이들이 하는 말을 무턱대고 의심하거나 의심된다고 꼬치꼬치 취조하듯 묻지 않았다. 하지만 거짓말이 거듭되었을 때는 말 그대로 매타작을 했다. 그래서 우리 아이들은 내가 거짓말을 정말 싫어한다는 것을 잘 안다.

어느 날 아이들 방에 들어갔는데, 고무가 탄 듯한 매캐한 냄새가 났다. 책상 위를 봤더니 헤어드라이어의 전선이 잘려 있었다. 플러그에 연결된 상태에서 누가 가위로 전선을 자른 모양이었다. 나도 어릴 적에 그와 비슷한 장난을 쳤다가 사고를 낸 적이 있기 때문에 한눈에 상황 파악이 되었다. 가위로 전선을 자르는 순간 합선되어, 큰 폭발음과 함께 불꽃이 튀었을 것이다. 안 봐도 알 수 있다. 세 아이들이 이런 일을 처음 겪었으니 얼마나 놀랐을까. 가위를 찾았으나 보이지 않았다. 아이들을 불러서 물었다.

"이거 누가 그랬어?"

그런데 세 아이 모두 자기 짓이 아니라고 했다. 내가 일부러 중얼거리듯이 말했다.

"이거 가위로 자를 때 소리가 엄청 커서 많이 놀랐을 텐데……. 가위도 크게 망가졌을 테고."

그 말이 끝나기가 무섭게 다솜이가 책상 서랍을 열어 가위를 꺼내며 말했다.

"맞아요, 아빠. 펑 하며 소리가 났어요. 여기 보세요. 가위가 이렇게 망가졌어요."

다솜이에게 말했다.

"많이 놀랐지? 전기는 잘못 다루면 엄청 위험하니 조심해야 해."

거짓말을 한 셈이니 혼을 내는 것이 맞지만, 이때는 다솜이가 이미 충분히 혼이 났음이 분명했다. 얼마나 놀랐겠는가. 순간적으로 녹아 버린 가위를 보며 자신의 행동을 얼마나 후회했겠는가. 훈계의 목적이 행동 교정이라고 한다면 이런 경우에는 다시 혼낼 필요가 없다. 아이 스스로 다시는 같은 짓을 하지 않을 것이기 때문이다.

나는 삼형제 중 장남이다. 초등학교 때 우리 삼형제는 서로 거짓말을 못하게 하는 장치를 만들었다. 누가 무슨 말을 할 때 "하나님께서 보신다"라고 말하면 진실을 말하기로 했다. 그런데 우리끼리 있을 때는 "하나님께서 보신다"는 말이 괜찮았는데, 다른 사람들이 있는 데에서 사용하기는 좀 멋쩍었다. 그래서 다른 약속을 만들어 냈다. 그냥 "아!"라고 하면 "하나님께서 보신다"를 말하는 것이라고 정한 것이다. 그래서 남들이 있을 때 형제 중에 누군가가 거짓말하는 것 같으면 다 알고 있다는 표정으로 쳐다보며 말했다.

"아!"

하나님의 존재를 믿는 우리들에게 하나님께서 지켜보신다는 사실은 참 무서운 일이었다. 동생들은 모르겠지만 적어도 나는 그 말을 곧이곧대로 믿었고 약속대로 진실을 말했다. 모르긴 몰라도 동생들도 그랬을 것이다.

거짓말은 정말 나쁜 것이다. 그리고 그 대가는 참으로 크다. 그런데 우리 문화는 아이들의 거짓말에 대해 대체로 관대한 것 같다. 아이가 능청스레 자는 척 연기를 하면 어른들은 아이가 똑똑하다고 자랑하기도 한다. 그런 아이가 자기가 하지도 않은 수행평가 과제물을 태연하게 제출하는 것 아니겠는가. 거짓말이 나쁜 것이라고 가르치지 않는다면 이 사회는 말 그대로 거짓말 공화국이 될 것이다. 실제로 거짓말 공방 때문에 나라 전체가 홍역을 치르기도 하고, 진실을 찾아내기 위해 엄청난 비용을 쏟아 붓고 있지 않은가 말이다.

다솜이가 미국에서 교환학생 생활을 할 때 깜짝 놀랄 만한 이야기를 들었다. 학생들의 봉사활동 시간을 부모가 확인해 준다는 것이다. 우리나라는 기관에서 확인해 주는데, 미국은 대체 뭘 믿고 부모에게 확인을 맡긴단 말인가? 만약 우리나라에서 자녀의 봉사활동 시간을 부모가 확인하도록 하면 어떻게 될까? 아마 많은 집에서 이렇게 말하지 않을까?

"내가 봉사활동 한 것으로 인정해 줄 테니, 너는 공부만 하렴."

부모가 정직하게 확인해 줄 수 있다면 거짓말을 잡아내기 위해 봉사활동 기관마다 활동시간을 확인해 주는 사람을 따로 세우지 않아도 되니 얼마나 좋을까.

음식은 남기는 것이 아니라 나누는 것

우리 세대는 어릴 적에 음식을 남기거나 버리는 것은 나쁜 짓이라고 교육받았다. 특히 쌀은 한 톨이라도 남기면 안 되는데, 쌀이라는 것이 농부의 손길이 88번이나 거쳤기 때문에 한자로 팔八과 십十과 팔八이 결합해서 쌀 미米가 되었다는 이야기를 귀에 못이 박히도록 들었다. 또 음식을 남기면 아귀지옥餓鬼地獄에 떨어지는데, 이 땅에서 남긴 음식을 먹어야 하는 형벌이 내려지는 곳이라고 했다. 어쨌건 음식을 남기는 것은 나쁜 짓이며, 음식을 가지고 장난치는 것은 있을 수 없는 일이라고 교육받았다. 먹을 것이 부족한 시대였으므로 음식을 아끼는 것이 반드시 필요했기 때문이기도 하다.

오늘날 세계 곳곳에서 많은 사람들이 굶주리고 있고, 넘쳐 나는 음식 쓰레기 또한 심각한 환경문제가 되고 있다. 나는 아이들에게 음식을 가급적 남기지 않도록 가르치며 밥그릇을 깨끗이 비우도록 가르쳤다. 요즘같이 먹을 것이 풍부한 환경에서 음식을 남기지 않도록 가르치기는 쉽지 않다. 그러나 학교나 직장에서의 배식 때 다 먹지 못할 것이 분명한 분량을 담아가서는 잠시 후 상당한 양의 음식물 쓰레기를 내어놓는 모습을 보면 유쾌하지 않다.

자녀들에게 음식을 남기지 않도록 또는 버리지 않도록 가르치기 위해서는 먼저 먹을 만큼만 주는 것이 필요하다. 무작정 많이 준다고 좋은 것이 아니다. 남기지 않을 수가 없으니 말이다. 아이가 밥이나 국을 스스로 덜어낼 수 있는 빈 그릇을 준비해 주는 것도 좋은 방법이다.

다솜이가 초등학교 4학년 때 컵스카우트 활동을 했다. 학기 초에 컵 스카우트 발대식을 한다고 학교에서 학부모들을 초청했다. 회사를 일찍 마치고 발대식이 열리는 학교 강당으로 갔다. 학부모들은 강당의 가장자리에 서 있고, 학생들은 가운데서 행사를 진행하고 있었다.

촛불 행사, 선서 등의 순서가 끝난 후 강당 한가운데에 학생들을 십여 명씩 둘러앉게 했다. 학부모도 사이사이에 함께 앉게 할 줄 알았더니 그냥 아이들끼리만 앉았다. 잠시 후 아이들이 먹을 간식이 나누어졌다. 방울토마토, 금귤, 포도, 꿀떡 등 손으로 집어먹기 좋은 것들이었다.

그런데 얼마 있지 않아 아이들이 음식을 서로 던지며 장난을 치기 시작했다. 급기야 다들 일어서서 서로 먹을 것을 던지니 난장판이 되었다. 그 모습을 보고 제재하는 선생님이나 학부모가 한 명도 없어서 이해할 수 없었다.

나의 넓은 오지랖은 이 상황을 도저히 참을 수가 없었다. 몇 분간 지켜보다가 아이들 사이로 들어가서 호통을 쳤다.

"이게 뭐하는 짓들이야. 음식 던지지 마."

"야, 너. 제자리에 앉아."

내 말을 들은 아이들 몇 명이 자리에 앉았지만 넓은 강당 여기저기서 음식들이 여전히 날아다녔다. 나는 몇 번 소리를 지른 후 계속 음식을 던지는 남학생의 뒤통수를 손끝으로 탁 쳤다. 깜짝 놀라 쳐다보는 아이에게 소리쳤다.

"먹을 것을 그렇게 던지다니, 이게 뭐하는 짓이야."

사람들의 시선이 내게 모아졌고, 내게 맞은 아이는 고개를 숙였다. 그런데 잠시 후 학생 두 명이 마구 뛰어다니며 내 앞을 지나갔다. 순간 그 아이들의 팔을 낚아챈 후 강당 밖으로 끌고 나갔다.

"도대체 뭐하는 거야. 어서 꿇어앉아."

둘 중 한 명은 꿇어앉았으나 한 명은 당황한 표정으로 어정쩡하게 서 있었다. 그때 안내방송이 나왔다.

"자, 간식 시간을 마치고, 다음 순서를 진행하겠습니다. 다들 정리해 주세요."

강당 안의 소란스런 분위기와 내가 흥분한 모습을 보고 서둘러 간식 시간을 마친 것 같았다. 행사는 곧 종료되었다. 행사가 끝나고 아이들이 나갈 때 꿇어앉게 했던 두 아이를 찾아가 사과했다.

"아까는 아저씨가 흥분해서 미안했어."

아이들도 내게 사과했다.

"아니에요. 우리가 너무 떠들었어요."

그러나 내 손 끝에 맞은 학생은 찾을 수가 없었다. 내 눈을 피해 집으로 가버린 모양이었다. 의자 정리, 음식 남은 것 정리를 도와준 후 집으로 가서 초등학교 홈페이지를 방문했다. 그리고 학교 게시판에 대략 다음과 같은 글을 썼다.

'소란을 일으켜 죄송합니다. 내게 혼난 학생들에게 미안하지만 음식을 던지는 것은 아주 나쁜 짓입니다. 그런데 어떤 선생님이나 부모님도 그런 모습을 보고 혼을 내지 않는 것에 나는 너무 놀랐습니다.

학교가 단순히 학문을 가르치는 곳만이 아니라 예절과 도덕을 가르치는 곳인데, 인사할 줄도 모르고, 음식의 소중함도 모르는 학생들을 방치하는 것은 문제가 있다고 생각합니다.

오늘 저에게 혼이 났던 학생들에게 사과의 마음을 전합니다.'

이 글은 순식간에 엄청난 조회수를 기록했고, 많은 댓글이 달렸다. 우선 교장선생님께서 댓글을 다셨는데, 요약하면 학생들에게 기본예절을 제대로 가르치지 못해 죄송하다는 것이었다. 다른 학생들의 댓글도 이어졌다.

'다솜이 아빠, 우리도 너무 심하다고 느꼈어요.'

'아저씨, 우리가 많이 잘못했던 것 같아요. 다음부터는 그러지 않도록 하겠습니다.'

하루 뒤 내게 맞았던 아이의 아빠의 글이 올라왔다. '아이들의 행동이 잘못된 것은 맞지만 폭력은 나쁘다고 생각한다'는 취지의 글이었다. 그분께 나는 '내가 흥분했던 점을 사과합니다. 아이를 만나 직접 사과하려고 했는데 만나지 못했습니다'라고 정중한 사과의 글을 올렸다.

게시판 글의 조회수는 대개 수십 회에 그치는데, 내 글은 거의 천 회 이상을 기록했다. 그 주 일요일에 교회에서 만난 한 여자 집사님이 내게 웃으면서 이야기했다.

"학교에서 큰일이 있으셨더군요."

이후로도 나는 우리 아이들이나 교회 등 다른 모임에서 음식을 함부로 다루는 아이들을 심하게 혼냈다. 세계의 굶주리는 사람들 이야기를 굳이 꺼내지 않더라도 음식을 귀하게 여기고, 음식을 맛있게 먹는 것은 음식을 제공한 사람에게 대한 가장 기본적인 예의가 아닌가 말이다.

자녀의 탈선을 해결하는 만능 키

언론에서도 심각하게 다루는 청소년의 문제 중 하나가 욕설이다. 요즘 아이들은 욕이 빠지면 아예 말을 하지 못하는 것 같다. 차마 입에 담기 힘든 욕을 늘 입에 달고 산다. 버스나 지하철을 탈 때 옆에 있는 남학생, 여학생의 입에서 쏟아지는 욕의 성찬에 얼굴을 붉힐 때가 한두 번이 아니다.

우리 아이들에게 너희도 학교에서 친구들과 이야기를 나눌 때 욕을 하느냐고 물었다. 친구들처럼 많이 쓰진 않지만 전혀 안 쓰는 건 아니라는 솔직한 대답을 들었다. 그나마 안도가 되었다. 나는 아이들에게 내 이야기를 들려주었다.

나의 아버지는 목사님이었는데, 중학교 2학년 때 교회에서 친구와 주먹다짐을 했다. 나보다 싸움을 훨씬 잘하는 친구였던 탓에 일방적으로 맞았다. 몇 대 맞고 보니 차오르는 화를 참을 수가 없었다. 나는 내가 아는 온갖 욕설을 친구에게 퍼부었다. 평소 착실하게 생활하던 목사 아들이 갑자기 무수한 욕을 쏟아내니 다른 학생들과 선생님들의 눈이 휘둥그레졌다. 그러나 놀란 눈길을 의식한 건 한참이나 지나서였다. 그날 느낀 창피함이 아직까지도 생생하다. 그때 다짐했다. 다시는 욕을 하지 않겠노라고.

절제하지 못해서 겪어야 했던 창피함에 대해 이야기하며, 입에 욕을 담는 것이 얼마나 부끄러운 일인지 아이들에게 설명해 주었다. 다행히 우리 아이들의 언어 습관 때문에 속상한 적은 거의 없었다.

욕 외에도 자녀가 자라는 과정에서 갖게 되는 부모의 염려는 한두 가지가 아니다. 음주, 흡연, 폭력, 금품 갈취, 절도, 동물 학대, 기물 파괴, 왕따, 게임 중독, 가출, 혼전 성교 등 적극적인 탈선과 게으름, 무기력, 무책임, 무절제, 무소신, 무비전 등 수동적인 문제들까지 자녀들이 성장하면서 부모의 마음을 졸이며 속을 썩이는 행위는 참으로 많다. 이러한 다양한 탈선행위들에 대해 일일이 지침을 가지고 아이들의 행동을 제어하고, 고쳐 주는 것은 얼마나 힘든 일인가! 이러한 행동들을 한꺼번에 사라지게 하는 방법은 없을까?

근본 원인은 아이들이 부모와 어른들의 충고에 귀를 닫고 있는 것에 있다. 어떤 말을 해도 아이들은 듣지 않고 오히려 반감을 드러내기 때문에 부모의 뜻이 절대 전달되지 않는다.

부모가 주는 용돈 때문에, 부모의 사회적 지위를 지렛대로 삼으려고 또는 아빠의 매가 무서워서 일시적으로 부모의 말에 귀를 기울이는 것처럼 보일 때가 있지만 속으로는 다른 생각을 품고 있는 경우가 많다.

'내 힘으로 독립할 수 있으면 그때는 내 맘대로 할 거야.'

'지금은 내가 힘이 없어서 당신에게 당하고 있지만 힘만 생기면 가만히 안 있을 거야.'

자라서 부모에게 복수하리라 벼르는 아이들이 많다고 한다.

아이들이 부모의 말에 귀를 닫아 버리는 데에는 부모나 기성세대의 위선적인 모습이나 학대 등 여러 가지 원인이 있을 수 있다. 이 문제는 별도로 다루어야 할 만큼 긴 이야기가 될 터이므로 여기서는 자녀를 어떻게 양육해야 잘못된 행동을 개선할 수 있을까에 대해서만 이야기하도록 하겠다.

이 모든 문제를 근본적으로 해결할 수 있는 두 가지 만능 키를 소개한다.

첫째, 자녀가 어릴 때부터 어른들의 말에 경청하고, 말을 수용할 수 있도록 해야 한다. 한마디로 인간을 만들어야 한다는 것이다. 옳고 그름에 대한 판단이 제대로 서지 않은 유아시기부터 어른들의 말에 귀 기울이도록 교육하는 것이 중요하다. 무비판적인 수용이 기성세대의 문제점을 반복하게 하는 이유가 될 수도 있다. 그러나 기성세대의 문제점을 발견하고, 스스로의 논리를 갖추며, 새로운 도전을 하는 것은 청소년기 이후에나 가능하다. 유치원생, 초등학생 들이 엄마, 아빠에게 바락바락 소리 지르며 대드는 것은 분명히 부모의 잘못된 교육의 결과다.

둘째, 참된 멋을 가르쳐야 한다. 멋쟁이는 옷을 아무거나 입지도 않고, 몸을 함부로 굴리지도 않는다. 자신의 가치를 발견하고, 그 가치를 드러내는 데서 멋을 찾도록 한다면 옳지 않은 유혹에 쉽게 넘어가지 않는다. 오히려 탈선하는 아이들을 보고 "어휴, 못난이들" 하고 눈살을 찌푸리게 될 것이다. 마크 트웨인Mark Twain의 《왕자와 거지》에 나오는 왕자는 자신의 신분에 자부심을 느꼈기 때문에 그렇지 못한 행동들을 경멸하며 스스로의 존엄을 지킬 수 있었다.

가문에 대한 자부심, 한국인으로서의 자부심, 때로는 종교인으로서의 자부심, 특정 학교 졸업생으로서의 자부심 등 자신에게 긍정적인 잣대를 줄 수 있는 멋을 가르치고, 몸에 배게 해야 한다. 물론 불우한 환경, 자부심이라고는 느끼기 힘든 여건에서 자라난 경우도 있겠지만 이런 사람에게도 '역사적 사명을 가지고 태어난 사람'이라는 자아 인식을 심어 줄 필요가 있다.

그런 의미에서 생명이 우연에 의해 생겨났다든가 자연의 실수로 생긴 가치중립적인 존재라고 설명하는 진화론적인 관점보다는 신의 섭리 또는 예정에 의해 태어난 특별한 존재, 성스러운 목적을 가진 존귀한 존재라고 설명하는 창조론적 관점이 긍정적인 자아관을 가지는 데 훨씬 도움이 된다고 생각한다.

아이가 어릴 때는 부모의 말에 귀를 기울이는 아이로 키움으로써 부모의 훈육을 경청할 수 있도록 해야 하고, 자라서는 자신의 존재에 대한 자부심을 지닐 수 있도록 함으로써 스스로가 잘잘못을 구별하여 자신의 멋을 키워 나갈 있도록 장려한다면 다양한 유혹에서 스스로를 지켜낼 수 있는 건강한 자아를 가지게 될 것이다.

뿌리를 알면 강해진다

나의 외가는 양반 가문인 안동 권씨다. 그러나 친가에 대한 기록은 분명하지 않다. 집안 어르신들에게서 듣기로는, 원래 강화도에 사셨던 증조모께서 20세기 초, 즉 일제 강점기 초기에 어린 남매를 데리고 경북 고령으로 야반도주하셨다고 했다. 마침 근처 마을에 창원 황가 집성촌이 있었고, 타지에서 종씨 가족이 왔다는 말을 들은 종친 어른들이 찾아와 그쪽 족보에 어린 남매, 즉 나의 할아버지와 왕고모를 편입시켜 줬다고 한다.

그러니 지금 내가 알고 있는 족보는 완전히 잘못된 것이다. 하지만 야반도주의 주인공이셨던 증조모, 조부, 왕고모 모두 그 이유를 설명해 주지 않은 채 돌아가셔서 그 역사를 아는 사람이 아무도 없다.

우리 가족의 진짜 내력이 궁금해진 나는, 첫째 규준이가 태어난 이듬해인 1994년 여름 강화도를 찾아갔다. 무턱대고 강화도의 황씨 종친회에 전화해서 강화도 황씨들의 역사를 가장 많이 아는 어르신을 소개해 달라고 한 후, 할아버지 성함 세 글자만 들고 그 집을 찾아갔다. 물론 이러한 황당한 시도에 신통한 결과를 얻을 가능성이 희박하다는 것을 잘 알고 있었다. 강화도란 지역은 생각보다 넓었을 뿐 아니라 일제 강점기, 해방, 한국전쟁 등 한반도에 온갖 변란이 난무했던 그 긴 기간 동안 가장도 없는 한 가족의 야반도주 사건이 구전되었을 리 만무했다.

내가 찾아간 어르신으로부터 서로 뿌리가 다른 두 개의 창원 황가가 있다는 설명을 들었다. 즉 삼한시대에 우리나라에 유입된 토창土昌이라 불리는 창원 황가와 통일신라 때 이주해 온 당창唐昌이라 불리는 창원 황가가 있다는 것이었고, 그 어르신과 나는 다른 뿌리의 창원 황가였다. 그러니 그분이 나의 뿌리에 대해 알 가능성은 더욱 희박했다.

지금 생각해도 무모한 나의 시도는 나의 몸을 통해 이 땅에 태어난 규준이에게 제대로 된 가족사를 알려주고 싶어서였고, 다시 한 번 나의 뿌리를 찾아보고 싶은 생각 때문이었다. 요즘은 그리 큰돈을 들이지 않아도 유전자 분석이 가능해졌으니 원하면 어떻게든 뿌리를 찾을 수 있을지도 모르겠다. 어쩌면 밝히기 힘든 부끄러운 역사를 지닌 집안일 수도 있지만, 그분들의 삶이 있었기에 내가 있었다는 사실을 생각하면 그분들이 고맙지 않을 수 없다.

나를 있게 한 나의 조상들, 그리고 나와 피붙이거나 내 피붙이와 함께 가정을 이룬 친척들이 너무나 고맙다. 자주 찾아가 뵙지 못하고, 고마운 마음에 합당한 대접도 못해 드리지만 나와 우리 가족을 반가이 맞아 주는 어른들과 동기 그리고 조카뻘, 손자뻘 친척들을 무척 좋아한다.

나의 할머니는 1901년에 태어나셔서 103세이신 2003년에 돌아가셨다. 1999년 99세 백수白壽 잔치 때 내가 우리 집안의 가계도家系圖를 만들었다. 할아버지와 할머니를 정점으로 4남 4녀가 계셨는데, 그중 3남 3녀가 성장하여 가정을 이루었고, 그 밑에 27명의 손자손녀, 그리고 50명의 증손주, 그 외 결혼을 통해 가족이 된 며느리, 사위까지 합쳐서 생존한 식구만 118명이나 되는 대가족을 한 장의 가계도로 정리하였다. 십수 년이 지난 지금은 새로 결혼한 형제자매, 조카들과 새로 태어난 자녀들로 모두 150여 명의 가족이 되었다. 야반도주했던 외조모 밑에 하나뿐이었던 할아버지 슬하에 이렇게 큰 가족이 이루어졌으니 참으로 신기하지 않을 수 없다.

나는 아이들에게 이름은 고사하고, 얼굴조차 기억하기 벅찬 이 많은 가족들, 그리고 나의 외가 식구들, 그리고 처가 식구들을 소개했다. 특히 친척 결혼식이나 장례식에서 아이들에게 친척들을 소개했으며, 또 휴가를 얻어 친척 집을 방문하기도 했다. 사회적으로 저명한 친척은 별로 없지만 그것은 중요하지 않다. 그분들의 사랑을 마음에 담아 오기만 해도 최고의 부자가 된다.

이처럼 자녀들에게 가족의 존재를 알려주고, 가족의 의미를 가르치는 것이야말로 자녀들의 삶의 뿌리를 견실하게 하는 것이 아닐까. 뿌리 깊은 나무는 바람에 흔들리지 않는다고 했다. 가계 구성원의 일원으로서의 자신을 발견하는 것은 자존감을 높여 줄 뿐만 아니라 가족의 미래를 함께 만들어야 할 책임감도 느끼게 만드니 개인의 성장에도 좋은 밑거름이 될 것이다.

혹 손이 귀하거나 실향민 가족이어서 구성원이 적더라도 문제될 것 없다. 가족이 적을수록 가족의 소중함이 더 느껴질 것이며, 앞으로 크게 번창할 가족의 미래를 상상해 보는 것만으로도 충분히 행복해지지 않을까?

건전한 자의식은 청소년의 인격 성숙에 커다란 영향을 미친다. 그리고 그러한 자의식에는 나를 있게 한 역사에 대한 긍정적인 이해가 중요하다고 생각한다. 영욕榮辱의 수레바퀴를 통해 오늘날의 대한민국이 만들어졌고, 그 가운데 내가 태어난 것이다. 나를 있게 한 역사의 영광의 장면을 자랑스럽게 여기는 동시에 치욕의 장면을 통해 교훈을 얻을 수 있어야 한다.

다민족 사회가 되어 가는 시대에 배타적인 국수주의자가 되라거나 보수우익의 가치를 지니라는 뜻은 아니다. 다만 역사를 돌아봄으로써 오늘의 자기를 발견하고, 미래를 내다볼 수 있는 지혜를 얻을 수 있어야 한다는 것이다.

나는 1906년 영남지역에서 최초로 세워진 계성고등학교를 졸업했다. 오랜 전통을 담은 학교 건물들, 파란만장한 학교의 역사 그리고 많은 선배들의 자랑스러운 삶에 대한 이야기들은 나의 인격 성숙에 큰 영향을 미쳤다.

그래서 나는 두 아들을 집 근처에 있는 배재고등학교로 보냈다. 1985년 우리나라 최초로 세워진 중등교육기관으로 아펜젤러Appenzeller, 주시경, 이승만, 나도향, 김소월 등 우리나라 역사의 한 획을 그은 자랑스러운 선배들과 선생님을 가진 학교의 전통이 규준이와 규승이의 삶에 큰 영향을 미칠 것이라고 생각했기 때문이다. 고등학교를 선택하는 기준으로 명문 대학 진학률만 있는 것은 아니다. 자랑스러운 역사에 동참하게 함으로써 자부심을 느끼게 하는 것이 인생에 있어서 더 중요한 가치라고 본다.

나는 아이들과 함께 고故 노무현 대통령, 고故 김대중 대통령의 분향소에 참배했다. 그분들에 대한 판단은 어떠하든 우리나라를 위해 수고하셨던 대통령들의 삶을 이야기하며, 그들의 영정 앞에 예를 표하는 것 또한 아이들에게 역사에 대해 숭고한 마음을 갖게 해 주리라 생각한다. 반기문 유엔 총장, 김용 세계은행 총재, 강영우 박사 등 우리나라를 빛낸 자랑스러운 인물들에 대해서도 설명해 주면서 대한민국 국민으로서의 자긍심을 갖게 해 주고 미래에 대한 보다 긍정적인 비전을 가질 수 있도록 해 주었다.

나는 아이들과 등산을 자주 다니는 편이다. 산에 다니다 보면 많은 역사의 현장을 접하게 된다. 우리나라의 어느 산자락이 역사의 흔적을 품고 있지 않은 곳이 없겠지만 수도 서울의 과거와 현재를 느끼게 하는 인왕산이나 북한산, 북악산, 강화도의 마니산, 경주 남산, 그리고 용문산, 계룡산, 오대산, 지리산 등 역사의 질곡을 품은 산들을 다니며 산에 담긴 역사를 이야기하는 기쁨이 남달랐다. 특히 2007년 광복절에 경기도에 있는 남한산성을 올라 수어장대守禦將臺 등을 구경한 후 삼전도비三田渡碑가 있는 동네를 가리키며 병자호란丙子胡亂의 아픈 역사를 나누었던 기억은 지금도 생생하다.

우리 역사에 대한 자긍심은 국민의 한 사람으로서의 개인을 세우는 힘이 될 뿐 아니라 스스로를 바르게 세우는 좋은 다림줄 역할을 하게 된다. 어릴 때 외웠던 〈국민교육헌장〉이 떠오른다.

'우리는 민족중흥의 역사적 사명을 띠고 이 땅에 태어났다. 조상의 빛난 얼을 오늘에 되살려, 안으로 자주독립의 자세를 확립하고, 밖으로 인류 공영에 이 바지할 때다.'

민족중흥과 인류 공영의 사명을 띠고 태어난 삶이 그저 그렇게 살 수는 없다. 우리 모두의 출생의 의미는 숭고하다. 동의하건 하지 않건 자신의 출생의 의미를 이렇게 숭고한 것이라고 여기는 아이라면 바르고 건강하게 자랄 수밖에 없다.

어른들을 사귀어라

아이들이 어렸을 때 피터 드러커Peter Drucker 의 《나의 이력서》란 책을 읽고 큰 감동을 받았다. 그는 자신의 어린 시절을 이렇게 회고했다.

나는 부모님 덕분에 어렸을 때부터 다양한 사람들과 접할 수 있었다. 내게 그 경험은 실질적인 교육이 되었다. 학교는 아주 짧은 기간을 제외하고는 아주 재미없었기 때문이다.

피터 드러커의 아버지는 제1차 세계대전 무렵 오스트리아의 장관이었고, 어머니는 의학을 전공한 사람이었다. 그의 집에서는 일주일에도 몇 차례씩 파티가 열렸는데, 월요일은 '정치의 밤'이, 수요일에는 '의학과 정신분석의 밤'이 열렸다. 피터를 비롯한 다른 아이들도 이 파티에 참석할 수는 있었는데, 단 어른들의 대화에 끼어드는 것은 허용되지 않았다고 한다. 피터의 동생은 지루한 모임이 싫어 모임에 참석하지 않았지만 첫째였던 피터는 매번 이 파티에 참석해서 어른들의 대화를 경청했다.

이런 모임을 통해 피터는 제1차 세계대전이 끝난 후 불안한 유럽의 정세를 또래의 누구보다 소상히 알 수 있었을 뿐 아니라 아버지의 친구들과도 교류를 할 수 있었다. 유대인이었던 피터 드러커는 독일에 나치정부가 들어서고, 유태인들에 대한 탄압이 시작되면서 28세에 미국으로 이주를 한다. 이후 피터는 다양한 분야에서 두각을 드러내기 시작하며, 나중에는 경영학의 아버지라고 불릴 만큼 많은 업적을 쌓게 된다. 피터가 파티에서 얻었던 삶의 지혜들과 파티를 통해 알게 된 많은 아버지의 지인들이 그의 인생 역정과 업적에 큰 도움을 주었음은 말할 나위가 없다.

책을 읽은 후 나는 무릎을 쳤다. 아이들을 어른들의 모임에 참석하도록 하는 것이 아이들에 큰 도움이 된다는 사실을 깨달은 것이다. 아이들을 어른 모임에 데려감으로써 얻게 되는 유익을 세 가지로 정리해 보았다.

첫째, 예절을 배우게 된다. 어른들의 모임에서, 아이들은 자연스럽게 예의를 갖춘 인사법과 태도를 배우게 된다. 또한 어른들과의 대화를 통해 자연스러운 들고남의 타이밍과 인내심을 배울 수 있다. 함께 음식을 먹고, 오락을 즐기면서 어른들의 예법, 즉 프로토콜protocol이 자연스레 몸에 배이게 되는 것이다.

둘째, 어른들의 지식을 전수받게 된다. 피터 드러커가 중학교 시절 처음 어른들의 자리에 함께했을 때는 그들의 대화가 거의 이해되지 않았을 것이다. 그러나 그러한 자리가 반복될수록 어른들의 화법에 익숙해지고, 어른들의 관심사를 알게 되며, 어른들의 다양한 견해를 알 수 있게 되었다. 실제로 피터가 이해한 유럽은 그 이후 영국과 미국에서의 기자 생활에 많은 도움을 주었다.

특히 유럽 출신의 미국인들에게 유럽의 속내를 정확히 이해한 피터의 글이 큰 도움이 되었다.

마지막으로 좋은 네트워크를 가지게 된다. 또래는 함께 고민하고, 함께 커 나가야 할 동료들이다. 그러나 그들에게서 삶의 지혜를 듣거나 인생의 중요한 시기에 큰 힘이 되어 줄 것을 기대하기는 쉽지 않다. 삼십 년 가량, 즉 한 세대 위의 아빠 또는 엄마 친구들과의 깊은 유대는 자녀들의 삶에 든든한 기반이 되며, 삶을 더욱 풍요롭게 해 줄 것이다.

나는 고등학교 동창 모임, 대학 동창 모임, 교회 모임 등에 아이들을 자주 데리고 갔고, 심지어는 상가喪家에도 데려가곤 했다. 고등학교 동문회 체육대회 에는 반드시 데리고 갔는데, 아이들이 중학교에 들어갔을 때 친구들이 우리 아 이들에게 말했다.

"중학생이 집에서 공부해야지, 여기 왜 왔어?"

내가 대신 대답했다.

"집에서 공부하는 것보다 이런 곳에 오는 것이 훨씬 큰 공부가 될 수 있 어."

어른을 통해 얻을 수 있는 많은 유익을 취하는 것은 사회를 위해서도 큰 도움이 되는 일이 다. 유대인의 힘이 탈무드를 통해 전승되는 선조들의 지혜와 부모로부터 전해지는 지식과 네트워크, 유대인 공동체라는 것을 생각할 때 부 모 세대와의 긴밀한 유대는 건강한 미래를 열어가는 가장 쉽고 확실한 방법이 아닐 수 없다.

요즘 젊은이들이 기성세대와의 관계에 어려움을 겪는다는 말을 많이 듣는다. 그것도 그럴 것이 아이들이 자랄 때 부모, 친척 또는 선생님 외에 모르는 사람이 말을 걸어오면 무시하라고 교육을 받지 않았던가. 결국 모르는 사람들은 모두 잠재적인 범죄자라는 것인데, 이 때문에 아이들이 어른들을 자연스레 접할 기회를 가지지 못하게 되었다. 예전에야 동네만 나오면 동네 어른들과 많은 대화를 나눌 수 있었지만 요즘은 느슨한 관계의 어른들을 접할 기회가 흔치 않다. 많은 어른들을 접하면서 어른들의 표정을 읽고, 어른들과의 대화에 익숙해져야 하는데, 어른들을 접하지 못한 젊은이들이 자라서 사회에서 만나는 어른들의 표정을 제대로 읽고, 그들의 감정을 헤아리기는 힘든 것이다.

결국 이러한 젊은이들은 회사나 사회에서 상사나 선배들과 원만한 관계를 만들어내는 데 실패하고, 또래와의 만남에서 선배들을 비판하는 데 목청을 돋우곤 한다. 그러나 그것은 결국 조직에서의 실패를 의미할 뿐이다. 뿐만 아니라 새롭게 만들어지는 일자리들은 대부분 다양한 부류의 사람들과 감정을 교감해야 하는 일들이다. 어른들의 감정을 헤아리기 힘든 젊은이들은 다가오는 미래에 제대로 된 일자리를 가지기도 힘들 것이다.

이러한 문제를 해결하기 위해서라도 아이들을 어른들이 모이는 모임에 자주 데리고 가는 것이 필요하다. 예전에는 설날 아버지의 손을 잡고 친척뿐 아니라 동네 어른들을 찾아가 세배를 올린 후 덕담과 가르침을 받았다. 어른들에게 예의를 표하는 이러한 전통이야말로 다시 되살릴 만한 것이라고 생각한다. 따지고 보면 대단한 재산이나 기업을 상속하는 것보다 어른들과의 만남을 통해 풍요로운 미래를 상속시키는 것이 훨씬 좋은 일이다.

무엇이든지 어릴 때부터 일찌감치 가르치는 것이 좋다. 부모 말에 순종하

고, 가족의 중요성을 이해하는 아이로 자라게 하는 것이 아이들에게 전수해야
할 가장 값진 가르침이라고 할 수 있다.

02

아빠랑 함께
집
나서기

___자연이 스스로 가르쳐 줄 거야

나는 아이들이 걸음마를 시작하면서부터 아이들과 함께 집을 벗어나 자연 속으로 데려가기 시작했다. 아기였을 때는 집근처 산책로나 공원 등지에서 산책을 하며 새소리도 즐기고, 나비, 잠자리, 메뚜기, 매미, 개미 등의 곤충을 구경하거나 잡아서 관찰했고, 각종 풀이나 꽃을 만지고 냄새 맡으며 자연을 느낄 수 있도록 했다. 봄철이면 진달래나 아카시아꽃을 따 먹기도 하고, 산딸기, 찔레꽃 순의 맛을 보면서 자연의 맛을 즐기기도 했다. 그야말로 자연은 우리 자녀들의 가장 좋은 학습장이자 놀이터가 되었다.

자녀에게 자연을 가까이 하도록 하는 것은 많은 유익이 있다. 많이 걷고 뛰면서 건강한 신체를 가지게 될 뿐 아니라 자연을 즐거워함으로써 정신 건강에도 긍정적인 영향을 받는다. 우울증을 치료하는 가장 좋은 방법 중의 하나가 야외에서 밝은 햇볕을 쬐는 것이며, 자연으로부터 접하게 되는 다양한 병원균들 또한 질병에 강한 체질을 가지도록 만들어 준다. 아이에게 많은 변화와 자극을 주는 것이 지능발달에 도움을 준다는 것은 주지의 사실인데, 실내에 아무리 큰 변화를 주더라도 자연의 창의성이 주는 변화무쌍함과는 절대 비교할 수 없다. 나아가 자연을 자세히 관찰하다 보면 과학에 흥미를 갖게 될 뿐 아니라 자연을 통해 얻은 감성은 국어나 예능 과목에도 영향을 주게 된다. 또 아이들과 함께 자연에 나가면 궁금한 것을 묻고 답하면서 대화가 늘게 되고, 집에 돌아와서도 경험한 것을 함께 나눌 수 있으니 가족의 화합에도 좋은 영향을 준다.

산에는 산책로나 공원에서 느낄 수 없는 또 다른 흥미로운 볼거리와 경험, 그리고 유익이 있다. 아이들이 자라남에 따라 처음에는 작은 동산에서부터 시작해서 점차 강도를 높여 갔고, 이렇게 시작된 가족 등산은 우리 가정의 중요한 역사가 되었다.

셋째 규승이가 생후 34개월, 즉 만 세 살이 채 되지 않았을 때 서울 근교에 있는 청계산 정상에 오른 적이 있다. 해발 583m나 되는 높은 산을 안기거나 업히지 않고 규승이 혼자 힘으로 올랐다. 나는 위험한 곳이 나오면 손을 잡아 주고 계단이 나오면 함께 숫자를 세면서 등산을 돕기만 했다. 힘들다고 할 때마다 벤치나 돌에서 충분히 쉰 후 다시 산을 올랐으며, 등산 내내 지루하지 않도록 재미난 대화를 나누었다.

드디어 정상에 도착해서 기분이 좋았는데, 어떤 어르신이 내게 호통을 쳤다.

"아니, 이런 어린아이를 이렇게 높은 곳까지 데려오면 어떻게 해? 성장판이 망가질 수도 있어."

"좋은 말씀 감사합니다. 조심하겠습니다." 하고 사과부터 드리고 나서 규승이와 기념사진을 찍고 정상 정복의 기쁨을 함께 나누었다.

하산하는 중에 힘이 들어 벤치에 앉았다가 일어서는데, 규승이의 다리가 부들부들 떨리는 게 눈에 확연했다. 어르신의 호통처럼 34개월짜리 어린아이에게는 무리한 등산이었던 것이다. 나의 무지를 탓하며 규승이를 목말 태운 후 손으로 다리를 주물러 주며 하산했다. 중간에 계곡에서 아이의 신발과 양말을 벗기고, 찬물로 찜질을 해주기도 했다.

중학교, 고등학교에 다니는 아이들과 함께 등산을 다녀왔다는 이야기를 하면 사람들이 깜짝 놀란다.

"아니, 다 큰 애들이 아빠랑 산에 간단 말이에요? 우리 집에서는 절대 있을 수 없는 일인데."

다 자란 아이에게 어느 날 갑자기 등산을 가자고 하면 거절당할 게 뻔하다. 그러나 아이들이 걸음마를 시작할 때부터 자연에서 노는 것을 즐거워하도록 만들어 주면 등산도 어렵지 않게 따르게 된다.

어느 날, 셋째 규승이가 청계산을 등산하고 내려오는 길에 내게 말했다.

"아빠, 이제 청계산은 시시해요."

아이들이 성장함에 따라 오르는 산의 높이와 난이도도 점차 높였다. 처음에는 우면산, 대모산, 인왕산, 아차산 등 서울 주변에 있는 비교적 낮은 산들을 오르다가 점차 남한산성, 청계산 등을 오르기 시작했다.

나는 가족 등산에 뭔가 이야기를 덧입히는 것이 좋겠다고 생각했다. 즉 목표를 세워 하나씩 정복하는 이야기를 만드는 것이다. 그 무렵 인터넷 서핑을 하다가 2002년 산림청에서 선정한 100대 명산 리스트를 발견했다. 순간 '이거다' 하고 무릎을 쳤다.

"가족과 함께하는 100대 명산 등정!"

좋은 목표가 생긴 것이다. 아이들에게 설명해 주었다.

"여기 보니 산림청에서 전국의 멋진 산 100군데를 정리해 놓았네. 우리가 이 산들을 하나씩 가 보면 어떨까? 아빠가 상품을 걸게. 스물다섯 군데를 오르면 10만 원, 오십 군데는 30만 원, 일흔다섯 군데는 50만 원, 아흔 군데는 100만 원을 줄 거야. 어때, 괜찮지?"

아이들도 이왕이면 이름나고, 유명한 산을 오르자는 나의 제안을 흔쾌히 받아들였다.

그래서 2002년에는 수락산, 관악산, 마니산을 올랐고, 2003년에는 북한산과 계룡산을 올랐다. 사업체 경영으로 힘든 시기를 보냈던 2004년은 뜸했으나, 2005년에는 비슬산, 덕숭산, 선운산, 도봉산, 소요산, 내장산을 그리고 2006년에는 경주 남산, 축령산, 천마산, 팔봉산, 유명산, 설악산, 감악산, 지이망산, 운악산, 용문산, 삼악산 등 전국의 명산을 두루 다녔다.

우리의 가족 등산은 지금도 계속되고 있다. 나는 우리 가족의 등정 기록을 엑셀파일로 정리한 후, 등산할 때마다 이 기록을 보며 새로운 산행 계획을 세우곤 한다. 휴가를 얻어 서울서 멀리 떨어진 지방의 명산을 오르는 것은 이제 가족 연례행사가 되었다. 특히 설악산, 지리산, 그리고 영하 20도 정도의 엄동

설한에 오른 계방산 등은 너무 힘들었기 때문에 더욱 많은 추억이 남는 곳들이다.

비록 온 가족이 함께 못할 때도 있었지만 전국에 흩어져 있는 아름다운 산들은 우리 가족의 삶을 풍부하게 해 주었고, 다양한 추억을 공유할 수 있게 해 주어 건강하고, 행복한 가정을 만드는 데 큰 도움을 주었다. 명산들은 우리나라 수천 년 역사를 고스란히 담고 있어, 역사 공부나 지리 공부에도 많은 도움을 주었을 뿐 아니라 무엇보다 등산을 통해 아이들이 건강해지고 인내심을 기를 수 있어 좋았다.

아이들이 교환학생이나 유학으로 해외에 나가 있는 바람에 가족 등산의 기회가 줄어들긴 했지만 100대 명산 등반은 계속되고 있다. 규준이와 규승이는 스물여덟 곳, 다솜이는 스물두 곳을 등반했다. 각각 약속한 상금을 용돈으로 주었다.

아이들과 함께할 수 있는 시간은 정말 쏜살같이 지나간다. 어영부영 지나고 보면 아쉬움만 남을 수 있는 이 기간을 온 가족이 한 가지 목표를 정하고 달성해 나간다면, 그 과정이 매우 재미있고 보람될 것이다.

우리 아이들도 산에 가는 것을 마냥 좋아한 것은 아니다. 때로는 어르기도 하고, 때로는 보상을 약속하거나 사정을 하기도 했다. 그러나 일단 산을 오르기 시작하면 아이들의 표정은 밝아지는 것을 봤다. 특히 정상에서 인증샷을 찍으면서 나누는 즐거움은 비교할 수 없이 크다.

아이들에게 산에 가자고 하면 꼭 묻는다.

"거기 100대 명산이에요?"

내가 다른 사람들에게 자랑스럽게 보여 주는 자료가 바로 〈우리 가족 등산, 여행일지〉다. 가족들과의 등산과 여행 횟수가 늘어나면서 기록을 체계적으로 정리해야 할 필요를 느꼈다. 사진이나 동영상을 남기더라도 오래 지나면 그때의 일들이 잊히기 때문에 그날 있었던 사건들, 느낌들, 특이한 사항들을 사진과 함께 간략히 정리하기 시작한 것이다. 이를 파워포인트로 정리하였는데, 규승이가 청계산을 처음 오른 2000년 8월부터 시작해서 매년 함께 등산하고, 여행한 기록들을 정리했다. 주로 등산 기록이 많지만 자전거 여행을 비롯해서 해외여행 등 다양한 기록들이 포함되어 있다.

2015년 현재, 86장이 정리되어 있는데, 15년 동안 아이들이 성장하는 모습이 아름다운 자연, 멋진 여행지들과 함께 기록된 이 자료집은 우리 집의 소중한 가보家寶다. 가보라면 금고 깊숙이 넣어서 보관해야 마땅하고, 세 아이들 중 누구에게 물려주어야 할지 고민도 해야 하겠지만 우리 집 가보는 디지털 파일이니 얼마든지 복제가 가능해서 다른 사람들에게 자랑스럽게 전해 줄 수도 있고, 자녀들에게도, 그리고 자녀의 자녀들에게도 우리 가족의 행복한 모습을 전달해 줄 수 있으니 얼마나 좋은지 모르겠다.

이 가족일지가 의외의 결과를 낳기도 했다. 세 아이들이 미국으로 교환학생을 떠날 때 가족일지 중 자신이 포함된 부분을 따로 출력해서 교환학생 첨부 서류에 포함시켰다. 교환학생 프로그램에서는 미국의 학교와 홈스테이 가정이 추천된 학생들의 자료를 보고, 학생들을 받을지 여부를 정하는데, 가족들과 함께 매년 산을 올랐던 기록은 교환학생 서류로는 최고였다고 유학원 원장이 이야기했다. 우리가 보낸 가족일지를 통해 우리 아이들을 모습을 접한 학교와 홈스테이 가정이 우리 아이들에 대해 훨씬 우호적인 감정을 가지게 되었던 것이다. 그 결과 아이들의 배정도 빨리 진행되었을 뿐 아니라 학교와 홈스테이 가정과도 빨리 가까워질 수 있었다.

'입학사정관 제도'가 학생들에게 많은 부담을 주고 있다. 그래서 평소 읽지도 않던 책을 억지로 읽고 독서록을 만드는가 하면, 관심도 없던 분야의 일을 오로지 스펙을 위해 작위적으로 하는 경우가 많다고 들었다. 물론 가족일지를 시작할 당시에는 입학사정관 제도라는 게 없었기 때문에 입시를 염두에 두고 만든 게 절대 아니다. 그러나 우리 가족의 인내와 도전의 기록이 담긴 이 가족일지는 우리 아이들의 대학 입시나 중요한 선택의 순간에 좋은 영향을 미치게 될 것 같다. 부모와 자녀 간에 대화가 단절되거나 편하고 쉬운 것만 찾는 세태에서 십여 년간 가족들과 함께 전국의 산하를 즐긴 이 기록들은 우리 아이들의 평가에 긍정적인 효과를 줄 수밖에 없다.

규승이가 고등학교 들어가서 대학 입시에 관한 설명을 듣고 와서 내게 이야기했다.

"아빠, 우리 산에 더 자주 가야겠어요. 아무리 생각해도 입학사정관 면접 때 가족 등산일지만큼 좋은 것은 없는 것 같아요."

"나도 그렇게 생각해. 그러니 이제 한 달에 한 번씩 산에 가자."

"아, 그건 너무 심하고요, 3개월에 한 번 정도 가요."

2006년 11월, 열두 살이 된 다솜이와 함께 경기도 가평에 있는 운악산에 갔는데, 여기저기 잔설이 쌓여 있어 미끄러운 곳이 많았다. 느지막이 등산을 시작해서 정상에 올랐는데 하산 무렵에는 날이 어두워졌다. 날씨도 춥고, 늦은 시간이어서 다른 등산객은 하나도 없었다. 혹시 다솜이가 무서워할까 봐 손을 꼭 잡고 걸었다. 달빛에 비친 산길을 걸으며 내가 한 가지 제안을 했다.

"다솜아, 이렇게 아빠랑 같이 등산을 하면 좋은 게 뭔지 이야기해 보자. 몇 가지나 이야기할 수 있을까?"

"좋아요. 먼저 몸이 건강해져요."

"하나."

"아빠랑 이야기를 많이 할 수 있어요."

"둘."

"자연을 많이 볼 수 있어요."

"셋."

다솜이의 이야기는 계속 이어졌다.

"맑은 공기를 마실 수 있어요."

"참을성이 길러져요."

"많은 경험을 할 수 있어요."

"자연 공부가 돼요."

"이렇게 밤늦게 다니면 겁이 없어져요."

"어두워지니 별을 구경할 수 있어요."

"산에서 사는 동물이나 곤충, 식물들을 많이 볼 수 있어요."

"내려가면 맛있는 것을 먹을 수 있어요."

"오빠랑 규승이랑 같이 다니면 친해져요."

"음, 아빠랑 친해져요."

"등산하는 사람들을 만날 수 있어요."

"좋은 추억을 많이 만들 수 있어요."

시간이 갈수록 먼저 했던 이야기랑 비슷한 이야기도 많이 나왔고, 억지스러운 이야기도 나왔지만 그게 뭔 대수인가. 다솜이의 소재가 궁해지면 나도 한 가지씩 거들고, 그렇게 우리의 대화는 삼십 여 분 동안 이어졌다. 산길은 계속 이어졌고, 보름달은 하늘 위로 떠올랐다.

나는 이 날 하산길의 모습과 다솜이의 밝은 음성, 그리고 손을 잡으며 느꼈던 감동이 여전히 생생하다. 이런 대화와 관계가 몸과 생각이 건강한 자녀를 만든다고 생각한다.

아이들이 항상 흔쾌히 따라나서는 것은 아니다. 어느 날인가 함께 등산을 하다가 아이들이 불만을 털어 놓았다.

"아빠, 혼자 등산하는 사람도 많은데 아빠도 혼자 산에 가시면 안 돼요?"

대답을 하지 않고 있다가 마침 혼자 걸어가는 사람이 저만치 나타났을 때 아이들에게 말했다.

"자, 저기 오는 저 아저씨를 잘 봐."

대개 산에 혼자 다니는 사람들은 아무런 표정이 없거나 찌푸린 얼굴을 하고 있으며, 게다가 우리나라 사람들은 지나치는 사람들에게 인사도 잘 하지 않는다. 그 사람이 우리 옆을 지나고 난 후 아이들에게 물었다.

"방금 지나간 아저씨의 표정이 어땠어?"

"약간 화난 것 같았어요."

"그래. 아빠가 저런 표정으로 혼자 산에 다니면 좋겠니? 함께 대화를 하면서 즐겁게 등산을 해야 건강에 좋지, 저렇게 심각한 표정으로 다니면 좋겠어?"

아이들이 괜한 질문을 했다는 듯한 목소리로 대답했다.

"알았어요. 같이 올게요. 오면 되잖아요."

길에서 먹는 짜장면

막내 규준이가 초등학교에 들어가면서부터 함께 자전거를 자주 탔다. 송파구에 살 때는 강남구 대모산, 구룡산을 둘러싸고 있는 도로를 몇 번씩 돌았는데, 지도에서 거리를 계산해 보니 얼추 20km 정도 되는 거리다. 때로는 아파트에서 잠실종합운동장까지 왕복을 하기도 했고, 여의도까지 자전거로 여행하기도 했다.

용인에 살 때는 경사가 급해 자전거를 타지 못하다가 규승이가 초등학교 4학년 때 서울로 이사하고 나서 자전거를 다시 타기 시작했다. 딸 다솜이는 자전거를 즐기지 않았다. 노원구에 살던 몇 달 동안은 중랑천을 상하류로 다녔고, 강동구로 이사를 온 후는 한강 상류 쪽인 미사리 방향과 하류쪽 여의도 방향으로 자전거를 탔다. 이때부터 한 번 나가면 왕복 30~40km 정도 자전거를 탔다.

당시 나와 아이들과 탔던 자전거는 경품 수준의 가볍고 단순한 자전거였다. 자전거를 타는 사람들은 익히 알 것이다. 아이가 경품 자전거로 장거리를 달린다는 것이 사실 무리다. 내가 앞에서 느긋하게 가다가 뒤를 돌아보면 아이들은 몇 십 미터 뒤에 처져서 겨우 따라오곤 했다.

송파구에 살던 2000년 초에는 규준이와 함께 강남 인근을 많이 다녔는데, 그때는 자전거길이 제대로 정비되지 않았고, 특히 탄천에는 자전거 도로가 없었다. 그래서 위험하게 도로를 건너다니기도 하고, 비포장 상태의 흙길과 돌길을 지나기도 했다.

2001년 봄, 규준이랑 총 280m 거리의 일원터널을 자전거로 지났다. 매연으로 가득한 그 터널을 지나는 것이 건강에 해로운 것이었겠지만 재미난 경험이었다. 터널을 무사히 빠져나와 양재대로를 따라 집으로 가다가 삼성의료원 앞을 지나게 되었는데, 마침 삼거리에 있는 분홍색 벚꽃이 만개해서 꽃잎이 바람에 날려 떨어지고 있었다. 자전거를 세우고 규준이를 나무 밑에 서게 한 후 나무를 흔들자 엄청난 꽃잎이 쏟아지는 모습을 감동어린 표정으로 바라보던 아이의 얼굴이 지금도 눈에 선하다. 신호 대기하던 차량 속의 사람들도 다들 감탄사를 연발했다.

그때까지만 해도 식목일이 휴일이었다. 규준이와 함께 여의도까지 자전거를 타고 갔다. 5km 정도의 비포장길이 포함된 총 25km 정도의 길을 아홉 살짜리가 경품자전거로 갔던 것이다. 여의도 선착장에 도착은 했는데 아이는 이미 탈진한 상태였다. 한강유람선을 타고 잠실로 가려고 선착장 매표소에 갔더니 휴일에는 자전거를 실을 수 없다고 거절당했다. 다른 방법이 없었던 나는 아들이 너무 지쳐 있으니 제발 태워 달라고 매표소 직원에게 거듭 읍소했다. 아들의 모습을 쳐다본 직원이 안쓰러웠는지 표를 끊어 주었고, 가까스로 유람선을 탈 수 있었다. 규준이는 서쪽으로 떨어지는 해와 63빌딩이 어우러진 멋진 광경을 감탄하며 즐거워했다. 그러나 그것도 잠시뿐, 배가 출발한 지 5분도 안 되어 곯아떨어졌다. 잠실 선착장에 도착해서 억지로 깨워서 내렸는데, 집까지 풀린 다리를 주물러 가며 다시 자전거를 타야 했다.

2008년에 자전거를 제대로 타고자 저렴한 MTB^{Mountain Bike}를 구입한 후 아이들과 함께 미사리를 간 적이 있다. 영 못 쫓아오기에 자전거를 바꾸어 타 봤더니, 아뿔싸, 아이들이 못 따라온 이유가 체력 때문이 아니라 자전거 때문이라는 것을 그때 알았다.

결국 나는 아이들과 자전거 타기를 포기했다. 한창 자라는 아이들인지라 성장할 때마다 자전거를 바꾸어야 주어야 하는데, 고급 자전거를 사주기에는 벅찼기 때문이다. 게다가 두어 번 괜찮은 자전거를 사주었는데, 얼마 지나지 않아 분실해 버린 일도 있었다. 아이들이 다 자라면 좋은 자전거를 사서 함께 4대강 종주를 하고 싶은 마음이 있다.

지금은 잘 정비가 되어 있지만 2010년 이전에는 서울에서 미사리로 가는 자전거 길이 제대로 연결되지 않았다. 그 시절 아이들과 함께 자전거를 타면서 보았던 미사리의 아름다운 모습과 자전거 길이 끊어져 자전거를 들고 계단을 오르내린 일들은 자전거 여행이 아니면 하기 힘든 값진 경험이었다.

이 외에도 한강, 중랑천, 탄천, 양재천의 고수부지를 따라 아름답게 꾸며진 유채꽃, 부용화, 수선화, 코스모스 군락들과 차로에서 제법 떨어진 곳에 있

는 아름다운 공원들은 자전거로는 쉽게 접근할 수 있지만 걸어서 즐기기는 쉽
지 않다.

자전거와 관련된 재미있는 추억 하나가 떠오른다. 송파구에 살던 2003년
여름, 초등학교 5학년이던 규준이와 1학년이던 규승이와 함께 아파트 주차장
에서 자전거를 탔다. 평소 우리 아이들과 공놀이를 자주 하던 동네 꼬마 초등
학교 2학년 도형이도 자기 자전거를 끌고 와 우리와 합류했다. 내가 아이들에
게 자전거를 타고 탄천에 다녀오자고 제안했다. 도형이는 집에 뛰어 가서 부모
님의 허락을 받고 왔다.

아이 셋을 데리고 아파트를 벗어나 탄천으로 가서 성남 쪽으로 자전거를
탔다. 무척 더운 날씨였다. 아파트에서 놀다가 즉흥적으로 나온 터라 준비가
전혀 안 되어 있었다. 뙤약볕을 가려줄 모자도 없었고, 마실 음료수도 없었다.
쉬엄쉬엄 한 시간 정도를 가자니 배가 무척 고프고 목이 말랐다.

다리 밑에 자전거를 세운 후 근처 매점에서 음료수를 사서 일단 목을 축
였다. 정신을 차리고 보니 교각에 중국집 전화번호가 붙어 있었다. 아이들에게
짜장면을 먹겠느냐고 물으니 당연하다는 듯이 대찬성이었다. 중국집에 배달
주문을 하고 이십여 분을 기다렸다가 다리 밑에서 짜장면을 먹었다. 초등학교
에 다니는 남자아이들 셋과 시멘트 바닥에 퍼질러 앉아 먹는 짜장면 맛은 정
말 일품이었다. 십여 년이 지난 요즘은 야외에서 음식을 배달해 먹는 것이 흔
한 일이지만 당시에는 아주 생소한 일이었고, 우리 모두에게 특별한 첫 경험이
었다.

특히 도형이는 그 기억이 남달랐는지 아파트에서 나를 볼 때마다 "아저씨,

또 자전거 타요."라고 말하곤 했다. 몇 달 후 도형이네가 미국으로 이민을 가게 됐는데, 가기 전에 나를 보더니 이렇게 말했다.

"아저씨, 그때 먹은 짜장면이 제일 맛있었어요."

솔직히 그때 먹은 짜장면이 훌륭하지는 않았다. 그러나 아이에게는 그만큼 맛있는 짜장면이 다시 없을 만큼 굉장한 기억으로 남은 것이다.

'도형아, 원래 그런 거란다. 음식이라는 것이 이야기가 가미될 때 훨씬 더 맛있어지게 되지. 혀라는 놈은 믿을 게 못 돼.'

아빠들의 미움을 받는 아빠

아이들이 어릴 때 나는 아파트 단지에서 별난 아빠로 알려져 있었다. 토요일이나 일요일 오후에는 두 아들과 함께 공을 가지고 단지 내 공터로 내려갔다. 그리고 거기에서 놀고 있던 아이들을 불러 모아 팀을 짠 후 함께 축구 시합을 했다. 아이들이 많이 모이면 근처에 있는 초등학교 운동장으로 자리를 옮겼다. 이런 일은 약 7년 정도 계속되었다. 그 사이 규준이는 초등학교 3학년에서 중학교 2학년이 되었고, 규승이는 유치원생에서 초등학교 4학년이 되었다.

아이들과 축구를 하고 있으면 다른 아이들의 엄마들이 멀리서 자기 아들이 땀을 뻘뻘 흘리며 운동하는 모습을 흐뭇하게 지켜보곤 했다. 아이들이 먹을 아이스크림이나 음료수, 때로는 치킨이나 떡볶이를 사오는 엄마들도 있었다. 당시는 스마트폰이 없었지만 컴퓨터나 게임기를 끼고 지내던 아이들이 동네 아저씨랑 열심히 운동하고 있는 모습이 보기 좋았던 것이다. 나중에 들은 이야기지만 나 때문에 "왜 당신은 아이들이랑 안 놀아 주냐."고 타박당한 아빠들이 많았다고 한다.

지금에야 고백하지만 아이들과 축구할 때마다 의도적인 불법을 저지르곤 했다. 승부를 조작한 것이다. 우리 집 아이들이 속한 팀이 이기도록 한 것이다. 나는 주로 우리 아이들과 다른 팀이 되었는데, 아슬아슬한 스코어로 가다가 결국 규준이와 규승이 팀이 이기도록 만들곤 했다. 어른은 나 한 사람뿐이었으니 그 정도 승부 조작은 어려운 일이 아니었다. 게임에 진 것을 안타까워하는 연기도 곁들였다. 그러면 우리 아이들은 승리에 환호하며, 경기 분석을 하면서 아빠의 패인_{敗因}을 지적해 주곤 했다. 그러면서 패배를 아쉬워하는 아빠를 위로해 주었다.

"아빠, 우리가 겨우 이겼어요. 아빠 팀도 참 잘했어요."

승자는 여유가 있는 법이다.

프로 경기에서의 승부 조작은 사회 문제가 된다. 그러나 내가 아이들에게 승부 조작을 가르친 것이 아닐 뿐더러 승리를 포기한 대가로 금품수수를 한 적도 없으니 크게 처벌받을 일은 아닌 것 같고, 또한 벌써 10년도 지난 일이니 공소시효도 지났다. 사실 아빠가 아이들을 이길 수는 없지 않은가. 아이들과 씨름을 하면서 져주는 것이 승부 조작이라고 비난받을 일은 아닐 것이다.

게다가 내가 속한 팀은 어른 선수가 있다는 이유로 수적으로 적을 수밖에 없었다. 그러니 승리의 기쁨을 맛본 아이들이 패배의 쓴맛을 본 아이들보다 늘 많았고, 결국 나의 승부 조작이 '최대다수의 최대행복'을 구현한 셈이다. 나와

한 팀이 되어 어쩔 수 없이 패한 친구들에게는 내가 잘못해서 진 거라고 하며 아이들을 치켜세워 주었다. 아마 그 아이들은 집에 가서 엄마, 아빠에게 이렇게 말했을 것이다.

"나는 잘했는데, 그 아저씨가 너무 못하더라고요."

아무리 내가 져 주려고 해도 우리 팀 아이가 선전하여 이기는 때도 있었다. 내가 아무리 못해도 안 되는 일이 있다.

좁은 공간에서 적게는 서너 명, 많을 때는 열 명 남짓한 아이들이 축구를 했는데, 대개 10골 먼저 내기를 했으니 몇 골씩 넣은 아이들이 많았다. 그래서 우리 아이들은 걸핏하면 집에 와서 엄마에게 자기가 해트트릭을 했다고 자랑을 했다. 모르긴 몰라도 우리 아이들이 박지성 선수보다 해트트릭은 더 많이 했을 것이다.

우리가 축구를 하고 있으면 자기 아빠와 놀고 있던 다른 아이들도 우리 쪽으로 합류하곤 했다. 아이가 아빠에게 같이 가자고 손을 잡아끄는 걸 보면 속으로 염려가 되었다. 그 아빠가 오면 나의 운동 실력이 드러나고 승부 조작이 탄로가 날 텐데……. 다행히 다른 아빠가 함께 하겠다고 나선 적은 한 번도 없었다.

아이들은 자기 부모와 있을 때 친구들 사이에서 더 당당하고 과감해진다. 주도적이 될 뿐더러 운동도 훨씬 즐겁게 하게 된다.

우리나라는 아파트 공화국이라고 불릴 만큼 아파트 생활이 보편화되어 있다. 나 역시 결혼 이후 줄곧 아파트에서 살아왔다. 그런데 아파트는 운동할 수 있는 공간이 협소하고, 울타리로 경계가 쳐져 있으며, 상대적으로 단조로운 구조에 공동 시설물이나 식물들을 마음대로 다룰 수가 없다. 편의성이나 안전성 측면에서는 효율적이지만, 아이들의 창의성 발달, 도전 정신을 기르는 데는 최악의 주거 공간이라고 할 수 있다.

다닥다닥 붙은 연립주택도 마찬가지다. 과거 삽과 괭이를 들고 화단을 꾸미고, 담장을 수리하며, 때로 길에 구덩이를 파고 나무꼬챙이로 얼기설기 덮어 함정을 만들던, 비가 오면 물을 막아 댐도 만들고 물레방아를 만들던, 때로 불장난도 벌이며 천방지축 즐거웠던 삶은 애당초 불가능하다.

아파트 단지를 벗어나야 한다. 아이들의 행동반경을 넓혀 주고, 경험의 폭과 깊이를 확장시켜 주기 위해서는 단지를 탈출해야 한다. 나는 호시탐탐 아이들과 단지를 벗어날 생각을 했다.

우리 가족은 이사를 참 많이 했다. 이사를 할 때마다 아이들과 함께 아파트를 탈출했다. 규준이와 다솜이가 아기일 때 살았던 면목동은 중랑천 뚝방길이 가까워 유모차를 밀기에 좋았고, 걸음마를 배우며 가벼운 산책을 할 수 있었다. 규준이가 세 살, 네 살 무렵에 살았던 사당동은 바로 뒤에 있는 경사가 급하지 않은 국립묘지 뒷산과 언덕을 넘어가면 있던 총신대학교 캠퍼스가 좋은 놀이 공간이 되었다.

서울대 기혼자 기숙사에 있을 때 막내 규승이가 태어났는데, 대학교 캠퍼스 잔디밭과 운동장, 군데군데 잘 꾸며진 연못 등은 아이들의 성장에 많은 도움을 주었다. 또한 기혼자 기숙사이다 보니 또래 아이들이 많아 아이들의 인성에도 좋은 영향을 미쳤다.

유치원, 초등학교 시절은 송파구에서 살았는데, 넓은 아파트 단지와 가까이 있는 탄천이 신체 단련장이 되었고, 이후 용인에 살았을 때는 아파트에 인접한 광교산이, 노원구에 살았을 때는 역시 아파트와 연결된 수락산과 조금만 나가면 있는 중랑천이 아이들의 호연지기를 기르고, 자연을 관찰하는 공간이 되었다.

우리가 사는 곳이 어디이건 아름다운 추억을 만들고, 화목한 가정을 만들어 나가는 데는 조금도 부족함이 없었다. 특히 아이들은 아빠, 엄마랑 함께하는 곳이라면 항상 즐거울 준비가 되어 있는 것 같다.

지금 살고 있는 강동구 암사동으로 이사 왔을 때는 올림픽도로를 사이에 두고, 아파트와 인접한 한강의 고수부지가 마음에 들었다. 2월에 이사했는데, TV에서나 볼 수 있었던 한강의 빙판 위를 걸을 수 있었다. 어느 해 여름에는 홍수로 고수부지를 덮은 물 때문에 신발과 양말을 벗은 후 바지를 걷어 올리고 한강변 산책로를 걸은 적도 있다. 잘 만들어진 자전거 도로를 따라 한강의 상하류를 마음껏 달릴 수 있었는데, 그래서 나는 자주 자전거로 출퇴근도 하고 시간 날 때마다 자전거 여행을 즐긴다. 아파트 단지에는 자전거가 참 많은 편이다.

또한 고수부지는 축구장, 야구장, 농구장, 족구장, 테니스장, 수영장, 자전거 공원, 놀이터와 넓은 잔디밭, 생태공원, 친환경 산책로 등이 모여 있어 운동과 산책에 더할 나위 없이 좋은 공간이다. 큰 가방을 사서 축구공, 농구공, 야구공과 야구 글러브 등을 넣어서 시간이 있을 때면 가방을 둘러매고 아이들과 함께 고수부지로 나가곤 했다. 공을 차다 지루해 지면 농구를 하고, 힘들면 야구를 하며, 때로는 프리스비를 가지고 잔디밭에서 날리기도 했다.

한 가지 아쉬운 것은 내가 그다지 운동을 잘하는 편이 아니어서 아이들에게 보다 나은 테크닉을 가르칠 수 없다는 것이었다. 그러나 아무려면 어떤가. 아이들이 어릴 때는 아빠가 함께 놀아주는 것만으로 충분하다. 아이들의 눈에는 아빠가 세상에서 제일 뛰어난 축구선수이고 농구선수이자 야구선수인 것이다. 자라면서 아빠의 실체를 알아가긴 하지만.

아내와 다솜이는 축구나 야구를 하자고 하면 아예 손사래를 쳤다. 그래서 아내와 딸이 함께 나갈 때면 편을 갈라 농구 경기를 하곤 했다. 주로 나와 규승이가 한편이 되고, 규준이와 아내와 다솜이가 한편이 되는데 지나가는 사람들이 보기에는 슛도 부정확하고, 드리블도 엉망이지만 우리 가족에게는 너무나 즐거운 시간이었다. 때로는 자유투 내기를 하기도 했는데, 아이들이 어릴 때는 가까운 거리에서 슛을 하라고 하거나 점수 어드밴티지를 줘야 했지만, 어느 정도 크고 나니 그냥 맞붙어도 내가 질 때가 더 많아졌다. 다솜이가 중학교 3학년 체육시간에 농구 슛 넣기 시험을 봤는데 자기 반에서 남녀를 통틀어 제일 슛을 잘 넣었다고 했다. 이게 다 가족 농구 덕분이다.

내가 아이들과 함께 공놀이를 하고 있으면 멀리서 우리를 부럽게 보는 사람들의 시선이 느껴진다. 특히 딸만 키우는 아빠들이나 외동아이를 키우는 사람들의 시선일 경우가 많은데, 부러우면 더 낳으면 될 일이다.

지금 내가 살고 있는 아파트는 좋은 입지에 비해 많이 저렴하다. 투자 목적이 아니라 좋은 환경에서의 거주가 목적이라면 서울에서 가장 뛰어난 곳이라고 자부한다. 혹 다시 이사를 가게 된다면 나는 또 다른 가장 뛰어난 곳으로 갈 것이다.

03

자,
비상飛上
훈련이다

_____사춘기에 들어선 걸 축하한다

언젠가 라디오 방송에서 미국에서는 일을 처리하는 우선순위가 있다는 이야기를 들었다. 순서대로 꼽아 보면, 첫째는 신^{God}, 둘째는 어린이, 셋째는 장애인, 넷째는 노인, 다섯째는 여자다. 남자는 몇 번째일까? 남자는 여섯 번째 애완동물에 이어 마지막 일곱 번째였다.

그 이야기를 들은 후 영화나 드라마를 유심히 보니, 차에 탑승하거나 위험한 상황이 발생했을 때 이러한 순서로 배려가 이루어지는 것을 발견할 수 있었다.

중학생이 된 아이들에게 이야기했다.

"중학생이 된 너희들은 이제 틴에이저^{teenager}다. 틴에이저는 더 이상 어린이가 아닌 청소년이야. 얼마 전까지는 우선순위에서 두 번째였지만 이제 중학교에 입학하면서 남자는 일곱 번째로, 여자는 다섯 번째로 밀려나게 되었다. 배려 받아야 할 존재에서 배려해야 할 위치가 된 것을 축하한다!"

어린이의 시기가 언제까지라고 규정하는 것에는 다양한 견해가 있을 수 있다. 어떤 사람은 초등학생까지라고 하기도 하고, 어떤 교육학자는 고등학생까지 어린이로 봐야 한다고 주장하기도 한다. 자녀 교육 잘하기로 유명한 유대인들은 남자 성인식인 바르 미츠바Bar Mitzvah를 13세 때, 여자 성인식인 바트 미츠바Bat Mitzvah를 12세에 성대하게 가진다고 하니 중학생, 즉 틴에이저를 성인으로 대우하겠다는 나의 설명이 틀린 건 아닌 것 같다.

청소년 시기는 무제한의 반항과 일탈이 용납되거나 과중한 공부를 핑계로 항상 배려를 받아야 하는 시기가 아니다. 오히려 주위에 나의 도움이 필요한, 나보다 우선순위가 높은 존재가 있는지 둘러보고, 적극적으로 그들의 필요를 채워 주거나 소극적으로 그들에게 양보하는 나이가 되었다는 것을 의미한다.

우리 세 아이들은 초등학교에 일 년씩 일찍 입학했으니, 다른 친구들보다 틴에이저가 되는 시기도 일 년씩 늦추는 게 맞지만, 친구들보다 일 년 더 어린이 대접을 받고자 하지는 않았다. 아, 중학교 1학년 때 대중교통 이용료는 초등학생 요금을 내긴 했다.

남의 배려를 받는 것이 좋은가, 남을 배려하는 것이 좋은가? 약자가 배려를 받는 것이니, 어서 자라서 배려하는 자리에 가는 것이 좋지 않을까? 일방적으로 배려 받고자 하는 철부지의 요구는 충족될 수 없기 때문에 불행해질 수밖에 없으며, 결국 거친 불만을 쏟아내거나 극단적인 선택을 하는 경우도 많다. 남에게 요구할 줄만 아는 사람들로 인해 질서와 규칙이 무너지고 있으며,

매사에 불평만 하고 자신의 의무를 돌보지 못하는 애어른들로 인해 나라의 미래까지 걱정해야 하는 시대가 되었다.

남을 섬기는 것이 몸에 밴다면 부모나 친척, 선생님, 나아가 사회와 정부로부터 받을 것만 생각하지 않고, 남에게 뭘 베풀 수 있을까를 돌아보는 사람이 될 것이다. 끊임없이 남의 이해와 배려를 요구하는 사람에게 지도자의 길은 열리지 않지만 다른 사람의 필요를 살피고, 배려하는 사람에게는 더 큰 배려가 필요한 자리, 더 많은 사람을 섬길 수 있는 지도자의 자리가 허락될 것이다. 예수님도 "너희 가운데서 위대하게 되고자 하는 사람은 누구든지 너희를 섬기는 사람이 되어야"^{마 20:26} 한다고 하셨다.

사춘기라는 말을 들으면 어떤 단어가 연상되는가? 희망, 성숙, 책임, 도전, 독립 등 긍정적인 단어보다 반항, 탈선, 폭력, 우울, 자살 등의 부정적인 단어가 더 많이 떠오를지도 모르겠다. 나는 사춘기라고 하면 중학교 교과서에서 읽었던 민태원 님의 〈청춘예찬〉이 떠오른다.

청춘! 이는 듣기만 하여도 가슴이 설레는 말이다. 청춘! 너의 두 손을 대고 물방아 같은 심장의 고동을 들어 보라. 청춘의 피는 끓는다. 끓는 피에 뛰노는 심장은 거선^{巨船}의 기관같이 힘 있다. 이것이다. 인류의 역사를 꾸며 내려온 동력은 꼭 이것이다.

......

보라, 청춘을! 그들의 몸이 얼마나 튼튼하며, 그들의 피부가 얼마나 생생하며, 그들의 눈에 무엇이 타오르고 있는가? 우리 눈이 그것을 보는 때에 우리의 귀는 생의 찬미를 듣는다. 그것은 웅대한 관현악이며, 미묘한 교향악이다. 뼈끝에 스며들어가는 열락의 소리다.

이것은 피어나기 전인 유소년에게서 구하지 못할 바이며, 시들어 가는 노년에게서 구하지 못할 바이며, 오직 우리 청춘에서만 구할 수 있는 것이다.

청춘은 인생의 황금시대. 우리는 이 황금시대의 가치를 충분히 발휘하기 위하여, 이 황금시대를 영원히 붙잡아 두기 위하여, 힘차게 노래하며 힘차게 약동하자!

이처럼 역동적인 희망의 사춘기에 접어든 아이가 부모에게 희망과 축복이 되는 것은 고사하고 집에서 쫓아내고 싶은, 호적을 파 버리고 싶은 원수가 되는 것은 왜일까? 애초 기본 있게 가르치지 않았고, 바르게 양육하지 못한 부모에게 대부분의 원인이 있다. 사춘기가 되면서 자아를 발견하고, 그때까지 의식 없이 수용했던 것들에 대한 새로운 시각과 함께 사회에 대한 비판의식이 생겨나는 것은 당연하다. 그러나 그러한 비판의식이 어른에 대한 무례함과 동일시되어서는 안 된다.

나는 규준이가 사춘기에 접어들 때쯤 이렇게 말해 주었다.

"사춘기에 접어들었다고 해서 부모와의 관계가 달라지는 것은 아니야. 어른에게 함부로 할 수 있다는 의미가 아니란 걸 기억해."

그리고 덧붙였다.

"그렇다고 네가 하고 싶은 말을 하지 말라는 것은 아니야. 아빠에게 불만이나 의견이 있으면 언제든지 이야기해. 끝까지 들어줄 테니."

사춘기는 자아에 대한 인식과 주변에 대해 비판할 수 있는 능력이 생겨나는 때이며, 그러다보니 과거에는 무분별하게 수용했던 많은 사실들이 부정되기도 하는 혼란스런 시기이다. 당연히 방황이 있을 수 있으며, 기존의 가치관을 주장하는 부모와 충돌이 있을 수 있다. 그러나 어디까지나 자녀는 자녀의 위치를, 부모는 부모의 위치를 벗어나서는 안 된다. 자녀는 부모에 대한 예의를 잃지 말아야 하며, 부모도 자녀의 말을 존중하며 들어줄 수 있는 인내를 가져야 한다. 충분한 대화를 통해 자녀들의 생각을 들어보고, 자녀 입장에서 판단해 본 후 절대적인 가치를 파괴하는 것이 아니라면 자녀의 생각을 수용하는 유연함을 가져야 한다. 성경은 '여러분의 자녀를 노엽게 하지 말고'엡 6:4 라고 쓰고 있다.

이제 사춘기에 접어든 청소년기의 자녀를 책망하는 방법이 더 이상 체벌이어서는 안 된다. 체벌은 잘잘못에 대한 판단이 부족한 어린아이에게 바른 행동을 몸에 익숙하게 하도록 하기 위해 쓰였던 한시적인 것이다. 사실 청소년기 자녀의 훈육은 영유아기, 아동기 교육에 절대적으로 영향을 받는다. 어릴 때 자녀를 기본 있게, 바르게 키웠다면 한 마디 말로도 행동을 다잡을 수 있지만 그렇지 못한다면 오히려 더 큰 저항을 부를 수도 있다.

사춘기 아이들에게 따라오는 것 중 하나가 학업에 대한 부담이다. 공부에 대한 부담이 크기 때문에 자녀의 잘못을 어느 정도 눈감아 주고, 기본적인 예절을 어기더라도 관대하게 대하는 부모들이 참 많다. 그러다 보니 수험생들의 비위를 맞추기 위해 노심초사하며, 마치 왕이나 된 듯 짜증을 부려도 정당한 요구인 양 무비판적으로 수용하곤 한다.

나는 좋은 성적보다는 바른 성품을 가지는 것이 더 중요하다고 생각하기 때문에, 시험이 임박한 경우도 잘못한 부분에 대해서는 엄하게 꾸짖었다. 그러고 난 후 아이들에게 "아빠는 네가 좋은 대학에 들어가는 것보다 바른 사람이 되는 것을 더 중요하게 생각한다는 걸 꼭 기억해"라고 말해 주었는데, 아이들은 내 말을 충분히 이해해 주었다.

세상의 균형은 네가 잡아라

내가 하면 로맨스, 남이 하면 불륜이라는 말처럼 요즘 우리나라 상황을 잘 표현하는 말은 없는 것 같다. 남의 잘못에 대해서는 죽어라고 비난하다가, 자기 잘못에 대해서는 궤변을 늘어놓으며 지나치게 관대한 모습을 보인다. 자신의 주장을 관철하기 위해서는 폭력까지도 미화하는 어른들의 모습을 보며 아이들이 뭘 배울까 심히 걱정된다.

나는 어떤 사건이 터졌을 때 아이들에게 그 전후 배경을 소상히 설명해 주고, 다양한 관점에서 해석을 해 주었다. 광우병 논란, 4대강 사업, 수도 이전, 원자력발전, FTA, 의료분쟁, 무상급식 등의 이슈가 있을 때마다 인터넷에서 양측의 주장을 조사하고, 이에 대해 대화를 나누었다. 아이들에게 자신의 주장을 펼 수 있도록 유도하고, 그 논거를 제시할 수 있도록 도와주었다. 이아이들이 어른이 되어 나라의 주인이 될 때는 자기와 생각이 다른 사람들과 진지한 대화를 통해 최선의 대안을 선택할 수 있도록 훈련되어야 하기 때문이다.

아이들이 어릴 때부터 투표장에 자주 데려갔는데, 단순히 투표하는 장면을 보여주는 데서 그치지 않고, 내가 왜 이 후보를 지지하는지를 설명해 주었다. 그러한 과정을 통해 아이들은 사회 문제에 대해 주관적인 견해를 가지는 법을 배우게 되며, 자신의 판단이 투표를 통해 반영될 수 있다는 것을 알게 하려는 것이었다. 민주주의 국가에서 제일 큰 힘은 국민, 즉 우리에게서 나온다는 사실을 가르치며, 그만큼 선택에 대한 책임도 져야한다는 것을 설명했다.

나는 소위 음모론을 그다지 좋아하지 않는다. 국내외 굵직굵직한 사건들에는 반드시 음모론이 뒤따른다. 물론 그러한 배후를 파헤쳐야 하는 직업을 가진 사람들도 있겠지만 나는 대체로 당시 사회에서 정설로 받아들이는 주장을 수용하는 편이다. 세상에 많은 숨겨진 의도가 있을 수 있다. 그러나 매사에 음모론에 심취하는 사람들은 대개 세상과 다른 사람들을 신뢰하지 못하고, 미래를 비관적으로 여기는 경향이 있으며, 자신 역시 음모론의 피해자로 여기고 패배를 인정하지 않는 경우가 많다. 실패를 툴툴 털고 새로운 시작을 향해 나아가야 하지만, 다른 사람을 비난하고 과거에 집착하는 것은 결코 바람직한 것이 아닐 것이다.

아버지가 집에서 신문이나 TV를 보며 사회에 대한 비판만 늘어놓고, 정부나 거대권력의 음모 탓을 하는 모습을 자주 접한 아이는 사회에 대한 부정적인 견해를 가지게 될 것이며, 자신 역시 음모의 희생제물이 되리라는 불안감을 갖게 되기 쉽다. 음모로 가득 찬 세상에서 자신의 존재는 왜소하게 느껴지고, 미래를 위한 도전을 두려워할 터이니 성공을 거머쥘 가능성은 희박해진다. 아니, 거의 없다고 해도 될 것이다. 그러나 미래에 대한 긍정적인 견해를 가지고 최선을 다한다면 때로 엎어지고, 넘어지더라도 성공의 과실을 취할 가능성이 높아질 것이다. 모름지기 비관론자에 의해 이룩된 업적은 없다.

또한 비판을 많이 하는 부모를 둔 자녀는 장차 자신의 부모마저 비판의 대상으로 여기게 될 가능성이 높다. 매사에 남의 탓하는 부모를 비겁한 변명만을 늘어놓는 사람으로 생각하게 될 수 있고, 부정적인 자세는 자녀에게도 전이되어 장차 사회뿐 아니라 부모의 부정적인 면들까지도 들추어내고, 비난하게될 것이다. 그래서 성경은 "너희가 심판을 받지 않으려거든, 남을 심판하지 말아라"^{마 7:1}라고 했나 보다.

꿈은 스스로 찾아라

노력하는 자는 즐기는 자를 이길 수 없다는 말이 있다. 직업 선택에 여러 가지 기준이 있겠지만 자신이 즐길 수 있는 일을 선택하는 것이 좋다. 보람을 찾을 수 있어야 하고, 필요한 만큼의 소득을 얻을 수 있어야 하며, 급변하는 환경을 고려하여 안정된 직업이어야 할 것이다.

과거 산업사회에 비해 오늘날은 직업이 다양해지고 있으며, 특별히 예체능 관련한 일자리들이 많아지고 있다. 그래서 그런지 많은 아이들이 연예인, 프로게이머, 운동선수 같이 재미있어 보이고, 인기를 수반하는 직업을 장래 희망으로 생각하는 경우가 많다. 물론 일찌감치 모든 유혹을 끊고 각고의 노력으로 세계적인 수준에 오른 많은 예체능인들이 있음을 잘 알고 있다. 문제는 많은 아이들이 그러한 노력은 무시한 채 막연한 환상만 가지고 있다는 것이다.

몇 년 전 고등학교 2학년 학생에게 장래 희망을 물었더니 가수라고 했다. 그런데 그는 연주할 줄 아는 악기가 없었고, 체계적인 음악공부를 하지도 않고 있었다. 어떻게 가수가 될 생각을 했느냐고 물었더니 노래방에서 점수가 잘 나온다는 것이었다. 미래를 위한 준비 없이 막연한 환상만 가지는 청소년의 꿈 은 이루어질 수도 없지만, 그런 환상 가운데 젖어 있느라 다른 일을 할 수 있 는 역량도 계발하지 않기 때문에 장차 사회와 가정의 짐이 될 가능성이 높다.

스타 등용문의 하나인 모 프로그램의 지원자가 수백만 명이나 된다는 사 실에 울어야 할지 웃어야 할지 모르겠다. 그냥 취미생활이라면 무방하겠으나 불철주야 연예인 꿈만 꾸는 사람들이 그렇게 많다면 심각한 사회문제가 아닐 수 없다.

나는 가급적 아이들이 재미있어하고, 좋아하는 것을 통해 장래를 그려 나 갈 수 있도록 격려했다. 규준이는 평소 수학, 과학을 좋아해서 그쪽 실력이 요 구되는 직업군들을 설명해 주곤 했다. 그러다가 중학교 3학년 때 베트남으로 선교여행을 다녀오더니 의사가 되겠다고 했다. 재미와 함께 보람이 더해진 것 이다. 그 후 규준이는 남에게 도움을 줄 수 있는 삶을 현실화하기 위해 공부에 더욱 전념하였다. 미국으로 교환학생을 떠났을 때도 관련된 곳에서 봉사활동 이나 특별활동을 통하여 미래의 꿈을 키워 나갔다. 의료 분야의 책을 읽고, 필 요한 과목들을 들으며 미래를 차근차근 준비하고 있다.

다솜이는 평소 그림 그리는 것을 좋아했는데, 중학교 3학년 말에 미술을 배우는 건 어떠냐고 물었더니 뛸 듯이 좋아했다. 비교적 늦게 미술 공부를 시작했지만 아이는 신이 나서 그림을 배워나갔고, 더 좋은 학교에 진학하려고 미술 이외의 과목을 전보다 더 열심히 공부했다. 다솜이가 미국으로 교환학생을 떠났을 때는 다양한 장르의 미술 작품 활동을 함으로써 미래 미술가로서의 자질을 연마했다. 자기가 좋아하는 미래를 목표로 공부를 하니 능률도 오르고 공부할 때 목적 의식이 있어 성적에도 긍정적인 효과가 있었다.

평소 스타크래프트 게임을 포함한 각종 게임을 좋아하고, 스타리그 선수들의 이름뿐 아니라 그들의 성적까지도 줄줄 외웠던 막내 규승이에게 무엇을 하고 싶은지 물었더니 프로게이머가 되고 싶다고 했다. 나는 그냥 "그렇구나, 알았어."라고 대답했다. 그리고 며칠 뒤 규승이에게 다시 물었다.

"예전에 잘하던 프로게이머들 요즘도 잘나가?"

"아뇨. 요즘 새로운 선수들이 얼마나 잘하는데요."

"그러면 예전 선수들을 어떻게 되지?"

"음, 은퇴하겠죠."

"은퇴하는 선수들 나이가 얼마쯤 되는 것 같아?"

"한 스무 살 정도요."

"그러면 그 사람들은 은퇴 이후에 무엇을 하지?"

"잘 모르겠어요. 공부는 안 했으니 할 수 있는 게 별로 없을 것 같은데."

"그러면 다른 사람들이 좋아할까?"

"돈을 못 벌면 남에게 피해를 줄 것 같아요."

"규승이가 프로게이머가 되면 어떨 것 같아?"

"저도 비슷하겠죠."

"그래도 프로게이머 할래?"

"아뇨. 싫어요."

나는 그때서야 안도의 숨을 내쉬었다. 규승이가 친구들 중에 게임을 제일 잘하는 부류에 속한 건 사실이다. 그러나 규승이도 깨달은 것처럼 게임을 해서 괜찮은 수입을 지속적으로 유지한다는 것은 거의 불가능한 일임에 틀림이 없으니, 아이가 그 꿈을 포기해 준 것은 참으로 다행한 일이다. 물론 게임이 재미있으면 게임 개발자가 되는 것은 어떠냐고 물어도 보았다. 지금 당장 재미있다고 미래에도 계속 재미있는 것은 아닐 수 있으니 아이의 선택을 다 지지하는 것이 능사는 아니다.

반면 장래에 대한 아무런 꿈을 가지지 못한 청소년들이 많다. 우리가 어린 시절은 지속적인 성장의 시대였기 때문에 새로운 일자리가 계속 생겨났고, 미래에 대해 긍정적인 생각을 품기가 쉬웠다. 그러나 오늘날의 급격한 기술 발전은 미래를 예측하기 힘들게 하고 있고, 경제 전망마저 불투명해지면서 미래를 준비하는 것이 점차 어려워지고 있는 것이 사실이다. 때문에 높아만 가는 청년 실업 문제가 청소년들에게 큰 불안으로 다가오고 있다.

이럴 때일수록 자녀가 미래에 대한 불안감을 덜고, 미래의 꿈을 그릴 수 있도록 부모가 자녀와 함께 많은 대화를 해야 한다. 또한 미래의 변화를 읽고, 아이가 성인이 되었을 때 필요한 일자리를 상상하는 것이 필요하다.

프로게이머의 꿈을 접은 규승이의 미래에 대한 방황은 꽤 오래 지속되었다. 규승이가 이러저러한 직업에 대해 물어올 때마다 나는 내 경험과 인터넷 서핑 등을 통해 그 분야의 장단점을 조사해 설명해 주었고, 필요할 때는 관련된 책도 구입해 주었다. 또한 미래의 기술 변화와 경제 전망에 대해서도 많은 대화를 나누었다. 앞으로 여러 번 바뀔 수도 있지만 규승이는 이공계 쪽으로 방향을 정하고 즐겁게 공부하고 있다.

자녀가 홀로서기를 할 수 있도록 돕는 것은 부모의 의무이다. 홀로서지 못한 자녀는 자신 뿐 아니라 가정과 사회의 고통이 될 수밖에 없다. 자녀가 그릇된 선택을 하거나 아예 선택을 내리지 못하고 있을 때, 부모가 자녀와의 많은 대화를 통해 스스로 재미있고, 보람된 직업을 선택할 수 있도록 도와야 한다. 더불어 선택한 꿈을 이루기 위한 자질을 갖출 수 있도록 격려하고, 지원해야 한다.

규준이가 대학에 진학할 때는 내가 입시생의 아빠가 맞나 하는 생각이 들 정도로 고민도, 수고도 많이 하지 않았다. 규준이가 미국 대학에 진학하려고 했기 때문에 많은 도움을 줄 수 있는 상황이 아니었지만 나와 아내는 아이가 스스로 미래를 설계하고, 그에 맞는 선택을 할 수 있도록 격려할 뿐이었다.

단지 "동생들도 있으니 장학금을 받을 수 있으면 좋겠다."라는 말만 해 주었고, 전공도 대학도 규준이가 스스로 선택하도록 했다. 실제로 미국에서는 아이 스스로 미래를 설계하고, 대학과 학과를 결정한다. 그리고 많은 경우 대학을 진학하면서 집을 떠날 뿐 아니라 학비와 생활비도 알아서 마련하는 명실상부한 독립을 한다.

규준이도 스스로 대학과 학과를 결정했는데, 중학교 때 나름대로 방향을 정했던 의과대학원 진학을 염두에 두고, 물리학과에 들어가기로 했다. 미주리 주와 일리노이 주에 있는 몇 개 대학교에 원서를 넣었다. 결국 미주리 주의 세인트루이스대학교Saint Louis University에 입학했고, 장학금을 받게 되어 경제적인 부담도 덜어 주었다.

한국에서는 엄마가 자녀의 수강신청까지 돕는 경우가 많다고들 한다. 하지만 규준이는 수강신청, 교내 아르바이트, 기숙사 등 제반 사항을 스스로 결정하고 있는데, 자신의 미래를 스스로 만들어가는 대학생활이 더 재미있을 뿐 아니라 훨씬 자기주도적인 미래의 삶을 살게 되리라 생각한다.

규준이와 영상전화나 메일, 채팅으로 많은 대화를 나누었다. 미래 진로나 전공, 입대, 결혼을 포함한 다양한 이야기를 나누었는데, 나는 어디까지나 조언을 해줄 뿐이지 결정은 규준이가 하도록 했다.

규준이가 미국에 있을 때 미국인 여학생과 친하게 지냈다. 사람들이 내게 물었다. 아들이 미국 사람과 결혼하는 걸 허락할 거냐고. 내 의견은 분명하다. 배우자를 결정하는 문제는 전적으로 본인에게 맡길 것이다. 혹시 그 결정으로 인해 우리 가정의 안녕이 깨어질 수 있다면 내 의견을 피력해야 하겠지만, 서로가 배려하는 분위기가 배어 있는 규준이가 그러한 선택을 할 리 없으니 나는 아이가 어떠한 선택을 하더라도 존중할 것이다.

군 입대에 대한 이야기를 나눌 때 나는 군 입대 시기, 입대 형태 등에 대한 내 나름대로의 정보를 전해 주었다. 입대 시기와 입대 형태는 아이 스스로 선택했다. 사실 요즘은 인터넷에 정보가 넘쳐나고, SNS를 통해 친구들에게 조언을 쉽게 구할 수 있기 때문에 자녀를 믿어 준다면 대부분의 중요한 의사결정은 본인에게 맡겨도 크게 문제없으리라 생각한다. 뿐만 아니라 그러한 의사결정을 통해 독립심이 길러질 것이고 스스로가 한 결정에 대해 더 큰 책임감을 가지게 될 것이다.

규준이는 유학생 신분이기 때문에 직장을 가질 수 없고, 은행에서 돈을 빌릴 수도 없기 때문에 다른 미국 친구들처럼 고등학교를 졸업한다고 바로 독립할 수는 없다. 그러나 조만간 독립할 수 있도록 스스로 문제를 고민하고, 결정할 수 있도록 돕는 것이야말로 조만간 홀로 비상해야 할 아이의 비행연습을 돕는 것이 아닐까? 비행 연습을 하려는 어린 새에게 위험하니 둥지에 계속 머무르라고 한다면 어린 새는 스스로 날아가는 능력을 제대로 습득하지 못할 것이다. 제대로 날지 못하는 젊은이들을 가리키는 피터팬 증후군, 캥거루족, 코쿤족, 마마보이, 폐인 등 수많은 용어들이 생겨나는 것을 보면 문제가 심각하긴 하다.

자율성은 다솜이와 규승이에게도 동일하게 요구한다. 다솜이에게 미술을 권하기는 했지만 스스로 미술을 하기로 결정하였고, 전공 분야도 역시 스스로 정했다. 규승이 또한 나에게 직업과 전공에 대해 자주 묻는데, 최대한 자세히 설명해 주지만 어디까지나 규승이의 결정을 돕기 위한 것이지 나의 생각을 강요하지는 않는다.

노동을 소중하게 여겨라

가족은 기쁨과 슬픔, 그리고 영광과 아픔을 함께 나누어야 하는 운명공동체다. 아이들이 어릴 때는 부모의 무한한 배려를 받지만 일단 청소년이 되면 배려 받는 대상에 머무르지 말고, 가정의 문제를 함께 질 수 있도록 가르쳐야 한다. 자녀들이 어릴 때도 자신이 감당할 수 있는 한 방 청소나 심부름 등을 통해 자신의 몫을 하도록 가르쳐야 한다.

요즘은 가사를 돕는 청소년들을 찾아보기 힘들어졌다. 공부만 강조하다 보니 자녀에게는 아무것도 요구하지 않고, 모든 것을 부모가 해야 할 몫인 양 생각하는 사람들이 많다. 그러나 청소년으로 접어든 아이의 성숙을 축하하며, 가정에서의 자기 몫을 스스로 찾아서 담당할 수 있도록 하는 것이 바람직하다.

자신이 담당해야 할 일이 있다는 것을 인지하지 못하며 자란 청소년은 자신이 속한 공동체에서 자신의 역할을 깨닫지 못하고, 모든 것을 요구만 하는 철부지 어른으로 성장하게 될 것이다. 눈치 없고, 이기적인 성인으로 자라면 사회 조직에서 받아들여지기가 쉽겠는가? 자기가 할 일이 무엇인지 눈치 있게 행동하는 사람이야말로 많은 사람들에게 환영받는다. 그러므로 가정에서 자신의 역할을 기꺼이 담당하는 훈련을 시키는 것은 자녀의 성공을 위해 반드시 필요한 것이다. 만약 그러한 훈련을 소홀히 한다면 아이의 성공을 막는 결과를 낳게 된다는 것을 기억해야 한다.

나는 아이들이 중학생이 되면서부터는 등산할 때 자기 배낭을 스스로 지도록 하였고, 점차 배낭의 무게를 늘려 나갔다. 특별히 다른 사람이 먹을 음식을 배낭에 넣고 짊어지게 함으로써 남에게 도움을 주는 기쁨을 맛볼 수 있도록 하였다.

아이들 스스로 자기 방 정리하기, 벗은 옷 빨래 통에 넣기, 빈 그릇 싱크대에 넣기를 부탁하고, 집 청소나 쓰레기 분리수거 같은 것은 아빠를 도와 함게 하도록 했다. 아이들을 미국 교환학생으로 보냈을 때 홈스테이 가정에서는 자기가 먹은 그릇을 식기세척기에 넣어 씻는 것과 입은 옷을 세탁기에 넣고, 말린 옷을 걷어서 옷장에 정리하는 것이 아이들의 몫이었는데, 집에서 늘 하던 일이라 수월하게 해낼 수 있었다고 한다. 그런데 부모의 무한희생에 익숙한 다른 아이들은 이런 데 익숙하지 못하여 홈스테이 가정과 갈등을 일으키는 경우가 적지 않다고 한다.

규준이의 첫 번째 홈스테이 가정은 두 딸을 가진 싱글맘, 즉 여자만 세 명이 살던 집이었다. 남자가 없으니 잔디 깎기는 주로 규준이 담당이었는데, 집에서 익힌 잔디 깎기 실력으로 옆집 잔디까지 깎는 아르바이트를 했다고 했다.

다솜이는 홈스테이 집에서 주차장을 개조하여 미술 작업실로 만들 때 사다리를 타고 오르내리며 벽에 페인트 작업을 했다. 여고생이 차고로 사용하던 제법 큰 공간 벽에 페인트칠을 하는 것이 상상이 되는가? 그러나 그 공간이 다솜이와 홈스테이 맘이 함께 쓰게 될 공간이었기 때문에 다솜이에게 페인트 색상을 정하는 것에서부터 페인트칠까지 시켰던 것이다.

이 외에도 가족의 생일이나 추수감사절, 부활절에 쿠키를 굽고, 계란을 만들고, 음식을 준비하는 일, 할로윈데이나 성탄절에 집안을 꾸미고, 가구를 배치하는 일이 있을 때 아이들의 견해를 묻고, 아이들이 그 일에 참여하도록 했다. 세 아이는 교환학생 생활을 통해 한국에서는 하기 힘든 많은 일들에 주도적으로 참여하며 자신만의 경험을 쌓아 나갔다.

이러한 경험들은 우리 아이들에게 자립심을 심어 주고, 가족 구성원으로서의 의무를 깨닫게 해 준 좋은 기회였다고 생각한다. 우리나라 가정에서도 보다 많은 분야에서 자녀의 참여를 유도하고, 나아가 스스로 자신이 맡아야 할 일을 찾도록 하는 훈련을 시켰으면 좋겠다.

우리나라 청소년들은 부모에게 정기적으로 용돈을 받거나 필요할 때마다 요구해서 용돈을 받는다. 스스로 용돈을 벌 수 있는 기회가 흔치 않다. 미성년 자녀들이 용돈을 버는 데 대해 어른들의 시각이 썩 호의적이진 않은 것 같다.

다솜이가 초등학교 5학년 때인 어느 날, 조그마한 통에서 비즈공예 재료를 꺼내더니 팔찌를 만들기 시작했다. 그걸 왜 만드느냐고 물었더니 대답이 가관이었다.

"우리 반 친구가 이걸 만들어 오면 하나에 100원씩 준다고 했어요. 다른 친구들도 많이 해요."

누군지 모르겠지만 맹랑한 아이의 재미난 시도였다. 친구들의 값싼 노동력을 이용해 상품을 만든 후 자기는 이걸 다른 곳에 더 비싼 값으로 넘겼을 테니……. 다솜이에게 말했다.

"참 재미난 친구구나. 그런데 너희는 팔찌 한 개에 100원씩 받겠지만 그 친구는 너희를 이용해서 훨씬 더 많은 돈을 벌겠네?"

딸은 자기가 받을 돈에만 재미를 느꼈지 그런 생각은 못했던가 보다. 가만히 생각하더니 그럴 거라고 하면서 작업을 계속했다. 그런데 이삼 일 뒤 딸이 이야기했다.

"어떤 엄마가 학교로 연락을 했나 봐요. 선생님이 그 친구를 혼내고, 다시는 못하게 했어요."

분명히 밝혀 두지만 나와 아내가 학교로 전화한 적은 절대 없다. 나는 딸이 그러한 메커니즘을 이해하는 것만으로도 좋은 교육이라고 생각했고, 그렇게 일하면서 어렵게 돈을 벌어 보는 것도 나쁘지 않다고 생각했다. 하지만 그걸 나쁘게 보고 학교로 항의한 부모가 있었던가 보다. 아무튼 딸의 첫 번째 아르바이트는 그렇게 끝이 났다. 위인전을 읽다 보면 어릴 때 학교나 동네 친구들을 대상으로 거래했다는 이야기를 자주 볼 수 있는데, 그런 사람들이 우리나라에서 자랐다면 문제아로 낙인 찍혔을 것이 분명하다.

규준이는 미국에서 베이비시터로 아르바이트를 했다. 베이비시터라고 하면 아기에게 우유를 먹이고, 목욕을 시키는 사람인 줄로만 알았는데, 미국에서는 초등학생을 돌보는 것까지 베이비시터라고 불렀다. 초등학생이 등하교할 때 보호자가 동행해야 할 뿐 아니라 집에 혼자 있게 하면 안 되기 때문에 부모에게 사정이 있는 경우 이러한 역할을 대신할 사람에게 부탁하곤 한다. 이때 하루에 5달러 내지 10달러 정도의 수고비를 준다고 했다.

우리나라에서도 옆집 사람에게 어느 정도의 사례를 하고, 아이 돌보기를 부탁할 수 있다면 참 편해질 것 같다. 바쁘거나 힘들면 사양하면 되지만 시간이 있으면 기꺼이 수고할 수 있는 정도의 합리적인 금액을 주고받는 것이 오히려 효율적이다. 이런 문화가 보편화되면 부부가 집을 비워야할 때 어린이를 어디다 맡겨야할지 몰라 난감해 하는 일이 줄어들 것이다.

규준이가 사는 동네는 조성된 지 얼마 되지 않은 곳이어서 젊은 부부들과 초등학생들이 많았는데, 덕분에 베이비시터를 통해 용돈을 꽤 벌 수 있었다. 게다가 영어를 배워야 하는 입장에서 어린이의 영어 발음까지 익숙해질 수 있으니 일석이조가 되었다. 규준이는 아이들과 꽤 잘 놀아주었고, 아이들도 규준이를 좋아했는데, 내가 미국에 갔을 때 자기 아들을 자주 맡기는 한 아빠가 내게 말했다.

"Guy is a patient person."

(규준이는 인내심이 있는 아이에요.)

다른 학생들과는 달리 아이를 잘 맡아 주는 규준이가 고마웠던 것이다. 덕분에 규준이는 두 번째 홈스테이를 그 가정에서 할 수 있게 되었고, 지금까지도 부모와 자식처럼 친밀한 관계를 유지하고 있다. 작은 일에 충성하다 보면 좋은 사람들을 많이 만날 수 있는 법이다.

다솜이는 미국에서 다양한 미술 활동을 했다. 다솜이가 그림 그리는 것을 지켜보던 친척 할머니가 부탁을 해 왔다. 옆집에 선물을 해야 하는데, 그 집 개를 그려 달라는 것이었다. 다솜이는 엽서 크기의 그림을 정성스럽게 그려 주었고, 25달러를 받았다. 그 후 또 다른 집에서 고양이를 그려 달라는 부탁을 받고 그림을 그려서 30달러를 받았다. 이 또한 참 합리적인 것 같다. 프로로 데뷔하기 전의 학생들에게 그림을 부탁하고, 용돈을 주는 것을 어색하게 생각하지 않는다면 우리나라에서도 내가 원하는 대로, 초상화나 애완동물의 그림을 적절한 가격으로 가질 수 있고, 남에게도 나만의 독특한 선물을 할 수 있을 것이다.

규준이는 대학에 가서 교내 근로장학생, 조교 등의 일을 하면서 용돈을 벌어 어느덧 미국 납세자의 대열에 들었고, 다솜이도 대학에 진학하면서 미술학원에서 학생들을 가르치는 아르바이트를 하면서 돈의 중요성을 배워 가고 있다.

아이들은 아르바이트를 통해 노동의 가치와 돈의 가치를 배우고, 그 과정에서 영어를 익히고 재능도 쌓았으니 참 유익한 기간이었다. 우리나라에서 고등학생이 아르바이트를 한다고 하면 대개 탈선한 학생들이거나 공부와는 담을 쌓은 경우가 많은데, 미국에서는 경제적으로 여유가 있는 집안의 자녀들도 일찌감치 경제적인 독립을 가르친다고 한다. 우리나라의 아이들도 이렇게 자신의 재능과 시간을 활용해서 남에게 서비스를 제공하고 용돈을 받는 일이 보편화되면 좋지 않을까 생각해 본다.

아빠 혼자 짊어지지 않게 해줘서 고맙다

가정에도 역사가 있다. 역사인 만큼 우여곡절이 있고, 영욕의 세월이 있다. 가장의 사업실패나 실직, 가족의 사별, 큰 질병, 사고, 장애, 시험의 낙방, 금전적인 손실은 물론이고, 경우에 따라서는 배우자의 부정, 자녀의 가출, 그리고 가족 구성원이 영어(囹圄)의 몸이 되는 등 다양한 위험의 소지를 안고 있다.

안타까운 것은 유복한 환경에서 자란 사람들일수록 가정에 큰 시련이 닥치면 이를 감당해 내지 못해, 가족이 해체되거나 극단적인 선택을 하여 더 큰 어려움을 자초하는 경우가 많다. 어떻게 하면 언제든 일어날 수 있는 가정의 시련을 이겨낼 수 있을까?

우리 가족은 세 번의 큰 경제적인 어려움을 겪었다. 결혼한 후 박사과정에 들어갔을 때가 첫 번째였고, IMF로 급여를 제대로 받지 못했을 때가 두 번째였다. 세 번째 어려움은 젠터닷컴이라는 벤처기업을 정리할 때였다. 1999년

4월부터 시작했던 회사는 나의 경험 부족으로 2003년부터 기울기 시작하여 2004년 말에 문을 닫게 되었는데, 이 과정에서 정신적으로, 금전적으로 큰 고통을 겪었다.

사실 아이들에게 사교육을 많이 시키지 않은 것은 금전적인 여유가 없었기 때문이기도 했다. 물론 선행 학습에 대한 거부감, 학원에 의존하는 교육의 문제점 등을 심각하게 생각했으나 금전적인 여유가 있었으면 나도 사교육에 대한 유혹을 쉽게 이기지 못했을지도 모를 일이다. 결과적으로 여유 없는 환경이 아이들을 보다 제대로 자랄 수 있게 하는 데 기여했다고 생각하니 인내의 열매가 달다는 말이 증명된 셈이다.

어쨌든 이 기간 동안 가족들은 많은 어려움을 겪어야 했다. 회사를 정리하면서 2005년 4월에 용인 수지에서 노원구 상계동으로 이사를 가고, 전학을 갔다가, 일 년도 되지 않은 2006년 2월 다시 강동구 암사동으로 이사를 오며 전학을 했으니 아이들은 일 년 동안 세 학교를 다녀야 했다. 2006년 2월 전학을 하면서 딸이 친구들로부터 받은 롤링 페이퍼에는 이렇게 씌어 있었다.

'너는 전학 온 지 얼마 되지도 않았는데, 또 가는구나.'

'너랑 이야기해 본 적도 별로 없는데, 잘 가.'

당시 규준이는 중학교를 세 군데나 옮겨 다니느라 교복을 세 벌이나 맞추어야 했다.

얼마 전에 아내로부터 가슴 아픈 이야기를 들었다. 2005년 4월 노원구 상계동으로 이사를 간 것은 그 지역에 있던 회사에 다니기 위해서였는데, 아이들은 엄마에게 갑작스런 이사에 대해 반대 의견을 이야기했다고 한다. 그래서 아내가 아이들을 데리고, 버스와 지하철을 갈아타며 경기도 용인에서 상계동까지 60km 정도 되는 곳을 찾아갔다고 한다. 아내가 아이들에게 말했다.

"아빠가 이렇게 먼 곳까지 매일 다녀야 하는데, 얼마나 힘드시겠니? 너희도 이사를 가고, 전학을 가는 것이 쉽지 않겠지만 아빠를 위해 좀 참았으면 좋겠어."

아내와 아이들은 새로 전학가게 될 학교의 교문 앞에 가서 기도를 하고 집으로 돌아왔다고 했다. 당시에는 전혀 몰랐다. 그만큼 가족들이 잘 참아 주었고, 내게 싫은 내색을 하지 않았기 때문이다.

나는 가정에 어려움이 있을 때마다 아내와 아이들에게 사정을 설명하고, 어려움에 동참할 것을 부탁했다. 그리고 함께 기도했다. 함께 고통을 견디고, 새 힘을 준 가족들이 있었기에 나도 지치지 않을 수 있었고, 그 와중에서 밝은 가정이 유지될 수 있었다. 뿐만 아니라 그 과정에서 아이들도 부쩍 성숙한 모습을 보여 주었다.

가족 구성원들이 제각각 자기주장만 하거나 서로 날선 비판만 쏟아낸다면 가정이 제대로 유지되기는 쉽지 않을 것이다. 힘들고, 어렵더라도 인내하며, 서로 격려할 때 말 그대로 스위트홈을 꾸밀 수 있다. 그리고 그러한 환경에서 자라난 아이들이 장차 어려움을 잘 극복하며 큰 목표를 이루어낼 수 있을 것이다.

송파구 가락시장 근처에 있던 문정동에 살던 때의 일이다. 규준이가 초등학교 1학년 때였는데, 낮에 아이의 귀에다 대고 조용히 이야기했다.

"규준아, 오늘 저녁에 엄마랑 동생들이 잠들거든 아빠랑 둘이만 몰래 가락시장에 가자."

"왜요?"

"남자끼리 맛있는 거 먹고, 구경도 하게. 그런데 다른 사람에게는 비밀로 해야 해."

규준이는 자기와 아빠만 아는 비밀이 있다는 사실이 기분 좋았는지 하루 종일 빙긋빙긋 웃으며 지냈다. 물론 아내에게는 미리 귀띔해 주었다. 아내가 일찍 자는 척해 줘야 일찍 집을 나설 수 있기 때문이다.

그날 밤 다른 아이들을 일찍 재운 후 아내도 밤 10시가 조금 넘어 "아, 오늘은 너무 피곤하네"라고 하면서 방으로 들어갔다. 잠시 후 잠자리에서 억지로 잠을 참고 있는 규준이를 불러냈다.

"규준아, 다 잔다. 어서 나가자."

아이에게는 무척 늦은 시간이었지만 규준이는 몹시 신이 나서 옷을 챙겨 입고, 살금살금 밖으로 나갔다. 그리고 무슨 대단한 모험이라도 하는 것처럼 하이파이브를 하며 기분 좋게 가락시장으로 갔다. 늦은 밤에도 수많은 사람들이 물건을 정리하고, 경매를 하고, 물건을 사고파는 모습에 규준이의 눈이 커졌다.

그런 점에서 맹모가 틀렸다. 맹자의 엄마가 시장을 떠나 다른 곳으로 이사를 했다지만 시장만큼 활기찬 모습을 볼 수 있고, 다양한 물건들을 경험할 수 있는 장소가 또 어디 있단 말인가? 아마 맹자의 아버지가 살아있었다면 전혀 다른 교육을 했을 것이다. 그에 비하면 제대로 수련을 마치지 못하고 집에 돌아온 아들을 매몰차게 내치는 한석봉의 어머니가 더 멋있게 보인다.

우리는 수산시장 쪽으로 가서 온갖 생선들을 구경하며, 상어와 같은 큰 물고기를 해체하거나 가공하는 모습도 봤다. 횟집에 들어가 많은 어른들 틈에서 규준이와 나는 남자들만의 대화를 즐겼다. 규준이는 자신을 비밀을 함께 할 수 있는 파트너로 여겨 준 아빠에게 고마움을 표하며, 약간은 상기된 얼굴로 훨씬 어른스럽고 의젓한 모습을 보여 주었다.

그날 규준이는 밤 시간이 멈춰 있는 것이 아니라 다양한 삶이 활발하게 진행되고 있다는 것을, 늦은 밤에 밖으로 나가는 것이 무섭고 떨리는 것이 아니라 신비롭고 놀라운 새 세상을 발견할 수 있는 기회일 수 있다는 것을 깨달았다. 아들과의 행복한 데이트는 자정을 훌쩍 넘겨서야 끝이 났다.

다솜이, 규승이와도 몰래 데이트를 따로 즐겼다. 한동안 이 사실은 나와 아내만 알았고, 아이들끼리는 서로 모르도록 했다. 그래야 더 극적인 효과가 있으니까. 다른 집에서도 이런 이벤트를 한번 해 보는 건 어떨까? 야간시장, 포장마차, 컴컴한 공원, 가까운 산 등 어디라도 좋다. 아빠로부터 선택되었다는 설렘, 남들이 모르는 비밀을 간직했다는 짜릿함, 그리고 아빠와 단둘이 가졌던 데이트의 달콤한 추억은 아이의 삶에 아름답게, 깊게 아로새겨질 것이다.

아빠, 그는 어떻게 가르치는가

Part 3

2006. 10. 4 사량도 지이망산

01

스스로 하는
공부가
진짜다

_____선행학습 대신에 조기 입학

　규준이는 11월생, 다솜이는 5월생, 그리고 규승이는 10월생이다. 나는 세 아이들을 모두 7살에 초등학교에 입학시켰다. 혹시 우리 아이의 친구들 중 이 사실을 새롭게 안 친구가 있다면 계속 모르는 체 해주길 바란다. 갑자기 형, 누나 대접, 혹은 언니, 오빠 대접을 하라고 강요한다면 우리 아이들 앞에 내가 곤란해질 테니.

　규준이를 7살에 초등학교에 입학시키기 위해 유치원을 찾아가 일 년 일찍 졸업시키고 싶다고 부탁했더니 원장선생님이 펄쩍 뛰셨다.

　"아버님은 유치원 교육을 몰라도 한참 모르시네요. 유아교육이 얼마나 중요한 것인데, 그것을 일 년이나 단축하겠다는 것이 말이나 되는 소리예요? 도대체 제대로 된 아빠 맞아요?"

원장선생님 앞에서 나의 소신을 이야기해 봤자 제대로 된 토론이 안 될 게 뻔하기 때문에 고민해 보겠다고 하고 유치원을 나왔다. 결국 규준이는 유치원 졸업식 사진이 없다.

그러나 유치원 원장님 말씀처럼 내가 유치원 교육의 중요성을 간과해서 초등학교를 일찍 보낸 것은 절대 아니다. 내가 아이들을 초등학교에 일찍 보낸 이유를 설명하겠다.

요즘은 유치원이나 어린이집에서 조기 교육을 한다. 내가 어릴 때만 해도 글은 초등학교 1학년에 입학해서야 배웠는데, 요즈음은 다섯 살이나 여섯 살만 되어도 글을 다 읽는다. 심지어 유치원에서 두 자리 덧셈을 가르친다. 많은 아이들은 학원에서 선행학습을 하거나 학습지를 가지고 공부를 한다.

그런데 이렇게 선행학습을 한 학생들이 초등학교에 들어가서 수업을 들으면 어떻게 될까? 당연히 수업이 너무나 쉬우니 지루할 수밖에 없다. 문제는 선행 학습을 한 어린이들이 '우리 선생님은 아는 게 많지만 선행 학습을 하지 않은 친구들을 위해 저렇게 쉬운 것부터 설명하시는구나'라고 생각하지 않는다는 데 있다. '우리 선생님은 너무 무식해. 저걸 누가 몰라.'라고 생각하며 학교 선생님을 실력 없는 사람으로 여길 가능성이 높다. 반면 지금 만나고 있는 학원 선생님과 과거의 유치원 선생님이 훨씬 똑똑한 사람이라고 여기게 되어 학교와 학교 수업을 무시하게 되는 대신 학원을 전적으로 의지하게 된다.

선행 학습을 충분히 했기 때문에 수업 시간에 떠들고, 낮잠을 자도 시험 성적은 좋을 것이다. 그렇게 되면 어린이들은 기고만장해서 더욱 선생님을 무시하고 학교 수업 시간 내내 놀거나 엎드려 자게 될 것이며, 자기 수준에 맞는 더 어려운 공부를 위해 학원으로 간다. 오죽하면 학교에는 학원 숙제하러 간다는 말까지 생겨났을까.

모름지기 교육이란 피교육자가 교육자를 존경하여 가르침을 경청하고, 이를 습득함으로써 지식을 전수받는 것이다. 그런데 선생님을 무시하는 학생에게 어떻게 교육이 이루어질 수 있겠는가?

그리고 생각해 보자. 하루에 여섯 시간을 떠들고 자다가 학원에서 몇 시간씩 공부를 하는 것이 얼마나 비효율적인가. 장기적으로 볼 때 학생을 지치게할 뿐이다. 학원은 사업을 위해 학생들에게 학원에 대한 의존도를 높이려 할것이다. 결국 학생들은 학원의 굴레에서 벗어나기 힘들게 된다.

나는 이러한 문제를 사전에 예방하기 위해 아이들을 일 년씩 일찍 입학시키는 길을 선택했다. 당시는 오히려 초등학교를 늦게 보내는 것이 유행이었다. 1, 2월생들을 한 해 늦추어 여덟 살에 보내는 경우가 많았다. 그러다 보니 1월생 여덟 살 어린이와 11월생 일곱 살 규준이는 무려 22개월이나 차이가 났다.

워낙 일찍 학교에 들어갔으니 우리 아이들은 같은 반의 다른 아이들에 비해 키가 작을 수밖에 없었고, 당연히 맨 앞자리에 앉았다. 게다가 선생님이 가르치는 내용들이 학원을 다니지 않던 우리 아이들에게 신선하고, 재미있는 내용이었으니 흥미롭게 들을 수 있었다. 그리고 선생님께서 하시는 말씀을 제대로 알아듣지 못하는 경우가 많아 무조건 알림장에 꼼꼼히 적어와야만 했다. 당연히 우리 아이들은 학교공부를 중요하게 생각했고, 학원에 다닐 필요를 느끼지 못했다.

성적은 좋지 않을 수밖에 없었다. 성적이 떨어지면 기가 죽을 거라고 걱정해 준 분들이 많았는데, 앞에서도 이야기했지만 기가 죽는 건 아이보다 엄마다. 그러나 우리 부부는 일찍 학교에 들어간 아이들의 성적은 전혀 신경 쓰지 않았고, 대신 진지한 수업 자세를 칭찬해 주었다.

성적에 대해 당부한 것이 있긴 하다.

"반에서 40명 중에 30등 안에만 들면 돼."

여러 가지 이유로 아예 공부와 담을 쌓은 친구들이 있게 마련인데, 대략 하위 10명 정도가 그러한 친구들이라고 생각했기 때문이다.

아이들을 일 년씩 일찍 보낸 데는 또 다른 이유가 있다. 《엄마 아빠와 함께 하는 솔빛별 세계여행기》현암사, 1999라는 책을 본 게 계기가 되었다. 세 딸 예솔, 한빛, 한별과 함께 327일 동안 세계여행을 했던 조용호 씨의 이야기가 나의 마음을 끌었다. 그는 가족과의 여행을 위해 다니던 신문사를 그만두고, 세 딸은 초등학교를 휴학한 후 1997년 8월 31일부터 327일간 27개국을 여행하였다. 이 책을 읽은 후부터 나도 아이들과 해외여행을 할 수 있었으면 하는 꿈을 가졌다. 아이들을 일 년 일찍 학교에 보내면, 일 년 동안 해외여행을 하더라도 제 나이의 학년을 찾을 수 있다고 생각했던 것이다.

그러나 야심차게 시작했던 벤처기업이 실패를 하면서 해외여행의 꿈은 실현되지 못했다. 그래도 나중에 아이들을 미국으로 일 년씩 교환학생을 보냈으며, 그 기간 동안 스스로 일어서는 경험을 했으니 원래 계획보다 나아졌다는 생각이 든다.

일찍 학교에 들어가면 다른 아이들에게 왕따 당할 수 있다고 걱정하는 사람도 많았다. 대개 왕따는 초등학교 고학년이 되어서 생기는 것이기도 하지만 부모가 아이들의 양육에 신경 쓰면 그런 일은 여간해서 일어나지 않는다. 부모가 아이들과 함께 다른 친구들을 만나고, 함께 시간을 보내면 절대 아이들이 왕따 되는 일은 없다.

전업주부였던 아내도 아침 등교시간에 교통정리, 급식 봉사, 교실 청소 등에 참여하며 선생님뿐 아니라 아이들의 친구들과도 좋은 관계를 맺었고, 생일 때면 많은 친구들을 초대하여 즐거운 시간을 가질 수 있게 했다. 그래서 우리 아이들은 나이는 한 살 어렸지만 반장도 자주 하고, 규준이는 어린이회장에 출마하기까지 했다.

공부는 마라톤과 같다. 비유하자면 유치원이나 초등학교 저학년 때부터 학원을 다니며 성적을 강조하는 것은 마라톤 출발 순간부터 전력질주해서 앞서 나가려는 것과 같다. 마라톤에서 제일 중요한 것은 페이스를 지키는 것이다. 마찬가지로 공부에서 제일 중요한 것은 공부하는 자세인 것이다. 선생님을 존경하고, 선생님의 가르침에 귀를 기울이는 자세를 가르치는 것이 무엇보다 중요하다는 사실을 깨달아야 한다.

앞에서도 이야기했지만 옆집 엄마들의 말을 귀동냥하며 좋은 학원을 수소문하고, 초등학교 선생님을 무시하는 발언을 어린이들 앞에서 함부로 하는 학부모들은 자신들의 자녀가 선생님의 교육은 물론 선생님의 훈육마저 무시하는 문제아로 자라날 가능성이 높다는 것을 알아야 한다. 오늘날 선생님의 권위가 떨어진 것은 학생들로 하여금 학교 선생님을 우습게 보게 만든 부모의 잘못이 크다.

나중에 들은 이야기인데, 규승이의 반 학생들 중 몇 명이 규승이의 나이를 알고 동생이라고 놀린 적이 있었다고 한다. 그때 규승이가 친구들에게 이렇게 이야기했단다.

"나는 워낙 똑똑해서 일 년 일찍 학교에 들어온 거야."

나는 선행 학습을 위한 학원 수강은 절대 반대하는 사람이다. 처진 과목을 단기적으로 보완하고자 할 때나 영어 회화나 토론 등 상대방과의 대화를 통해 실력을 늘려야 할 때, 또는 피아노, 미술 등 실기가 중요한 과목들을 보충할 때는 학원 교육이 유익할 수 있다. 그러나 선행 학습을 목적으로 하거나 고득점을 얻기 위해 장기간 학원을 의존하는 것은 학교 교육을 무의미한 것으로 만들 뿐 아니라 스스로 공부할 수 있는 능력을 잃어버리게 한다는 것을 명심해야 한다.

우리 아이들도 긴 기간은 아니지만 본인이 원하는 경우 학원을 다니긴 했다. 하지만 중학교 2, 3학년이 되면서 모든 학원을 끊고 스스로 공부하도록 권했고, 혼자 공부하기 힘든 부분은 인터넷 강의를 들을 수 있도록 배려했다.

어느 날 인터넷 강의를 듣고 난 규승이가 말했다.

"아빠, 인터넷 강의가 학원 강의보다 훨씬 나은 것 같아요."

"어떤 면에서?"

"학원에 가고 오는 시간을 절약할 수 있고, 학원 선생님의 쓸데없는 이야기를 듣지 않아도 돼요. 그리고 학원에 가면 별로 중요하지도 않은 질문을 하는 학생들 때문에 시간이 아까운 적도 많은데, 그런 것도 없어요. 잘 이해가 되지 않으면 다시 들을 수도 있고, 필요 없는 부분은 넘어갈 수도 있어요. 또 시간을 내 마음대로 정할 수 있어서 아주 편해요."

"그래 맞다. 그 외에도 국내 최고의 강사들의 강의를 들을 수 있잖아."

규승이가 참 잘 이해하고 있었다. 학원 선생님은 숙제를 내어 주고, 그 숙제를 검사하는가 하면, 수업 태도가 나쁜 학생들을 체벌하는 등 다소 강압적으로 공부를 진행하기 때문에 효과적인 듯하나 자신의 의지와는 상관없이 공부를 하게 되므로 학생들은 점차 스스로 공부할 능력을 잃게 된다.

그러나 인터넷 강의는 강제성이 없기 때문에 수업에 집중하지 않을 수 있다는 우려가 있지만 학생의 노력 여하에 따라 학원에 비해 훨씬 좋은 성과를 낼 수 있다. 정말 중요한 한 가지 이유가 더 있다. 이건 규승이에게 말하지 않았다. 인터넷 강의는 수강료가 싸다. 아주 많이 싸다. 6개월이나 1년씩 구독을 하면 대폭 할인이 될 뿐 아니라, EBS 등 유능한 교사들의 강의를 공짜로 들을 수 있는 곳도 많이 있다. 요즘은 전 세계적으로 MOOC^{Massive Open Online Course}* 활동이 늘어나고 있다는 것도 고무적인 일이다.

학원비 때문에 힘들어 하는 학부모들이 많다. 부모가 학원에 보내 주지 않아 공부를 못한다고 한탄하는 학생도 있다. 그러나 인터넷 강의를 잘 활용한다면 비용이 많이 들지 않으면서도 훨씬 더 좋은 효과를 얻을 수 있다.

컴퓨터를 통해 하는 공부가 집중하기 힘들다는 문제가 있다. 브라우저를 여러 개 띄워 방송만 틀어놓고 다른 것을 볼 수도 있고, 스마트폰으로 채팅을 하는 등 딴짓을 할 가능성이 얼마든지 있다. 스스로 진도를 체크하면서 나가야 하기 때문에 나태해질 가능성도 있다. 이런 문제를 막기 위해서는 아이 스스로 공부 계획을 짜도록 하고, 부모가 적절한 피드백을 해 주는 것이 좋다.

---

* 인터넷을 통해 제공되는 무료 온라인 코스를 가리킴

그러나 이런 유혹에 빠지는 것은 결국 하기 싫은 공부를 하기 때문인데, 그런 학생들이 학원을 보낸다고 공부 효과가 날지는 의문이다. 결국 공부하는 것을 즐기도록 하는 것이 제일 중요하다.

점수, 그거 중요한 거 아니다

초등학교에 일찍 보내서 겪은 성적과 관한 에피소드를 하나 소개할까 한다. 막내 규승이는 10월생이니 3월생인 여덟 살 친구와는 19개월 차이가 난다.

초등학교 들어간 지 얼마 안 된 때였다. 퇴근해서 집에 가니 아내가 심각한 표정으로 내게 말했다.

"규승이가 받아쓰기 시험에서 40점을 맞았어요. 어떻게 하죠?"

당시 규승이가 쓰는 일기장을 구경한 적이 있는데, 너무 기발한 내용의 글과 그림으로 나를 즐겁게 한 적이 여러 번 있었다. 규승이를 불러서 말했다.

"규승아. 내용은 아주 재미있는데, 맞춤법은 엉망인 사람의 글과, 내용은 재미가 하나도 없는데 맞춤법이 아주 정확한 사람의 글이 있다면 너는 누구의 글을 읽겠니?"

"당연히 재미있는 사람의 글을 읽겠죠."

"그래 맞아. 맞춤법보다는 글의 내용이 훨씬 중요하지. '게'인지 '개'인지 고민하다가 쓰려고 했던 것을 잊어버리는 것보다는 맞춤법은 틀리더라도 재미난 글을 잘 써 내려가는 것이 훨씬 중요해. 네가 재미있는 글만 쓰면 네 글을 교정해 주는 사람은 얼마든지 구할 수 있단다. 글씨 쓰기도 똑같아. 예쁘게 잘 쓰면 좋겠지만 못 써도 아무 문제가 없다. 어차피 이제는 컴퓨터로 글을 쓸 테니."

그리고 아내에게 이야기했다.

"아이들 일기장에서 맞춤법 틀린 글자를 골라 지우개로 지우고, 고쳐 쓰는 일을 하지 말아요. 아이들이 맞춤법에 스트레스 받아 일기 쓰는 재미를 잃어버리면 더 큰 일이거든요."

많은 엄마들이 아이의 일기장을 검열하면서 틀린 글자를 찾으면 지우개로 벅벅 지우고, 아이를 불러 잔소리를 한다. 그래서야 일기를 쓰고 싶겠는가?

그 일 이후 규승이의 받아쓰기 성적은 점차 나아졌고, 지금은 어떤 학생보다 맞춤법이 정확하다. 글 쓰는 재미를 가르치면 글을 잘 쓰게 될 뿐 아니라 맞춤법도 자연스레 따라온다는 것을 생각했으면 좋겠다. 그때 맞춤법 시험에서 100점을 턱턱 받아 오던 아이들이 자라서 인터넷에 적은 글을 보면 한숨이 절로 나온다. 그러나 규승이의 악필은 지금도 여전하다. 그러나 어쩌겠는가. 글씨가 엉망인 나를 닮은 걸.

어느 날 집에 갔더니 규승이가 뜨개질을 하고 있었다. 보니 하기 싫은 표정이 역력했다. 내가 물었다.

"왜? 하기 싫어?"

"예."

"그런데 왜 해?"

"수행평가예요."

"하기 싫으면 대충하고 끝내. 점수 안 받으면 되잖아."

결국 규승이는 대충 시작만 하다만 결과물을 제출해서 낮은 수행평가 점수를 받았다.

하기 싫지만 해야 할 때도 있다. 그러나 그것은 필수적인 일에 관한 것이지, 모든 경우에 적용되는 원칙은 아니다. 나는 중등과정까지는 과목을 선택할 수 없다는 것이 우리나라 교육의 큰 문제점이라고 생각한다. 듣고 싶은 과목을 듣고, 더 공부하고 싶으면 심화과정을 들을 수 있도록 해야 하지만, 대신 듣기 싫은 과목은 굳이 들을 필요가 없도록 해야 한다. 물론 국어, 국사, 체육 등의 필수과목은 예외로 해야 하지만 말이다.

수행평가는 새로운 경험을 할 수 있으며, 잘만 하면 스스로 많은 성취감을 얻을 수 있도록 해주기 때문에 중요하다. 그러나 자신의 적성과 무관한 것을 억지로 하도록 하는 것은 오히려 그 과목에 대한 거부감만 늘게 될 것이다. 결국 하기 싫은 것을 억지로 하게 되면 공부도 싫어지고, 그러한 것을 시키는 학교도 싫어지게 된다.

문제는 그러한 것을 점수 때문에 억지로 하게 강요하는 부모다. 왜 모든 과목에서 100점을 받아야 하는가? 하기 싫은 것, 못하는 것은 과감하게 포기할 수 있도록 부모가 자녀를 배려해야 한다. 모든 과목에서 평범한 100점을 맞으려고 하다가 탁월한 100점을 놓치게 될 수 있는 것이다.

그런데 더욱 심각한 문제가 있다. 자녀가 과제를 제대로 하지 못할 때 엄마나 아빠가 숙제를 대신해 주는 것이다. 학원에서 숙제를 대신 해 준다는 이야기도 들었다. 이것은 숙제를 하지 않는 것보다 더 나쁜 일이다. 우리는 유명인사들이 논문을 표절하거나 대필을 시켰다고 할 때 쌍심지를 켜고 흥분하지 않는가? 그런데 왜 자녀에게 그러한 편법 아니 탈법을 가르치고 심지어 강요까지 하는가? 엄마가 해 준 숙제를 들고 선생님 앞에 제출할 때 선생님이 "참 잘했구나. 이거 네가 했니?"라고 물으면 "네, 제가 했어요"라고 말하도록 만드는 부모가 논문을 표절한 교수보다 더 나쁜 사람이 아닌가 말이다. 범죄를 저지른 사람도 나쁘지만 교사자教唆者는 더 나쁘다. 더욱이 저항할 수 없는 어린 자녀에게 거짓말을 교사하는 부모는 정말 나쁘다. 바늘도둑이 소도둑이 되고, 작은 탈법은 더 큰 탈법을 부르게 된다.

거짓말로 인한 문제는 그뿐 아니다. 거짓말을 하는 친구들 때문에 진짜 재능이 있는 친구들의 작업은 과소평가되고, 그로 인한 좌절감으로 자신의 재능을 깨닫지 못하게 될 수도 있다. 그건 개인의 불행이기도 하지만 나아가 국가와 사회의 불행이다.

자녀의 고민에 함께 참여하는 것은 문제될 것이 없다. 논문을 쓸 때 함께 고민하고 도와주는 것이야 뭐가 문제이겠는가. 부모의 도움을 전혀 얻을 수 없는 학생들을 고려할 때 고민에 참여하는 것도 불평등한 것이라고 따질 수도 있겠지만, 평등을 위해 최악의 경우에 맞춰 자녀를 키울 수는 없는 일이다. 부모가 자녀가 과제를 어떻게 수행할까 고민할 때 지혜롭게 함께 고민하며, 다양한 대안을 제시해 주는 것은 용납이 아니라 장려되어야 한다.

자녀가 많은 고민과 실패를 통해 보다 나은 수준의 과제를 제출할 수 있도록 도와줌으로써 자녀의 성장을 돕고, 또한 자녀 스스로 과제를 수행할 수 있도록 함으로써 자녀의 자긍심과 독립심을 키워 나가는 것이야말로 자녀에게 줄 수 있는 부모의 가장 큰 선물이 될 것이다.

계획도 실행도 너의 일이다

바르게 공부하기 위해 제일 중요한 것은 스스로 공부 계획을 세우고, 그것을 지켜 나가는 것이다. 나는 아이들이 중학교 들어가면서부터 공부계획을 세우는 것을 가르쳤다. 특히 중간고사나 기말고사를 보기 전에 반드시 공부계획표를 만들게 했다.

일단 공부계획표를 만들어 오면 아이들의 계획표에서 수정했으면 하는 것들을 일러 주었다. 이를 테면 다음과 같다.

1. 계획을 보다 구체적으로 적어라.

2. 공부 분량이 너무 많은 것 같다(또는 적어 보인다).

3. (학교에 가지 않는 날이나 가족행사 등) 다른 일정을 고려하지 않았다.

4. 암기 과목과 그렇지 않은 과목을 고려하여 계획을 짜라.

5. 먼저 전체적으로 이해를 하고 나서 문제집을 풀어라. 바르게 이해했는지 점검한 후 마지막으로 암기해라.

6. 암기는 여러 차례 반복하되 중요한 것부터 먼저 외우고, 점차 덜 중요한 것을 외워라.

조언을 해 준 후에는 공부계획표를 다시 수정해 보라고 하였다. 수정해 온 내용이 마음에 안 드는 경우는 내가 생각하는 문제점을 설명해 주지만 내가 직접 수정하거나 거듭 수정하도록 요구하지는 않았다. 아이들은 자기가 만든 공부계획표를 책상 앞에 붙인 후 공부했다.

공부계획표에 맞추어 공부를 하는지 여부는 사후에 점검하지 않았다. 즉 지키는 것은 철저하게 자신의 몫인 것이다. 아이들이 공부하는지 여부를 감시하기 위해 늦게까지 지키고 있었던 적도 없고, 공부한 내용을 검사하지도 않았다.

시험이 끝나고 난 후 아이들과 대화를 나누었다.

"시험 결과에 만족해? 만족하지 못했다면 원인은 무엇인 것 같아? 계획에는 문제가 없었어? 공부할 때는 뭐가 문제였던 것 같아? 특별히 보완해야 할 과목은 어느 과목인 것 같아? 어떻게 보완할 계획이야?"

이렇게 두어 번 정도 공부계획표 작성을 코칭하고, 시험공부에 대한 문제를 발견할 수 있도록 해 주었더니, 그 후에는 아이들이 직접 계획표를 만들고, 자신의 계획에 맞추어 공부하기 시작했다.

눈을 부라리고 있는 부모가 무서워서 하는 공부는 오래 가지 못할뿐더러 효과도 떨어진다. 대신 자신이 공부하는 방법을 터득하고, 그 결과에 대해 스스로가 책임질 수 있도록 하는 것이 바른 교육방법이다.

내가 고등학교 3학년 때였던 1982년, 당시만 해도 독서실은 학생들의 해방구 역할을 하는 경우가 많았다. 부모에게 독서실에 간다고 한 후 근처 당구장에 출입하거나, 몰려다니며 노는 학생들이 많았다. 3학년에 들어가면서 삼형제 중 맏이였던 나는 집에서 공부하기가 쉽지 않아 부모님께 독서실에 보내

달라고 부탁을 했다. 그러나 엄하신 아버지께서는 단호하게 안 된다고 거절하셨다. 그때 내가 말했다.

"아버지, 믿고 투자해 보십시오. 반드시 좋은 결과로 보답하겠습니다."

나의 확신에 찬 말에 아버지는 독서실 등록을 허락해 주셨고, 나는 독서실에서 집중하여 공부하였다. 그 결과가 썩 좋았기 때문에 나는 독서실에 관한한 좋은 인상을 가지고 있다.

세 자녀가 어울리면서 생기는 번잡함은 다양한 생각을 나눌 수 있고, 대화가 많아진다는 점에서 많은 장점이 있으나 집중하여 공부하는 데는 방해가 된다. 요즘 독서실은 예전에 비해 시설도 좋을 뿐 아니라 자격증 취득이나 취업 공부를 위해 오는 어른들도 많아서 분위기도 만족스럽다. 나는 아이들이 중학교 1,2학년때부터 중간고사나 기말고사 기간에 독서실에 가는 것을 제안했다. 그리고 독서실에 가겠다고 하면 함께 독서실로 가서 환경을 확인하고 등록해 주었다.

반드시 독서실에서 공부해야 한다는 것은 아니다. 개인적으로 공부할 수 있는 공간이 잘 구비된 곳이면 학교든, 공공 도서관이든 상관없다. 소음이 차단된 공간에서 책을 보면 집중이 쉽기 때문에 공부가 잘된다. 그러한 환경에서 얼마만큼 잘 집중하느냐 하는 것은 개인의 의지에 따라 크게 차이가 날 것이다. 독서실에서 잠을 잘 수도 있고, 가끔 나와서 딴짓을 할 수도 있다. 그러나 적어도 가족의 잦은 개입으로 공부의 흐름이 끊어지는 것은 막을 수 있다.

세 아이 중 한 녀석이 독서실을 핑계로 다른 짓을 하였고, 그것을 숨기기 위해 거짓말을 하다가 혼난 사건이 한 번 있었다. 내가 화를 냈던 것은 거짓말 때문이었다. 하기 싫은 공부를 억지로 시킬 수는 없는 법이다. 아이들은 독서실로 갈 때 핸드폰은 집에 두고 가도록 했지만 공부하다 힘들면 읽을 수 있는 책을 가져가는 것은 얼마든지 허락했다.

독서실을 권한 데는 또 다른 이유가 있다. 시험기간이라고 해서 온 가족이 숨을 죽이며 살아서는 안 된다고 생각했기 때문이다. 세 자녀가 다른 학교에 다닐 때는 시험 기간이 각기 달랐는데, 한 명이 시험을 본다고 다른 네 명의 가족이 침묵을 유지해야 한다면 가정의 편안함이 유지되기 어렵다. 성장하는 아이들은 깔깔 웃기도 하고, 시끌벅적 대화를 나눌 수 있어야 하는데 그렇지 못할 바에야 가정 분위기를 유지하기 위해서 시험 준비를 하는 사람이 조용한 곳으로 찾아가는 것이 옳지 않을까.

대개의 가정에서는 아이가 초등학교 고학년이 되면서부터는 공부 때문에 숨소리도 제대로 내지 못하고 산다고 한다. 아빠가 퇴근을 해도, 아이가 학교에서 돌아와도 제대로 말을 할 수가 없다. 결국 가족 간의 대화는 사라지고, 아빠들은 삭막한 집을 기피하게 된다. 그렇게 해서 몇 년간 정적이 흐른 집은 자녀가 대학에 진학해서도 다시 예전의 화목함을 회복하기 어렵다. 자녀의 공부 분위기를 만들려다 가정에 큰 어려움이 발생할 수도 있다는 뜻이다.

우리 집의 경우는 아이들 입장에서도 공부하고 싶을 때는 독서실로 가는 편이 좋다. 집에 있으면 수시로 아빠, 엄마가 불러서 말을 걸고, 때로 텔레비전을 보라고 해서 귀찮게 하는 경우가 많으며, 누가 공부한다고 다른 가족들이 배려하지도 않기 때문이다. 집은 집이지 독서실이 아니다.

중학교 3학년 겨울방학부터는 본격적으로 독서실을 이용할 것을 권했다.

스스로 공부계획표를 세우고, 혼자서 책과 씨름하며 공부를 해 나가는 훈련은 이후 고등학교에 들어가서 부딪혀야 할 치열한 공부를 미리 준비할 수 있도록 한 것이다. 독서실은 아이들이 부모의 눈을 의식하지 않고, 스스로 찾아서 공부할 수 있도록 하여 성적 향상에 많은 도움을 주었다.

매일 독서실에서 공부할 필요는 없다. 시험공부를 위해 독서실에 가도록 권유한 기간은 그리 길지 않았다. 중간고사나 기말고사 공부 기간을 가급적 짧게 잡도록 권했다. 다만 집중이 필요한 아이의 요구와 가정의 요구를 절충할 수 있는 방법으로 독서실이 가장 좋다고 판단했을 뿐이다.

최고의 교육은 길에서 이루어진다

나는 아이들을 학교에 보내는 대신 자주 체험학습을 신청하여 가족 행사나 가족 여행을 다니곤 했다. 체험 학습은 아이들이 중학교, 고등학교까지 이어졌다. 다솜이는 고등학교 1학년 중간고사 한 주 전에 나랑 일본 여행을 다녀오기도 했다.

학교 교육보다 더 중요한 것이 가족과 함께 하는 시간이라고 생각한다. 대단한 여행은 아닐지라도 가족이 함께 차를 타고, 함께 길을 거닐고, 함께 식사를 하고, 함께 숙소에서 시간을 보내는 것은 어떠한 가르침보다 좋은 교육이다. 그렇다고 내가 홈스쿨링을 시도한 것은 아니다. 물론 홈스쿨링도 멋진 교육 방법 중 하나일 수 있다고 생각하지만 시도해 볼 생각은 하지 않았다. 다만

일 년 중 여러 차례 아이들과 함께 여행을 하거나 시골에 있는 친척들을 찾아 뵙기 위해 체험 학습을 가졌다.

가족 여행을 통해 가족의 소중함을 배우며, 특히 세 아이가 함께 시간을 보내며 동기애를 키우는 것이 학교 교육만큼이나 아니 그보다 훨씬 더 좋은 가르침을 줄 수 있다. 또한 학교를 가는 대신 가족끼리 여행을 떠남으로써 아이들에게 성적보다 가족 간의 화목이 더 중요하다는 것을 확실히 보여 줄 수 있었다. 자신의 성적보다 자신이 존재를 더 소중히 여기는 부모의 우선순위를 확인한 아이는 오히려 학업에 더 최선을 다했다. 가족 여행 계획을 들은 아이들이 오히려 공부에 지장이 있다고 걱정할 때가 많았다. 그때마다 나는 이야기했다.

"성적 좀 떨어져도 괜찮아."

사실 하루 이틀 학교에 가지 않아 뒤처진 공부는 얼마든지 보충할 수 있다. 그리고 혹 일부 채워지지 않아도 큰 문제는 없다. 오히려 성장기에 가족들과 함께 시간을 보내는 체험이 제대로 채워지지 않는 것이 더 큰 문제다. 가족과 공유한 경험이 적을수록 자녀들이 성숙해 가면서 점점 부모와 분리될 수 있으며, 결국 학교와 가정 모두에서 교육의 실패를 가져올 가능성이 있다.

가족 여행을 하면서 자연스레 다양한 지식을 전수해 줄 수 있다면 더욱 좋다. 사전에 인터넷이나 자료를 통해 가게 될 지역의 정보를 미리 공부한다면 여행하는 동안 부모가 좋은 가이드가 될 수 있을 것이다. 그리고 아이들과의 대화 속에서 전해지는 정보로 인해 부모에 대한 존경심이 커질 뿐 아니라 자녀와의 대화 시간도 늘어나게 되어 일석이조, 삼조의 효과를 볼 수 있다.

공부는
마라톤이다

02

___공부 투자는 양보다 질이다

나는 자녀들이 중학교에 들어갈 때까지는 중간고사나 기말고사 공부를 시험 날짜 열흘 이전에는 공부하지 못하도록 하고 그전까지는 평소와 똑같이 생활하도록 했다.

특히 중고등학생들을 보면 대개 중간고사나 기말고사 한 달 전부터 긴장을 하고, 시험공부 모드로 전환한다. 특히 학원에 다니는 학생들은 학원에서 비장의 무기로 축적한 방대한 문제은행을 가지고, 풀고 또 푸는 과정을 한 달씩 반복한다. 이렇게 많은 문제를 계속 반복해서 푸니 성적이 잘 나올 수밖에 없다. 그래서 성적이 올라가면 부모는 만족하게 되고, 학원을 전적으로 신뢰하게 된다.

그러나 다른 측면을 살펴보면 이것이 얼마나 바보 같은 결과를 낳는지 알수 있다. 우선, 반복적인 문제풀이가 공부의 흥미를 떨어뜨린다는 게 문제다.

아빠, 교사가 되다 **183**

반복적인 문제풀이와 암기는 두뇌발달을 심각하게 저해한다. 새로운 것으로 자극을 줄 때 두뇌는 그 자극을 즐기게 되며, 두뇌의 용량, 즉 역량이 커지는 것이다. 창의적인 두뇌는 반복을 싫어한다. 한 달 동안이나 계속되는 반복된 학습은 공부가 아니라 노동이며, 배우는 기쁨을 고통스러운 노동으로 바꾼 결과는 두뇌의 퇴보다. 청소년기의 공부의 목적은 능력ability 키우는 데 있는 것이 아니라 역량capability을 키우는 데 있다. 문제 푸는 능력이 아니라 문제 해결을 좋아하는 역량이 더욱 중요하다는 뜻이다.

또한 기술적으로도 이렇게 공부하는 학생들은 점차 성적이 떨어질 수밖에 없다. 간단히 계산해 보자. 한 달 동안 시험공부를 하고, 한 주 동안 시험을 치른 후 한 주 동안 쉬게 된다면, 총 6주, 약 한 달 반이라는 기간이 매번 치르는 중간고사와 기말고사를 위해 사용되게 된다. 일 년에 중간고사 두 번, 기말고사 두 번, 네 번을 반복하게 되니 결국 일 년에 6개월을 중간고사와 기말고사에 투입하게 되는 것이다. 이런 학생들일수록 성적관리를 위해 수행평가에도 많은 시간을 보내게 될 것이며, 평소에도 암기 과목의 예습과 복습에 시간을 할당할 가능성이 높다. 이 기간을 대충 2개월로 계산해 보자. 그리고 명절이나 휴가 등으로 일 년에 한 달 정도를 소요한다면 남는 기간은 겨우 3개월 정도다.

그러나 열흘만 시험공부를 한다면 시험과 시험이 끝난 후 쉬는 기간을 합쳐서 3주 정도 소요되고, 일 년에 약 3개월 정도를 시험에 사용하게 된다. 앞에서도 이야기했지만 하기 싫은 수행평가는 전력을 기울이지 말라고 했고, 암기 과목에는 많은 시간을 투입하지 말라고 했기 때문에 대충 1개월 정도의 기간을 투입한다고 가정해 보자. 물론 명절과 휴가에 소요되는 기간을 1개월로 동일하다고 하면 나머지 시간은 모두 7개월이다.

이것을 정리하면 아래와 같다.

	시험 투입기간	수행평가 등	휴가 등	나머지
한 달 동안 시험 공부하는 경우	6개월	2개월	1개월	3개월
열흘 동안 시험 공부하는 경우	3개월	1개월	1개월	7개월

그렇다면 표에서 나머지라고 표시된 기간은 무엇을 할까? 이때야말로 영어나 수학 등 장기적인 투자를 필요로 하는 과목에 투입할 수 있는 시간이고, 독서나 개인적인 취미 활동을 할 수 있는 기간인 것이다. 중간고사, 기말고사에 많은 시간을 투입하지 않는 사람은 그렇지 못한 학생에 비해 영어, 수학에 두 배 이상 시간을 투입할 수 있게 되고, 운동과 독서 등을 많이 할 수 있다. 그러므로 중간고사, 기말고사에 시간을 많이 투입하지 않는 대신 장기적인 관점으로 공부를 하는 학생들은 영어, 수학, 국어 등의 주요과목 성적이 서서히 올라가게 된다. 그러나 시험에 많은 시간을 투입하는 학생은 시간이 갈수록 주요 과목들의 성적이 점점 떨어지게 된다. 뿐만 아니라 시험에 많은 시간을 투입하면 운동량도 독서량도 적을 수밖에 없는데, 그 결과 건강도 나빠지고, 독서를 통해 얻을 수 있는 많은 유익을 놓치게 된다.

학년이 올라갈수록 주요 과목의 중요도는 늘어나게 되고, 장시간 공부를 해야 하기 때문에 체력도 중요해지며, 문제의 난이도가 높아지면서 창의적인 두뇌의 역할이 필요해진다. 그러나 초등학교, 중학교 때 성적 관리를 위해 많은 시간을 투입한 학생들은 막상 고등학교에 들어가서는 주요 과목의 성적이 떨어지게 되고, 체력도 두뇌의 역량도 떨어지므로 총체적인 위기를 맞게 된다. 암기 과목 성적으로 떨어지는 주요 과목을 보충할 수 없게 된다. 요즘 많은 대학들은 주요 과목 성적만 고려해서 학생을 선발하는 경우가 많은데, 뒤늦게 주요 과목 성적을 올리기는 쉽지 않아서 입시에 낭패를 겪는 경우가 많다.

초등학교, 중학교 때 좋은 성적을 나타내던 학생들이 고등학교 들어가서 성적 저하로 고통을 당하는 경우를 흔히 볼 수 있다. 그렇게 되면 공부가 재미가 없어지게 되며, 나아가 공부하는 것이 두려워지기까지 하게 된다. 과거 자녀의 우수한 성적을 자랑스러워했던 엄마가 아이의 뒤통수에다 "성적이 왜 이 모양이야? 요즘 무슨 생각하는 거야? 딴 생각하지 말고 집중해, 집중" 하고 잔소리해 보지만, 이미 그때는 주요 과목에서의 성적 저하와 자신감 상실, 또한 반복을 통해 발달하지 못한 두뇌의 역량으로 인해 성적 반전은 극히 기대하기 어려운 상태가 된다. 우수한 성적에 프라이드를 가졌던 아이가 속수무책으로 떨어지는 등수를 보며 느끼는 불안감과 무너지는 자존감, 그리고 늘어만 가는 부모의 잔소리는 아이의 정신 건강에도 나쁜 영향으로 미치게 될 것이다.

결국 고등학교 때 자기 페이스를 잃게 되는 아이들은 초등학교, 중학교 때부터 무리하게 성적을 강조했던 부모가 원인이지만 부모는 그 사실을 인정하지 않는다. 아이가 공부에 집중하지 않고, 예전에 비해 공부를 열심히 하지 않기 때문이라고 생각하는데, 문제는 그 부모다.

어느 날 퇴근하고 집에 왔더니 초등학교 6학년에 다니던 규준이가 풀이 죽어서 인사를 했다.

"왜 그렇게 풀이 죽어 있어?"

"시험을 못 봤어요."

"어떻게 못 봤길래?"

"사회시험을 60점 받았어요."

그래서 내가 말했다.

"야, 인마! 아빠가 암기 과목에는 신경 쓰지 말라고 그랬지. 그러면 빵점 받아야지 왜 60점이나 받았어?"

규준이가 빙긋이 웃으며 말했다.

"정말이에요?"

사실 나는 아이들에게 암기 과목에는 신경 쓰지 말라고 평소에 이야기했다. 물론 공부를 하지 말라는 뜻은 아니었다. 다만 충분히 이해만 하면 되지, 억지로 외울 필요는 없다고 한 것이었다. 어차피 외워 봤자 얼마 안 있어 다 까먹게 된다. 암기 과목에 신경 쓰지 말라는 뜻은 등수에 신경 쓰지 말라는 뜻이기도 하다. 주요 과목의 성적이 좋아도 암기 과목의 성적이 좋지 못하면 등수는 내려갈 수밖에 없다.

그렇다고 주요 과목의 성적을 가지고 혼을 내지도 않았다. 주요 과목에 집중을 하라고 한 것이지 어느 정도의 수준을 요구한 것은 아니었다. 다만 성적이 나오지 않을 때는 아이들에게 어떻게 하면 성적이 좋아질 수 있을지 물었고, 그 과목이 왜 중요한지 설명해 주었다. 그러나 그렇게 하더라도 성적이 나오지 않을 수 있다. 국어는 잘하는 친구가 수학에는 젬병이거나, 수학에는 천재성을 가진 아이가 어학에는 도통 재능이 없는 경우가 얼마나 많은가.

물론 성적을 목적으로 억지로 외우지 말라고 한 거지, 외우는 것을 금한 것은 아니다. 모름지기 흥미를 가지면 저절로 외워지는 법이다. 아이들이 삼국지에 빠져 있을 때는 삼국지의 인물들과 주요한 사건들을 줄줄 외웠으며, 나는 얼굴도 구분하기 힘든 아이돌그룹 멤버들의 이름을 아이들은 줄줄 외운다. 성적을 위해 할 수 없이 하는 암기는 정말 재미없는 일이다.

그 후 규준이는 성적과 등수에 신경 쓰지 않고, 영어와 수학에 집중했다. 그래서 규준이는 중학교 때까지는 암기 과목의 점수가 그다지 높지 않아 성적이 썩 좋지는 못했다. 그러나 고등학교에 들어가서는 상황이 달라졌다. 영어와 수학에 자신이 있어지니 그만큼 공부할 때 여유가 생겼고, 암기 과목에 투입할 시간이 늘어난 것이었다. 결국 성적은 크게 상승했고, 성적이 오르다 보니 공부를 더 재미있어 했다. 물론 다른 두 아이도 마찬가지였다.

다시 한 번 말하지만 공부는 마라톤이다. 여유 있게 뒷심을 키워 나가는 학생이 뒤에 가서 성공하는 것이다. 물론 뒤에 가서 이야기하겠지만 고등학교도 마라톤의 끝은 아니다. 항상 길게 보고 공부를 즐길 수 있도록 해 주어야 한다. 주변 경치도 보며…….

다솜이가 초등학교 6학년 때의 일이다. 암기 과목에서 80점을 받아 왔다. 다솜이가 말했다.

"아빠 오늘 학교에서 재미있는 일이 있었어요. 95점 받은 친구가 집에 가면 엄마에게 100점을 못 받았다고 혼날 거라면서 집에 가기가 싫다는 거예요. 그러면서 걔가 집에 가서 혼이 나지 않는 내가 부럽대요."

나는 아이들의 성적을 가지고 타박한 적이 없다. 아마 다솜이가 학교에서 그걸 자랑했던 모양이다. 친구네 집에 대해 물어봤더니 그 집 엄마는 딸이 100점을 못 받으면 혼낸다고 했다. 그래서 집에 들어가기도 싫다는 것이다. 딸이 계속 이야기했다.

"나는 80점 맞아도 혼나지 않는다고 자랑했어요."

소리 내어 말하지는 못했지만 속으로 말했다.

'나도 네가 100점 맞으면 좋아.'

물론 아이의 성적이 좋기를 바라지 않는 사람이 어디 있을까마는 성적을 가지고 책망을 하여 아이가 자신감을 잃거나 부모와 자녀와의 관계가 소원해지는 것은 정말 바람직하지 않은 일이다. 대개 성적을 강조하는 부모들은 과목별로 꼬치꼬치 취조하고 혼내며 유명한 엄친아를 거명하며 자녀의 기를 죽인다.

아이들을 학원에도 보내지 않고, 수업도 수시로 빠지며, 성적에도 별로 신경을 쓰지 않는 것을 보고, 당시 많은 사람들은 우리 가정이 자녀의 공부에 관심을 덜 가진다고 말하기도 했다. 실제로 아내는 다른 엄마들로부터 그렇게 하면 안 된다고 타박을 듣기도 했다. 그러나 사실은 누구보다도 자녀의 공부와 미래를 위해 많은 고민을 했다고 자부한다.

성적이 어떠하더라도 아이를 믿어 주고 사랑하는 부모의 모습을 보여 주어야 하며, 성적에 고민이 있을 때 부모에게 그 고민을 이야기할 수 있는 관계를 유지하는 것이 중요하다. 공부에 대한 자신감을 잃지 않게 하고, 긍정적이고, 도전적인 정신을 심어 준다면 어느 순간 아이들의 잠들어 있는 능력이 깨어나 포효하게 될 것이다. 늦게 시작해도 충분히 따라갈 수 있다.

성적이 계속 좋지 않을 수도 있다. 그러나 그런 경우에라도 만약 아이가 긍정적이고, 도전적이라면 성적이 아닌 다른 재능을 통하여 부모를 감동시키고, 사회에 기여하게 될 것이다. 나는 그렇게 믿는다.

점수는 목표가 될 수 없다

2005년, 다솜이가 전학 간 지 얼마 되지 않아 치른 기말고사에서 성적이 잘 나오지 않았다. 진도가 다르고, 그 학교에서 내는 시험 문제에 익숙하지 않았기 때문에 어쩌면 당연한 결과였다. 다솜이의 성적이 염려가 된 아내가 여름 방학 때부터 근처 종합반 학원에 보냈다. 당시 나는 회사 일이 너무 많아 다솜이가 학원 다니는 것에 미처 신경을 쓰지 못했다.

종합반 학원에서는 중간고사, 기말고사 기간이 되면 문제은행을 가지고 반복에 반복을 하여 철저히 시험에 대비를 한다. 내가 학습지를 싫어하는 이유는 비슷한 문제를 반복적으로 계속 풀게 함으로써 즐거워야 할 공부를 힘든 노동으로 만든다는 것이다. 조금 어렵더라도 새로운 과정을 배워 나가면 두뇌가 자극되고, 어려운 문제를 도전하는 과정이 몸에 배면 혼자서도 어려운 과제들에 도전할 수 있게 되지 않는가 말이다. 반복적으로 공부하는 시간에 운동을 하거나 책을 읽는 편이 훨씬 낫다.

다솜이를 종합반에 보낸 효과는 금세 나타났다. 2학기 중간고사에서 전교 2등을 한 것이었다. 자초지종을 들은 나는 학원을 끊으라고 단호하게 이야기했다. 학원에 의존하는 것이 단기적으로는 성적 향상에 도움이 되지만 장기적으로는 공부에 대한 흥미를 떨어지게 하는 원인이 될 뿐 아니라 자기주도 학습 능력이 떨어지게 되기 때문이다. 학원을 다닌 지 얼마 안 되어 전교 2등을 한 것은 평소 보습학원을 다니지 않은 다솜이에게 반복 학습의 효과가 극대화되었기 때문이다. 이러한 반복 학습의 효과는 시간이 갈수록 급격히 저하되게 마련이지만 성적이 급상승한 짜릿함의 유혹은 학원으로부터 탈출하는 것을 어렵게 한다.

다행히 아내와 딸이 학원을 끊는 데 동의하였고, 다행스럽게도 급상승했던 성적은 다시 정상을 찾게 되었다. 마라톤에서 페이스메이커의 지시를 따라 마라토너가 제 페이스를 찾는 것처럼 다솜이가 제대로 속도를 찾게 되었던 것이다.

학원이 성적에 도움을 주는 것은 사실이다. 특히 학과 공부를 따라가지 못하는 경우 단기적으로 학원의 도움을 받을 수 있다. 그러나 장기적인 학원 교육은 스스로 학습하는 능력을 잃어버리게 한다. 인간의 뇌는 참 오묘하다. 뇌에서 처리해야 할 일이 너무 많기 때문에 불필요한 일은 아예 기능을 없애 버린다. 계산기를 사용하면서 간단한 계산 능력을 잃어버리게 되고, 핸드폰 주소록을 사용하면서 가까운 사람들의 전화번호도 잊어버리는가 하면 내비게이션을 사용하자마자 그간 잘 알았던 도로들이 머릿속에서 사라져 버리고, 인터넷

검색을 애용하면서부터 외웠던 많은 정보들이 뇌리에서 멀어지는 것이다. 학원 선생님에게 의존하는 학생들은 스스로 찾아서 공부하는 기능, 스스로 생각하는 기능을 점차 상실해 간다.

학원의 폐해는 이뿐만이 아니다. 장시간 수강과 숙제를 하다 보면 수면이 줄어들며, 운동할 시간도 없어 건강이 나빠진다. 또한 가족 간의 대화도 줄어들고, 종교 생활, 취미 생활 등을 할 여유가 없어져서 정신적으로도 황폐해진다. 학원을 이유로 명절 등 친척들과의 모임에 빠지는 집들이 허다하다. 그렇게 해서 성적이 올라갈 가능성도 별로 없지만 혹시 올라가더라도 몇 년간 어른들과 대면하지 않아 관계가 소원해진 자녀들이 대학교에 들어가면서 어른들과의 살가운 관계를 회복하는 것은 정말 어렵다.

우리 아이들이 학원을 전혀 안 다닌 것은 아니다. 영어 회화를 위해 학원에 다녔고, 도제식으로 배워야 하는 예체능 학원을 다니기도 했다. 규준이와 규승이는 수학을 좋아해서 수학영재학원을 다녔고, 또 규준이는 물리 올림피아드 시험을 위해 학원을 다녔다. 그러나 학원에 의존하는 경향을 보일 때면 즉시 더 이상 다니지 못하게 했다.

규준이는 중학교 3학년 2학기가 되면서 더 이상 학원에 다니지 않고 인터넷 강의만 듣겠다고 하더니, 중3 겨울방학부터는 인터넷 강의도 듣지 않겠다고 했다. 혼자 공부하는 것이 효과적이라는 것이다. 겨울방학 내내 독서실에서 공부하던 규준이는 고등학교에 입학해서도 학원에 전혀 다니지 않았다.

규준이가 고등학교 1학년 첫 중간고사를 앞둔 어느 날 아내가 말했다.

"동네 아줌마들이 고등학교 과정은 중학교랑 달라서 학원에 다니지 않으면 절대 안 된대요. 나보고 너무 물정을 모른다고 다들 걱정하네요."

나는 아내에게 쓸 데 없는 소리에 신경 쓰지 말라고 했다. 규준이는 학원에 다니지 않은 채 독서실에서 밤늦게까지 혼자 공부했다. 시험의 결과는 동네 아줌마들의 우려와는 전혀 딴판으로 나왔다. 열심히 학원에 다니던 다른 학생들은 고등학교에서 처음 본 중간고사 성적이 별로였지만 규준이의 성적은 아주 좋게 나왔다. 아줌마들은 물정은 알았는지 모르지만 정말 옳은 것이 무엇인지는 몰랐던 것이다. 불안해하는 다른 엄마들을 따라 좋은 학원을 전전하며, 좋은 학원 선생님을 찾아다니다 보면 돈은 돈대로 들고, 자녀는 자녀대로 망가지게 된다. 그로 인해 자녀와의 관계, 나아가 부부 사이도 나빠지는 경우를 얼마나 많이 보는가.

엄마들이 아이들을 학원에 보내는 이유가 이해는 된다. 성적이 떨어졌을 경우에 학원을 보내지 않은 자기에게 쏟아질 원성이 두려운 것이다. 비싼 돈을 들여 학원으로 보낸 엄마는 핑계 댈 수 있다.

"내가 네게 투자한 게 얼만데."

결국 엄마는 핑계거리를 만들고 있는 것이다.

고등학교 때 1년 동안 미국에 있었던 다솜이는 고3 때 교환학생 기간 동안 배우지 못한 범위를 따라잡기 위해 국어 학원을 다니고 싶다고 했다. 몇 번 거절했지만 꼭 다니고 싶다는 말에 학원 수강을 허락했다. 몇 달간 일주일에 한 번 세 시간씩 학원을 다녔다. 그 결과 아이는 수능에서 국어 1등급을 받았다.

학원의 효과를 극대화하려면 비결은 이것이다. 부모가 학원을 추천하는 것이 아니라 아이가 스스로 필요성을 느끼도록 하는 것이다. 아이가 다니고 싶다고 하더라도 한두 번은 거절하는 게 좋다. 그래도 계속 필요성을 주장하고, 최선을 다하겠다는 약속을 한다면 그때 허락해도 된다. 자신의 선택으로, 자신의 의지로 결정한 만큼 결과도 좋을 것이다. 그렇더라도 수강 기간이 길어지는 것은 결코 바람직하지 않다.

많은 사람들이 자녀 교육비 때문에 아이 낳기가 겁난다고 얘기한다. 그러나 교육을 잘못 시켜서 돈이 많이 들어가는 것이지, 제대로만 시키면 절대 돈이 들어갈 일이 많지 않다.

"칭찬은 고래도 춤추게 한다"라는 말을 인용하며 "성적이 나쁠 때 혼을 내지는 않더라도, 성적이 좋을 때는 칭찬하라"고 하는 사람들이 많다. 나는 그 말에 동의할 수 없다. 칭찬이 더 큰 열심을 유도한다는 것은 인정하지만 성적이 항상 좋을 수는 없기 때문에 문제가 된다. 성적이 나쁠 때 혼을 내지 않고, 좋을 때 칭찬만 하게 된다면 성적이 나빠 칭찬을 하지 않는 부모의 모습을 보고, 아이는 결국 혼나는 기분을 가지게 될 것이다. 또한 여러 형제가 있을 때 누구는 칭찬 받고, 누구는 칭찬 받지 않는다면 칭찬 받지 않는 아이는 패배감과 수치심을 느낄 수밖에 없다.

나는 어릴 적에 명절 때 시골에서 친척들을 만나면 성적을 물어오는 게 제일 싫었다. 사실 내 성적은 충분히 칭찬 받을 만 했지만, 그 칭찬이 다른 사촌들과의 관계를 어렵게 했기 때문이다. 그것을 어른들은 잘 모르는 것 같았다. 지금도 똑같다. 시골에 갈 때마다 내 아버지는 손주들의 성적을 물으신다. 그러면 나는 손사래를 치며 성적 이야기를 막아 버린다. 성적, 그거 아이들의 기를 죽일 만큼 중요한 것 아니다.

아이들이 받은 상장을 자랑스럽게 걸어놓고 남들에게 과시하는 집이 많다. 그러나 상장 자랑은 형제와 사촌들 간의 관계를 멀게 하는 이유가 될 수 있고, 성적이 떨어질 때 잔소리의 소재가 될 수 있음을 기억해야 한다. 성적에만 신경 쓰는 아이들은 성적 이외의 것은 도외시하게 되며, 힘들고 어려운 도전은 피하려고 한다. 요즘 고등학교에서 힘든 수학 과목을 선택하는 학생이 줄어든다고 하는데, 이러한 현상도 등수를 중요시하는 분위기에서 비롯된 것이다.

"수고했어" 하며 등을 토닥여 주는 정도의 격려는 가능하지만 비싼 선물을 준다거나 한턱을 낸다든가 하는 등의 호들갑은 좋지 않다. 좋은 결과를 얻음으로써 스스로가 성취감을 느끼도록 해야지, 선물의 경중에 기쁨이 좌우되도록 하는 것은 옳지 않다는 생각이다. 외적 동기에서 공부의 이유를 찾는다면 그것이 충족되지 않을 때는 오히려 배신감으로 다가올 것이다.

나는 아이들의 성적이 나쁘다고 화를 낸 적이 없다. 다니엘 핑크^{Daniel Pink}가 쓴 《드라이브》라는 책에서 보상보다는 동기가 중요하다는 의견을 읽고 내 생각이 옳다는 확신을 가졌다.

다솜이가 전교 2등을 했다고 할 때 나는 일부러 크게 칭찬하지 않았다. 대신 스스로 공부하는 것을 독려하고, 칭찬함으로써 건전한 공부 습관을 장려했다.

나는 중학교 때 모 출판사 참고서에 붙어 있던 표어를 참 좋아했다.

'깨닫는 기쁨 넘치는 실력'

여기서 말하는 깨달음이란 남의 친절한 설명을 듣고 이해하는 것을 의미하지 않는다. 깨달음을 위해 고민하고, 머리를 싸매다가 스스로 발견했을 때의 기쁨을 아이들이 경험할 수 있게 해야 한다. 아기의 두뇌는 창의적인 학습에 적합하게 만들어졌다고 한다. 왜 창의적으로 태어난 아이의 두뇌를 돈을 낭비해 가면서, 게다가 건강을 망쳐 가면서까지 수동적인 뇌로 바꾸려고 하는지 안타까울 따름이다.

영혼을 앗아가는 성과 중심 교육

세 아이 모두 일 년씩 미국 교환학생 프로그램에 참여하게 했다. 아이들은 떠나기 전에 내게 묻곤 했다.

"미국에 갈 때 수학이나 국어책을 가지고 가서 공부해야 한국에 돌아왔을 때 따라갈 수 있을 것 같은데요."

나는 단호히 말했다. 한국 책은 절대로 가져가지 말라고. 간단한 영어회화책은 한 권씩 보냈으나 그 외의 책은 가져가지 못하게 했다.

미국으로 가는 이유가 미국 문화를 배우고, 언어를 배우고, 그 나라 사람들과 친분을 쌓기 위한 것인데, 그곳에서 한국 책을 읽거나 공부하는 것은 목적 달성을 방해하기 때문이다. 일 년이란 기간 동안 현지인들과 많은 대화를 하고, 영어로 된 글을 읽고, 영어로 글을 쓰는 것이 영어 공부에 도움이 될 것임에 분명하다. 미국에서 한국의 수학책을 공부하느라 생각이 나뉜다면 영어실력 향상에도 지장을 줄 뿐더러, 그렇게 하는 수학 공부가 대단한 성과를 낳지도 못할 것이다. 두 마리의 토끼를 좇지 말라는 옛 속담이 있지만 우리는 자녀들에게 너무 많은 토끼를 잡으라고 윽박지르고 있는 것이 아닌지 모르겠다.

아이들이 일 년 동안의 교환학생을 마쳤을 즈음에는 영어 실력이 몰라보게 좋아졌음을 느낄 수 있었고, 그러한 점은 학교 시험에서도 증명이 되었다. 아이들은 가급적 많은 시간을 친구들, 홈스테이 가족들과 대화를 하려고 노력했고, 영어로 일기를 쓰고, 미국 드라마를 보았으며, 모르는 단어를 반복적으로 외워 가며 영어 실력을 쌓았다고 했다.

요즘은 좀 시들해졌지만 한때 영어 공부를 위해 기러기 가족이 되는 경우가 많았다. 어린 자녀들만 외국으로 보내자니 안쓰럽기도 하고 걱정도 되니, 이참에 엄마도 영어를 배울 겸해서 엄마와 자녀들이 함께 미국이나 캐나다 등으로 떠나는 것이다. 그러나 기러기 가족들은 집에서 한국말을 사용하게 되며, 한국에 돌아갈 경우를 대비해 참고서를 가지고 가서 공부할 가능성이 높다. 또한 한국 사람이 비교적 많은 지역의 학교로 가는 경우 학교에 가도 한국 학생들이 많이 있어 힘들게 대화를 나누어야 하는 외국 친구들보다 한국인 친구들과 더 많은 시간을 보내기 쉽다. 결국 한국 학생들끼리만 몰려다니며 탈선의 유혹에 빠지는 경우도 잦고, 영어를 배우러 미국으로 갔던 소기의 목적은 달성하지 못하게 되는 경우가 흔하다. 더욱이 고국의 향수를 달래기 위해 한국에서 유행하는 드라마나 오락 프로그램을 엄마와 자녀들이 함께 시청하는 경우도 많은데, 그러다 보면 미국 방송을 보는 것이 힘들어지고, 자연스레 미국과 가까워질 기회가 줄어들게 된다.

교환학생은 미국인 가정으로 들어가서 함께 생활하며, 학교에도 한국 학생들이 별로 없기 때문에 아침부터 저녁까지 영어로만 생활하게 된다. 나의 경험을 돌아볼 때 교환학생으로 일 년 동안 다녀오는 것이 기러기 가족으로 삼년 다녀오는 것보다 영어 공부나 미국 문화를 배우는 데 훨씬 효과적이라고 생각한다. 물론 비용도 기러기 가족에 비해서는 훨씬 적게 들고, 부부가 떨어지게 됨으로써 생길 수 있는 가족 해체의 위험도 거의 없다. 자녀의 공부가 부부를 갈라놓는 이유가 될 수 없는 것이다.

교환학생을 보낼 때 제일 중요한 것은 자녀의 의지다. 자녀는 가고 싶어 하지 않은데 억지로 보내게 되면 탈선하게 되거나, 미국 생활에 정착하지 못하고 돌아오게 되는 경우가 발생한다.

규준이가 교환학생으로 갔다가 미국 대학에 진학하기로 결정한 후 여름방학에 한국에 왔을 때 아는 사람이 내게 이야기를 했다.

"SAT Scholastic Aptitude Test* 학원에 다니면 진학할 때 많은 도움이 될 거예요."

여기 저기 알아본 결과 한국에서 SAT 학원에서 집중적으로 공부를 하면 성적이 많이 올라갈 수 있다고 했다. 그러나 규준이와 이야기하면서 학원을 다니지 않기로 했다. 돈도 돈이지만, 단기간에 학원을 다녀 성적을 올리는 것이 정당한 방법이 아니라는 생각이 들어서였다. 그렇게 무리하게 성적을 올려서 좋은 대학을 진학했다가 막상 대학에서 실패하는 경우가 많다는 것을 익히 들어온 바였기 때문이다.

한국에서 미국으로 유학 갈 학생들은 AP Advanced Placement** 과목을 집중적으로 공부하여 우수한 졸업 성적을 만들고, 집중적으로 SAT 점수를 높여 미국

---

* 미국 대학에 입학할 때 수학능력을 테스트 하는 시험 중의 하나
** 미국에서 학업능력이 뛰어난 고등학생들이 대학 진학 전에 대학 인정 학점을 취득할 수 있는 학습 과정. 유학생은 시험으로 AP 과목을 취득할 수 있는데, 이를 통해 평균성적, 즉 GPA를 높일 수 있기 때문에 대학진학에 도움이 된다.

의 우수한 학교에 진학한다. 그러나 속성으로 만들어져서 미국의 우수한 대학에 들어간 많은 학생들이 공부를 마치지 못하고 중도 탈락하는 경우가 많다.

미국의 고등학생들은 여유 있게 즐기면서 성적을 취득하지만, 학원에서 속성으로 만들어진 성적은 심하게 말하면 속임수라는 생각까지 든다. 물론 미국도 명문사립학교에서는 명문대학 진학을 위해 엄청난 공부를 한다고 하지만 그래도 운동이나 독서 등이 함께 병행되기 때문에 우리의 공부와는 질적으로 다르다.

과거 한국의 고도성장은 이러한 속도경쟁에 기인한 바가 크다. 닥치고 베끼는 자세로 선진국과의 격차를 열심히 따라잡았기 때문에 이만큼 발전한 한국을 만들 수 있었다. 그러나 선두권에 들어선 오늘날은 더 이상 베끼고 암기할 것이 아니라 즐기고 창조하는 능력을 지녀야 한다.

재미있는 이야기를 들은 적이 있다. 미국 유학을 간 한국 학생이 수업 시간에 비행기를 접게 되었다. 다른 아이들은 종이를 가지고, 이렇게 저렇게 접으며 고민하였지만 그 학생은 한국에서 하던 대로 얼른 비행기를 접었다. 그러자 선생님이 종이비행기를 보며 극찬을 했다. 그리고 다시 접어 보라고 했다. 학생이 다시 똑같은 방식으로 비행기를 접었다. 그러자 선생님이 물었다.

"너는 비행기를 이렇게밖에 접을 줄 모르니?"

주위를 둘러보니 다른 아이들은 다양한 방법으로, 다양한 모양의 비행기를 만들고 있었다.

비슷한 경험을 다솜이가 했다. 스피릿 위크Spirit Week라는 기간이 있었다고 한다. 한 주 동안 매일 특정 테마가 있었는데, 예를 들면 '패트리어트 데이

Patriot Day'에는 미국 국기에 나오는 빨간색, 파란색, 흰색이 포함된 옷을 입어야 하고, '디즈니 데이Disney Day'에는 디즈니 캐릭터 복장을, '크레이지 헤어 데이Crazy Hair Day'에는 말 그대로 우스꽝스런 머리 모양을 하는 것이다. 다솜이는 이 기간 정말 마음껏 튀었는데, 그 때문에 많은 친구들을 사귈 수가 있었다. 그런데 같은 학교에 다니던 다른 많은 한국 학생들은 그 행사에 참여하지 않았다고 한다. 미국 학생들이 그 친구들에게 이렇게 물었다고 한다.

"Do you have no spirit?"

생각 없는 속도 경쟁은 창의성을 빼앗고 영혼을 앗아간다. 결국 이렇게 속성으로 길러진 한국 학생들이 미국 대학에서 제대로 적응하지 못하는 것은 당연한 결과가 아닌가 생각한다.

_____아이비리그가 중요한 게 아니다

1990년대 중반, 하버드 대학 입학생 1,600여 명 중 한국인 입학생이 6% 정도 차지했다. 그런데 일 년 뒤 같은 학년에서 10명의 낙제생이 있었는데, 그 중 9명이 한국 학생이었다. 하버드 대학에서 이 데이터를 보고 놀라 원인 분석을 했는데, 내린 결론은 "한국 학생들의 문제는 장기적인 목표가 없다"는 것이었다. 부모나 학생이나 하버드 입학을 목표로 공부를 하니 목표가 달성되었을 때 더 이상 나아갈 바를 알지 못하고 꺾이고 만다는 것이다.

2008년 발표된 컬럼비아 대학 김승기 씨의 연구에 의하면, 1985년에서

2007년까지 미국 14개 명문대학에 입학한 한인 학생 1,400명의 중도탈락률이 무려 44%나 되었는데, 이러한 비율은 다른 소수민족의 2~3배나 되었다고 한다. 아마 이 통계가 미국에서 공부해서 진학한 한국계 학생까지 집계한 것이기 때문에 한국 유학생들의 중도 탈락률은 아마 50%를 훌쩍 넘을 것이다. 그렇다면 나머지 학생들은 어떨까? 50%를 넘는 유학생들이 졸업을 하지 못하고 중도 탈락한다면, 많은 나머지 학생들도 중도 포기의 유혹을 심하게 받을 정도로 대학 생활에 고초를 겪었을 것이 틀림없다.

오바마 대통령의 학력이 매우 흥미롭다. 오바마 대통령은 로스앤젤레스에 있는 일반 대학Liberal Art College인 옥시덴털 대학교Occidental College*에 입학했고, 2년 뒤 뉴욕에 있는 콜롬비아대학교Columbia University**로 편입했다. 그리고 몇 년 뒤 하버드 로스쿨Harvard Law School에 입학하여 우수한 성적으로 법학박사 학위를 취득했다. 오바마 대통령은 상대적으로 입학이 수월한 대학에서 시작해서 계속 자신의 가치를 높여갔던 것이다.

무리하게 좋은 학교를 들어가는 것은 그 과정에서 돈과 정력을 낭비할 뿐 아니라 들어간 이후에 더 큰 실패를 맛보게 되기 쉽다. 순서를 약간 바꾸면 돈도 많이 들지 않으면서도 공부하는 과정도 재미있고, 성장하는 과정을 즐기면서 행복할 수 있는 것이다.

규준이가 대학을 선택할 때 내가 말했다.

---

* 2014년 US News 자료에 의하면 Liberal Art College 중 44위
** 같은 자료 미국 종합대학 순위 4위

"아빠도 규준이가 명문대학에 갔으면 좋겠지만 대학생활을 재미있게 할 수 있는 수준의 대학이 더 좋을 것 같다. 장학금을 받을 수 있으면 더 좋고……."

결국 규준이는 세인트루이스대학교Saint Louis University* 물리학과에 입학했다. 솔직히 학원이라도 다녀서 더 좋은 대학을 갔더라면 하는 아쉬움이 있는 선택이었다. 그러나 매년 15,000불 성적 우수 장학금Merit-based Scholarship**을 받고 있으며, 행정부서에서 그리 힘들지 않는 아르바이트와 실험 조교를 하면서 용돈도 벌었다. 벌써 미국에 정식으로 세금을 납부했을 뿐 아니라 현지 회사에서 일들을 경험했던 것이다.

더욱이 2년 동안 공부를 하면서 아주 우수한 성적을 거두었고, 군입대 전까지 교수들로부터도 인정을 받으며 만족스런 대학생활을 했다. 무리해서 대학 진학을 하지 않았으니 고등학교 시절도 여유 있게 지냈을 뿐 아니라 대학교에서도 많은 비용을 들이지 않으면서 좋은 결과를 낳았으니 앞에서 말한 유학생들에 비해 훨씬 나은 선택을 한 것 같다.

나는 규준이에게 이야기했다. 대학 생활을 잘 해서 3학년 때 다른 대학으로 편입해도 좋고, 대학원에 진학할 때 좋은 학교로 옮기는 것도 괜찮으니 재미있게 공부해 보라고.

미국으로 유학을 보냈으니 돈이 많이 들 거라고 하는 사람들이 있다. 그러나 실제로는 그렇지 않다. 학비가 높은 미국 대학에 보내면 생활비 등을 포함

---

* 같은 자료 미국 종합대학 순위 99위
** 경제적 형편을 고려하여 지급하는 장학금은 Needs-based Financial Aid라고 부른다

해서 거의 10만 불 정도가 든다고 하는데, 규준이가 일부 장학금을 받기 때문에 나는 일 년에 학비와 기숙사비로 정확히 3만 불을 보냈다. 용돈은 교내 아르바이트를 통해 벌고 있고, 여름방학 때 한국에 와서도 인턴과 과외를 통해 꽤 많은 용돈을 벌었으니 추가로 보낼 필요가 없다. 게다가 규준이는 고등학교 때 들은 대학 인정 학점들과 여름학기 수강을 통해 3년 만에 대학과정을 졸업하게 된다. 그러니 일 년에 3만 불씩, 3년간 총 9만 불이 든다.

한국에서 대학을 보내는 데 들어가는 비용을 계산해 보자. 대학생들의 일 년간 학비, 기숙사비, 생활비 등을 더하면, 1,500만 원에서 2,000만 원 정도의 금액이 소요된다. 그리고 여유 있는 학생들은 해외 어학연수 등을 떠나기도 하고, 취업 준비 때문에 상당수의 학생들이 5년 만에 대학을 졸업한다고 하니 오히려 한국에서 대학을 보내는 것이 더 많은 돈이 들 수도 있겠다.

한국은 학부 과정을 어디서 나왔는지를 중요하게 생각하기 때문에 좋은 대학에 진학하는 것을 지상 최대의 과제로 생각하는 것이 사실이다. 대학 진학률이 높은 고등학교에 들어가기 위해 엄청난 사교육비를 지출하며, 그 외에 체력 저하, 정신 건강 악화, 가정불화 등 온갖 희생을 아끼지 않는다.

그러나 점차 학교보다는 전공이 중요해지고 있고, 또 재학 중에 쌓은 업적이 중요해지고 있으며, 보다 사교적이고 도전적인 인재를 찾고 있는 시대가 되고 있다. 아무리 생각해도 능력에 부치는 곳에 들어가서 기죽어 사는 것보다는 수준에 맞는 곳에 들어가서 능력을 인정받으면서 지내는 것이 좋을 것 같다. 어릴 때는 기를 살리려고 갖은 궁리를 하던 부모들이 고등학교와 대학교에 들어갈 때는 기를 죽이는 선택을 하는 것을 보면 가슴이 아프다.

인터넷에서 안타까운 시를 발견했다. 2013년 부산 부전초등학교 1학년 박채연 어린이가 쓴 〈여덟 살의 꿈〉이란 시다.

나는 영훈초등학교를 나와서
국제중학교를 나와서
민사고를 나와서
하버드대를 갈거다.
그래 그래서 나는
내가 하고 싶은,
정말 하고 싶은
미용사가 될 거다.

03

강한 자가
되기 위해
즐겨라

네가 좋아하는 것으로 공부해라

규준이가 초등학교 6학년 여름방학 때 개학을 한 주 정도 남겨 두고 이야기했다.

"아빠, 종이로 건축물을 만드는 것 좀 사 주세요."

"아니, 그건 왜?"

"여름방학 숙제예요."

"종이로 건축물을 만드는 것이 숙제야?"

"그게 아니고, 자기가 좋아하는 것으로 작품을 만들어 가는 것이 숙제예요."

"그럼, 종이로 뭘 만드는 걸 네가 좋아해?"

"그건 아니고요, 친구들이 그걸 제일 많이 하더라고요."

"그렇다면 제대로 된 숙제가 아니잖아. 네가 정말로 제일 좋아하는 건 뭐야?"

"음, 솔직히 말하면 게임이에요."

"그러면 게임으로 숙제를 해."

"아니, 그게 말이 돼요? 어떻게 게임으로 숙제를 해요?"

"네가 아는 게임을 죽 이야기해 봐. 그것을 분석하는 숙제를 하면 어떨까?"

신이 난 규준이와 식탁에 앉아 게임 이야기를 하기 시작했다. 당시 많이 하던 스타크래프트에서부터 윈도우즈Windows에 기본적으로 포함되어 있던 게임들, MSN 메신저를 통해 할 수 있던 게임들, 휴대전화 게임, PDA 단말기 게임, 디지털위성방송 스카이라이프SkyLife에서 제공하는 TV 게임 등 약 20개 정도의 게임이 나열되었다. 내가 아이에게 말했다.

"이 게임들을 종류별로 구분해 보고, 기계별로 특징을 조사해 봐. 그리고 어떻게 하면 게임에서 이길 수 있는지 등을 연구해 보면 재미있지 않을까?"

규준이는 각 게임의 특징을 조사했고, 게임 화면을 사진으로 찍은 후 파워포인트로 정리했다. 좋아하는 게임들을 마음껏 할 수 있으니 얼마나 신이 났을까. 규준이는 나와 게임에 관해 토론을 하며 게임을 분석하는 묘미에 푹 빠졌다. 덕분에 숙제를 재미있게 마칠 수 있었다. 사실 선생님이 어떻게 보실지 염려되긴 했는데, 다행히 선생님으로부터 큰 칭찬을 받았다고 한다.

아이에게 게임을 권장하는 것 아니냐고 걱정하는 분이 있을지 모르겠다. 그러나 규준이는 다양한 게임들을 직접 해 보면서 나름대로 분석하고 평가하는 시간을 가진 덕분에 오히려 한 발짝 물러나서 객관적으로 보는 습관을 가지게 되었고, 무턱대고 게임에 빠지는 일이 없어졌다. 힘들고 지칠 때 잠시 게임을 즐기는 거야 정신적으로 청량제 역할을 할 터이니 굳이 막을 필요는 없다. 특정 연예인에 빠져서 헤매는 학생들이나 드라마에 중독된 아이들에게도 비슷한 시도를 해볼 수 있을 것 같다.

일본의 유명한 남자 아이돌 그룹, 아라시あらし를 딸 다솜이가 중학교 2학년 때부터 좋아하기 시작했다. 아라시가 나오는 동영상을 찾아서 보느라 시간을 많이 보냈다. 멤버들이 음악 프로그램만이 아니라 예능 프로나 드라마에도 여러 편 출연하였기 때문에 관련 동영상이 엄청나게 많았다. 다솜이는 거의 매일 한 시간 이상 관련 동영상을 찾아보곤 했다.

어느 날 동영상을 보고 있는 아이에게 말했다.

"다솜아, 동영상을 보는 것은 좋은데, 한글 자막이 없는 것으로 보면 더 좋지 않을까?"

동영상을 볼 때마다 은근히 내 눈치를 살피던 다솜이가 표정이 밝아지며 말했다.

"정말이에요? 알았어요, 이제부터 자막이 없는 것을 찾아서 볼게요."

아이는 자신이 보고 싶은 동영상을 마음껏 볼 수 있도록 허락을 받으니 신이 났다. 중학교 2학년 때부터 학교에서 일본어를 제2외국어로 배우고 있던 다솜이는 그 이후 한글 자막이 들어가지 않은 영상을 찾아서 보기 시작했고, 덕분에 일본어 실력이 무섭게 늘었다. 일본어 과목에서 매번 전교 일등을 차지할 정도가 되었다. 오른 성적은 고등학교에 가서까지도 계속 유지되었다. 재미있게 공부하는 것이 얼마나 중요한지를 보여 주는 사례라고 하겠다.

법률정책자인 리처드 탈러Richard H. Thaler와 행동경제학을 경제학계에 널리 알린 경제학자 캐스 선스타인Cass R. Sunstein이 공저한 《넛지Nudge》라는 책이 베스트셀러가 된 적이 있다. 책 제목 '넛지'는 "팔꿈치로 슬쩍 쿡 찌르다"라는 뜻으로 상대방이 눈치채지 못하게, 자기가 원하는 방향으로 상대방을 이끄는 다양한 지혜가 담겨 있는 책이다. 다솜이로 하여금 아라시 동영상을 마음껏 보되 자막이 없는 동영상을 보게 함으로써 일본어 실력의 향상이란 놀라운 결과를 얻게 한 것은 넛지의 좋은 예가 아닐까 생각한다.

자녀가 좋아하는 것이 공부에 방해가 될 때 무조건 못하게 막는 것보다는 오히려 그것을 통해 재미있게 공부할 수 있도록 슬쩍 다른 방향으로 유도한다면 좋은 결과를 얻을 수 있다. 예를 들어, 조립식 장난감을 좋아하는 아이라면 물리 지식을 이용해서 보다 고차원적인 작품을 만들 수 있도록 유도한다든가, 게임을 좋아하는 아이에게는 영어 버전 게임을 깔아 줘서 영어 공부에 흥미를 가지도록 할 수 있을 것이다.

옛날에는 팝송을 들으면서 영어 공부를 하던 친구들이 꽤 많았다. 그뿐인가. 당구를 치면서 물리를 공부하고, 술을 마시면서 유기화학을, 담배 연기를 뿜으면서 유체역학을 그리고 헤어진 여자 친구의 마음을 돌리기 위해 심리학을 공부했다는 우스개도 있지 않은가.

고등학교 친구 중에 중고 전자제품을 해체하고 조립하는 것을 즐기던 친구가 있었다. 고2 때 부모님이 공부에 방해된다고 고물상을 전전하며 애써 모았던 잡동사니들을 싹 버려 버렸는데, 그때 부모님이 넛지라는 기법을 아셨더라면 훨씬 나은 결과를 낳지 않았을까 상상해 본다.

나는 잠 문제로 아이들을 혼낸 적이 없다. 그러다 보니 방학 때는 일찍 잠자고 늦게 일어나는 경우가 많다. 그럴 때는 가끔 한 마디씩 거들긴 했다.

"잠은 자면 잘수록 늘어. 적당히 자는 게 더 좋을 텐데."

그렇더라도 일찍 잔다고 깨우거나 늦게 일어난다고 타박하지는 않았다.

나와 아내는 시험 기간에도 아이들이 자는지 안 자는지 또는 제대로 공부하는지 안 하는지를 감시한 적이 없다. 아이들이 늦게까지 공부하더라도 우리는 먼저 들어가서 잠을 잤다. 아이들이 시험 기간이라고 함께 호들갑을 떨며, 간식을 대령하거나 비위를 맞추는 일은 하지 않았다.

공부해야 하는 이유를 모르는 상태에서 타의로 하는 공부는 절대 좋은 성과를 낼 수 없다. 규준이는 베트남으로 선교 활동을 갔다가 의사가 되기로 마음먹은 후부터 공부에 더욱 집중하기 시작했다. 다솜이도 자기가 좋아하는 그림을 시작하면서 좋은 대학에 가기 위해 미술이 아닌 다른 과목까지도 더 열심히 했다. 규승이는 과학고등학교 진학이 결정되고, 미래 방향이 어느 정도 구체화되면서부터 지나치다 싶을 정도로 밤늦게까지 공부를 열심히 하기 시작했다. 아이들은 새벽까지 공부하다가 배가 고프거나 목이 마르면 냉장고에서 스스로 찾아 먹곤 했다.

공부를 위해 잠을 줄이라는 잔소리는 오히려 반감만 불러일으킨다. 늦게까지 책상에 앉아 있더라도 공부는 하지 않고 딴 생각을 하거나 딴짓을 한다면 차라리 일찍 자는 것이 낫지 않을까.

사춘기에 접어든 아이들은 자신의 미래에 대해 깊이 생각하기 시작한다. 이때 자존감이 충만한 아이들은 자신의 미래를 스스로 설계하며, 자신이 설계한 미래를 달성하기 위해 필요한 공부나 훈련을 찾게 마련이다. 스스로 잠을 줄이고, 게임을 줄이고, 빈둥대는 시간을 줄여 공부에 몰입하게 될 것이고, 몰입함으로써 훨씬 더 큰 성과를 거두게 될 것이다. 한번 목표가 세워지고 나면 과거에 하릴없이 잠만 잤던 시간들을 아쉬워하며 더욱 열심히 하여 만회하려고 할 것이다.

목표가 꼭 공부일 필요는 없다. 게다가 깨달음이 일찍 온다고 꼭 성공하는 것도 아니다. 다만 아이가 자존감과 독립심을 지닌다면 언제든 전혀 새로운 모습으로 급성장할 수 있다는 얘기다. 과연 그런 시기가 올까 하는 두려움도 있겠지만 과거 우리들의 모습을 떠올려 본다면 그것이 기우杞憂라는 사실을 알게 된다. 우리도 오랜 기간 부모의 속을 썩이다 어느 순간 자신을 발견하고 크게 변화된 모습으로 성장하지 않았는가.

반대로 부모에 의해 주도된 삶을 살아온 아이들은 사춘기가 되면서 자신이 하고 있는 일에 대한 불만을 가지게 되거나 자신을 그렇게 만들어 온 부모에 대한 반감이 생겨날 가능성이 있다. 스스로 생각하고, 결정하는 훈련을 하지 않은 탓에 자기 안에 내재한 엄청난 가능성을 발견하지도 발휘하지도 못하는 것이다. 잠을 줄여 가며 미래를 만들고자 하는 비상한 각오도 결단도 하지 못한 채, 그저 그렇게 떠밀려 가며 무기력하게 세상을 살아가기 쉽다.

요즘 학생들은 잠을 너무 적게 잔다. 멍청하게 오래 앉아있는 것보다는 충분한 휴식을 취하고 맑은 정신으로 짧은 시간 동안 집중하는 것이 훨씬 효과적이다. 게다가 수면을 통해 공부한 내용을 더 잘 기억하게 된다는 연구 결과도 쉽게 찾아볼 수 있다. 잠을 줄여 가며 공부를 해봤자 내용이 제대로 기억되지 않을뿐더러 다음 날 수업에도 지장을 주게 되니 장기적으로 결코 도움이 되지 않는다.

이성적으로는 동의가 되지만 실제 행동으로 옮기지 못하는 일이 많다. 그 중에서도 자녀의 건강을 지켜 주는 일이 생각처럼 쉽지 않다. 아이에게 중요한 것이 첫째도 건강, 둘째도 건강, 셋째도 건강이라고 말하면서도 실제로는 성적 때문에 건강을 해치는 무리한 요구까지도 하게 된다. 안타깝게도 이런 일이 부지기수다.

그러나 나는 주말마다 가족들과 등산을 가거나 자전거를 탔고, 고수부지나 근처 학교 운동장에 놀러가서 공놀이를 하곤 했다. 시험 바로 전 주말을 제외하고는 계속 이어졌다. 시험이 있는 두 주 전 토요일이나 일요일에도 아이들을 데리고 꼭 한두 시간씩 공놀이를 했다. 오히려 아이들이 짜증을 내기도 했다.

"아빠, 이제 시험이 8일밖에 안 남았어요."

나는 아이들에게 공부도 중요하지만 건강이 더 중요하다고 설명해 주며, 운동을 계속해 나갔다. 아이들이 공부계획표를 세울 때에도 반드시 운동을 포함시키도록 했다.

운동 중에서는 단체경기가 참 좋다. 많은 선수들이 함께 움직이면서 상대 팀뿐 아니라 자기 팀 선수들의 생각과 움직임을 읽고, 경기의 흐름을 동시에 읽어야 한다. 이러한 과정이 순간적으로 일어나기 때문에 공부할 때보다 두뇌가 훨씬 더 많은 일을 하게 되고, 결과적으로 머리가 좋아지게 된다. 또한 팀내에서 자신에게 맡겨진 역할을 수행하는 훈련을 통해 책임감을 기르고 친구들과의 친밀감으로 정서적으로도 긍정적인 영향을 받을 수 있다.

공부를 위해 시험 보기 한 달 전부터 운동을 일절 금하는 부모들이 많다. 학생 스스로 안 하기도 한다. 결국 공부를 위해 건강을 희생하는 것인데, 그것은 정말 소탐대실小貪大失이 아닐 수 없다. 야외에서 밝은 햇살을 쐬며 가족과 함께 땀을 흘리는 운동을 하면 기분이 상쾌해져서, 운동 시간을 상쇄하고도 남을 정도로 성적에 긍정적인 영향을 미치게 된다. 그리고 아이들은 속으로 '아빠, 엄마는 성적보다 내 건강을 더 소중하게 생각하는구나.'라고 생각할 것이다. 많은 아이들이 자기 부모가 성적만 강조한다고 반발심을 갖지 않던가.

"우리 애는 시험 보기 한 달 전부터 공부만 해요."

그건 자랑이 아니다. 아이가 공부에 대한 부담으로 운동을 하지 않는다면 오히려 부모가 아이로 하여금 그 부담에서 벗어나도록 해주어야 한다.

막상 고3 때 체력 저하로 공부에 심각한 지장을 겪는 아이들이 있다. 부모의 뜻이었든 자신의 뜻이었든 대개 공부를 위해 건강을 돌보지 않은 아이들이 겪는 고통이다. 결승점을 코앞에 두고 탈진해서 레이스를 포기하는 것은 얼마나 안타깝고 어리석은 것인가.

아이들이 교환학생으로 간 미국 학교들을 살펴보니 다양한 종목의 운동부가 있어서 거의 모든 학생들이 참여하고 있었다. 비슷한 규모의 학교들끼리 다양한 리그전을 벌여 실전을 쌓기도 한다. 이를 통하여 학생들이 건강한 체력과 정신을 기를 뿐 아니라 스포츠에 재능이 있는 학생들이 자연스레 발굴되는 계기가 되기도 한다. 대학에 들어가기 전에 다양한 운동을 통해 체력을 기르고, 단체 활동을 통한 배려와 협력, 인내력, 투지 등을 기르고 있는데, 고등학교 때 이런 경험을 충분히 하지 못한 한국 학생들이 유학 생활에서 좌절을 경험하는 것은 어쩌면 당연한 결과인지도 모른다.

우리 집에서는 아이들의 공부에 가장 큰 방해가 되는 건 나였다. 걸핏하면 가족 여행이나 행사다 해서 학교에 보내지 않았고, 저녁마다 가정 예배를 드렸고, 주말마다 운동하라고 했고, 학원에 못 다니게 하고, 재미난 코미디 프로그램이 있으면 불러서 같이 보자고 했으며, 심지어 잘못을 저질렀을 때는 다음 날 시험이 있더라도 따끔하게 혼을 냈으니 말이다. 그래서 우리 집에서 자주 들리는 대화가 이런 것이다.

"아빠, 시간 없어요. 공부해야 돼요."

"괜찮아. 성적 떨어져도 좋아."

아빠가 자꾸만 공부를 방해하지만 아이들은 공부하고 싶어 하는 집이 더 멋지지 않은가.

쉴 줄 모르면 완주할 수 없다

다솜이가 고등학교 1학년 때의 일이다. 4월에 화수목 사흘 간 국제심포지엄에서 발표를 하기 위해 일본 오사카 출장을 갈 일이 생겼다. 그 다음 주는 다솜이의 고등학교 첫 중간고사 기간이었다. 하지만 나는 다솜이의 일본 사랑을 익히 아는지라 그냥 넘어갈 수가 없었다.

"다솜아, 아빠가 이번에 일본 오사카로 출장을 가게 되었는데 같이 갈래? 그런데 시험 기간 전 주에 가야 해."

아이는 펄쩍펄쩍 뛰면서 좋아했다. 염려하는 표정을 짓던 아내도 흔쾌히 동의해 주었다.

"시험이 일주일도 안 남은 때에 해외여행이라니. 그것도 고등학생인데. 이 사람 도대체 제 정신이야?"

비난하는 소리가 들리는 것 같다.

아이에게 성적이 떨어지면 안 된다는 다짐을 받긴 했지만, 사실 성적이 꽤 떨어질 수 있다고 예상했다. 그러나 비록 성적이 떨어지더라도 아빠랑 하는 일본 여행이 다솜이의 인생에 훨씬 더 긍정적인 영향을 미칠 것이라는 자신이 있었다.

다솜이는 일본으로 가기 전에 최선을 다해 공부를 했다. 여행갈 때도 시험 공부할 것들을 챙겨서 갔다. 아이는 여행하는 내내 비행기 안에서도, 이동하는 기차에서도 계속 공부했다. 가끔씩 창문 밖으로 흘러가는 일본 풍경에 눈을 빼앗기긴 했지만……

수요일 저녁에 오사카에 도착했다. 일정은 다음 날 아침부터 시작되었다. 다솜이와 시내 구경을 나섰다. 서너 시간 동안 돌아다녔는데, 마침 벚꽃이 활짝 핀 오사카 성이 얼마나 멋있었는지 모른다. TV에서나 보아 왔던 일본의 다양한 모습들을 볼 수 있었는데, 산책하는 내내 다솜이의 얼굴은 흥분으로 가득했다.

산책을 마치고 호텔로 돌아가는 택시에서 다솜이는 운전기사 아저씨와 제법 괜찮은 일본어로 대화를 나눴다. 아저씨가 아라시가 일본에서 제일 인기 있는 그룹이라고 말하자 마치 자기 일인 것처럼 기뻐하며 내게 으스대었다.

둘째 날, 내가 일정을 소화하는 동안 다솜이는 호텔에서 공부를 했다. 점심때는 혼자 나가서 식사하고, 슈퍼에 가서 필요한 물건도 샀다. 그리고 저녁에는 심포지엄에서 마련한 선상 파티에 아이를 데려갔다. 2박 3일밖에 되지 않는 짧은 여행이었고, 시험에 대한 부담감이 가득했지만 나와 딸에게는 평생 잊지 못할 추억이 되었다. 아이는 시험을 앞둔 고1 딸을 믿고 일본 출장에 초대해 준 아빠가 고마웠다고 말한다. 아마 이때 만들어진 부녀간의 신뢰가 향후 아이의 인생에 큰 도움이 되리라 생각한다.

여행을 다녀온 후에 본 중간고사에서 과연 어떤 성적을 받아왔을까 궁금한 분이 많을 것이다. 예상 밖으로 성적이 훨씬 올랐더라는 만화 같은 이야기로 끝을 맺으면 좋겠지만 현실은 현실이다. 그래도 생각처럼 성적이 떨어지지는 않았다. 역시 성적은 시간의 양이 아니라 집중도에 따라 결과가 나온다.

다솜이는 고1 때 1학기를 마치고, 미국으로 1년 동안 교환학생을 떠났다. 교환학생을 떠났던 대부분의 학생들은 돌아오면 예전 학년으로 들어가는데, 그렇게 되면 친구들보다 1년이 늦어지게 된다. 그렇게 해도 미국과 한국이 교과 과정이 다르기 때문에 영어를 제외한 다른 과목들을 좇아가려면 벅차다. 예전 반 친구들보다 한 학년이 뒤처지는 것이 어색해서 아예 학교를 옮기는 경우도 많다.

아이에게 물었다.

"다솜이는 이제 1학년에 다시 들어가야 할 텐데, 원래 다니던 학교로 돌아갈래, 아니면 다른 학교로 갈래?"

다솜이가 대답했다.

"학교에 가서 친구들을 만나보고 나서 결정할게요."

그때가 여름방학 기간이었다. 아이는 이전 반 친구들과 교회 친구들을 만나고 오더니 내게 말했다.

"아빠, 저는 그냥 이전 학교로 돌아갈래요. 친구들이 있는 2학년으로 들어가고 싶어요."

그 말은 1학년 2학기, 2학년 1학기의 교과 과정은 건너뛰고 바로 2학년 2학기로 들어가겠다는 뜻이니 당황스러웠다. 당연히 선행 학습도 하지 않은 상태였기 때문에 걱정이 되었다. 그래서 다솜이를 타일렀다.

"1년을 쉬었기 때문에 바로 2학년으로 들어가면 다른 친구들에 비해 공부하기가 꽤 힘들 거야."

"그래도 친했던 친구들과 같이 학교 다니는 게 좋잖아요. 열심히 할게요."

친구들과의 관계가 얼마나 중요한 것인지 잘 알기에 다솜이의 결정을 존중하기로 했다. 단 다솜이에게 두 가지를 다짐받았다.

"이 결정은 네가 내린 것이니, 나중에 아빠를 원망하지는 마. 그리고 다솜이도 나중에 이번 결정을 후회하지 않도록 최선을 다해."

아니나 다를까, 2학년 2학기로 바로 들어간 아이는 개학한 지 얼마 안 되어 이런 질문을 해왔다.

"아빠, 시그마$^\Sigma$가 뭐예요?"

고등학생이면 다들 아는 시그마를 한 번도 들어본 적이 없었던 것이다. 나는 아이를 앉히고, 최대한 쉽게 가르쳐 주었다. 다솜이는 미대 진학을 준비하기 때문에 수학은 그리 중요한 과목이 아니었지만 그래도 기본적인 내용은 알아야 한다는 생각에서였다. 다행히 수학을 제외한 다른 과목은 따라가는 데 그리 어려움이 없었다. 첫 번째 치른 중간고사에서는 며칠 밤을 새우며 준비하더니 대체적으로 만족할 만한 성적을 거두었다.

이듬해 고3 수학능력시험에서 정확히 밝힐 수는 없으나 다솜이는 믿기 힘들 정도로 좋은 성적을 거두었다. 중학교 때까지 암기 과목을 열심히 하지 않았기 때문에 이렇게 좋은 성적이 나오리라고 기대도 하지 않았던 것이다. 게다가 1년이나 건너뛰었으며, 매일 몇 시간씩 미술공부를 병행하면서 얻은 성적이었다.

성적이 잘 나온 데에는 아이를 믿어 주고, 기다려 주고, 스스로 공부하는 법을 장려했던 것이 크게 작용했을 테지만, 좋아하는 친구들과 함께 학교생활을 재미나게 한 것에도 큰 몫을 했을 것이다. 여러 학원을 전전하고, 밤늦게까지 하기 싫은 공부를 억지로 했던 아이들이 만족할 만한 성적을 거두지 못한 것에 비한다면 얼마나 의미 있는 결과인가.

재미와 의미가 너의 엔진이다

창의創意에 가장 저해되는 것이 무엇일까? 단순 반복이다. 기술을 익히기 위해서는 반복이 반드시 필요하지만, 모든 학습에 반복이 필요한 것은 아니다. 약간의 진보를 위해 반복을 지나치게 거듭한다면 쉽게 지치고 흥미를 잃게 된다.

　반복 중에 가장 최악의 반복은 '대학 재수再修' 라고 생각한다. 고등학교 1,
2학년 때 배운 것을 3학년 내내 외우고 또 외웠는데, 그것을 재수를 하면서까
지 다시 반복하는 것은 엄청난 낭비일 뿐만 아니라 두뇌 발달에도 안 좋은 영
향을 미칠 것이 분명하다. 그것보다는 아쉽더라도 목표로 한 대학보다 낮은 대
학에서 와신상담臥薪嘗膽하는 편이 낫다. 오히려 장기적으로 훨씬 더 나은 결과
를 낼 수도 있다.

　지금 우리나라의 현실이 어떠한지 잘 알고 있다. 서열화된 출신 대학이 사
회적 성공에 적잖은 영향을 미치고 있다. 그러나 다가오는 시대는 창의력과 소
통 능력이 중요시되는 시대로 출신 대학의 중요성은 점점 줄어들 수밖에 없고,
급기야 대학 진학의 필요성마저 줄어들게 될 것이라는 게 많은 전문가들의 견
해다. 앞에서 소개했던 MOOC가 확산되는 것도 굳이 대학에 가야 할 필요성
을 못 느끼게 하는 요인이 된다.

　많은 학생들이 재수를 하는 것은 국가적으로도 재능의 낭비일 뿐 아니라
가계에도 엄청난 부담으로 작용한다. 고3들은 1년씩 다시 공부를 하는 재수생
들과 겨루어야 하니 버거울 수밖에 없고, 재수는 필수라는 생각을 하는 한 최
선을 다하지 않게 될 수 있다. 또 멀쩡하게 합격한 많은 학생들이 마음에 들지
않는 학교라는 이유로 한 학기 등록만 한 후 다시 입시준비를 하는 소위 반수
半修를 하는데, 이로 인해 다음 해 많은 학생들이 빠져나간 대학교는 재정적으
로 어려워질 뿐 아니라 빠져나가는 학생들을 보며 남아있는 나머지 학생들과
교수들의 기운이 빠질 것을 생각하면 안타깝다.

미국에는 재수라는 것이 아예 없다. 여러 대학에 응시 원서를 보낸 후 자기가 원하는 학교에 들어가지 못하더라도 합격한 학교 중에 하나를 들어가는 것이다. 재수라는 문화가 없다는 것은 정말 효율적이라는 생각이 든다.

입학사정 시 재수생에게 불이익을 주는 제도를 만들면 좋겠다는 생각을 해 봤다. 그렇게 하면 재수를 시도하는 학생이 줄어들 것이며, 재수로 인한 낭비도 대폭 줄어들 것이다. 당장 시행하면 심각한 혼란과 반발이 일어날 수 있으니 처음에는 불이익의 수준을 적게 하고, 점차 늘려나가는 방식으로 하면 큰 혼란 없이 재수를 없앨 수 있을 것이라고 생각한다. 대신 우수한 학생들에게 편입編入이나 전과轉科의 기회를 제공한다면 1년을 학원에서 시간과 돈을 낭비하는 대신 전공 학문을 배워 나갈 수 있으니 훨씬 효과적이 아닐까. 이때도 우수 학생을 선발하는 기준은 대학교 학점이 되어야 할 것이다. 영어 등 다른 기준으로 선발한다면 편입을 준비하기 위해 정상적인 대학 교육이 이루어지지 않을 것이기 때문이다.

그래서 나는 아이들에게 선언했다. 우리 집에 재수란 없다. 아무 대학이라도 그해 들어가야 하고, 만약 아쉬움이 있으면 편입이나 대학원 진학을 통해 들어가라고…….

청소년 기간 매일 새로운 것에 도전하는 것이 낫지, 실패하고 1년간 지긋지긋한 고3 생활을 반복하도록 하는 것은 정말 좋지 않다. 기숙 학원에서 공부해서 성적이 올랐다는 이야기를 자주 듣는데, 웅지雄志를 펴야 할 시기에 꽉 짜인 기숙 학원에서의 공부는 문제 푸는 실력은 늘릴지 몰라도 아이의 인생을 1년만큼 낭비하는 것이다. 다행히 아직까지 재수하거나 반수하는 아이가 한 명도 없다.

　공부를 해야 할 이유를 찾는 것보다 공부에 흥미를 갖게 하는 것은 없다. 특히 자신의 성공을 위한 것보다 남을 배려하고, 돕기 위한 것이라면 그 동기는 더욱 강화된다. 댄 세노르Dan Senor와 사울 싱어Saul Singer가 쓴 《창업국가 Start-Up Nation》에 보면 이스라엘인의 핵심 목표는 "지구상의 유대인들에게 안전한 장소를 제공하는 것"이라고 한다. 돈을 벌기 위해 사업을 한 벤처기업가들이 코스닥에 등록하는 순간 기업을 팔기 바쁜 한국에 비해, 여러 가지 이유로 많은 위험에 처해 있는 유대인들에게 필요한 기술을 끊임없이 개발하는 이스라엘의 기술이 훨씬 뛰어날 수밖에 없다.

　규준이가 중학교 3학년 때 올림피아드 물리 시험을 치르게 되었다. 당시 이 시험에서 은상 이상을 받으면 대부분의 과학고등학교에 특별전형으로 합격할 수 있었다. 시험은 7월 하순으로 예정되어 있었다. 그런데 5월경에 규준이가 교회서 떠나는 베트남 선교여행에 참가하고 싶다고 이야기했다. 문제는 올림피아드 시험 바로 전 주에 떠나야 한다는 것이었다.

　"올림피아드 시험에 안 좋은 결과를 미칠 텐데, 그래도 갈래?"

　"네, 꼭 가고 싶어요."

　나는 아이의 뜻을 존중하여 허락해 주었다. 대신 그전에 공부를 충분히 해놓으라고 했다. 그런데 베트남 현지에서 가질 선교 공연을 위해 한 달 전부터 매주 두 번씩 교회를 가야하고, 마지막 주에는 거의 매일 교회에 가서 공연 연습을 해야 한다고 했다. 결국 올림피아드에 참여하기 전에 이삼 주 동안은 공부를 포기해야 하는 상황이 되었다. 어차피 결정한 것이니까 연습시간에 참여하도록 허락했다.

한 달 동안의 공연 연습 그리고 5일 동안의 베트남 선교 여행을 마친 후 한 주가 지나서 시험을 보았다. 결과는 동상이었다. 역사에 가정이란 없다고 하지만, 평소 성적을 고려해 볼 때 규준이가 베트남 선교여행을 가지 않았더라면 분명히 은상 이상을 받았을 테고, 그랬다면 원하던 과학고등학교에 진학할 수 있었을 것이다. 아쉬움은 있지만 후회하지는 않았다.

규준이가 베트남 선교 여행을 통해 많이 성숙했음을 느낄 수 있었다. 미래에 대한 뚜렷한 목표가 없었던 규준이가 선교 여행을 다녀온 후에 의사가 되어 어려운 사람을 돕겠다는 결심을 세웠다. 비록 원하던 과학고등학교는 가지 못했지만 오히려 자유로운 선택을 통해 의사가 될 꿈을 계속 키워 나가는 것을 볼 때, 그때 시험공부를 하느라 선교 여행을 포기하고 결국 과학고등학교를 간 것보다 훨씬 더 고맙고 다행이라고 생각한다.

미국에서 대학을 진학한 규준이는 의사에 대한 꿈을 계속 키워 나가고 있다. 재미를 넘어 의미를 찾아나가는 공부는 흥미에다 사명감까지 더해지니 훨씬 효과적일 수밖에 없다.

나는 가족들에게 앞으로 온 가족이 어려운 사람들을 돕는 일을 함께 하면 좋겠다는 이야기를 자주 한다. 돈은 수단이지 목적일 수 없다. 아이들에게 공부를 해야 하는 차원 높은 목적을 갖도록 하면 공부에 재미를 느낄뿐더러 인생 또한 바르게 살아갈 것이다.

아빠, 그는 무엇을 남기는가

Part 4

아빠,
랍비*가
되다

2011. 8. 5 지리산 장터목 산장

* 랍비는 유대인의 교사를 가리키는 말로 단순
한 지혜뿐 아니라 삶의 의미와 신앙에 대한
것까지 가르치는 사람이다. 랍비들의 가르침이
집대성된 책이 바로 탈무드이다.

01

세상은
네 것이다

_____몸을 사리지 말고 도전하라

평소에 가족과 다소 과격한 활동을 많이 하다 보니 이래저래 부상당하는 일이 많다. 아빠를 잘못 만난 탓이라고 해야 할지 아니면 잘 만난 덕분에 체력적으로 강해졌다고 해야 할지 모르겠다.

다솜이는 아빠의 부주의 때문에 두 번이나 다쳐 큰 고생을 했다. 한 번은 아이가 초등학교에 입학하기 전이었는데, 자전거 뒷자리에 아이를 태우고 가다가 바퀴 사이로 아이의 발이 끼는 사고가 있었다. 너무 아프면 순간적으로 아무 소리도 못 낸다는 것을 그때 알았다. 오르막길을 오르느라 아이의 발이 끼인 줄도 모르고 페달을 더 힘차게 밟았다. 몇 초가 지난 뒤에야 아이가 비명을 질렀다. 핸드폰이 없을 때였기 때문에 다솜이를 뒷자리에 태운 채 집으로 돌아와 차에 옮겨 태우고 근처 병원으로 달려갔다. 복숭아뼈 쪽에 심한 찰과상을 입었는데, 혹시 성장판이 다쳤을 수도 있다는 의사 선생님의 말에 얼마나 마음 졸였는지 모른다. 다행히 큰 후유증이 없이 상처가 아물었다.

두 번째 사고는 집에서 일어났다. 내가 엎드린 채로 다솜이를 등에 태워 말 타기 놀이를 했다. 앞으로 달리다가 장난을 치려고 갑자기 멈췄는데, 아이가 그만 앞으로 떨어져 버렸다. 마룻바닥에 부딪히면서 턱밑이 찢어졌다. 급하게 차에 태우고 응급실로 가서 꿰맸는데, 마취를 하긴 했지만 수술하는 내내 다솜이는 울지도 않고 계속 수다를 떨었다. 우리 집 아이들은 다들 아파도 잘 참는 것 같다. 의사 선생님께 아빠의 만행을 다 고해 바쳤고, 의사와 간호사는 치료하는 내내 다솜이의 이야기를 재미나게 들었다.

규준이가 세 살 때는 내가 아이의 팔을 잡고 빙글빙글 돌리다 왼쪽 팔목이 빠지는 사고도 있었다. 규준이를 옆자리에 태우고 병원으로 가면서 빠진 왼팔을 지긋이 당기며 갔는데, 병원에 도착해서 당기던 팔을 놓았더니 다행히 빠진 팔목이 정상이 되어 그냥 집으로 돌아왔다.

한번은 규승이가 스케이트를 타다가 넘어져서 팔에 깁스를 했다.

"아빠도 깁스를 한번 해보고 싶었는데, 결국 한 번도 못해 봤어. 아빠는 깁스를 한 규승이가 부러워."

다니던 태권도장에서 인솔해서 간 것이었는데, 사고가 났다고 해서 태권도장에 불만을 토로하지는 않았다. 어릴 때 깁스를 하거나 목발을 짚은 친구들을 부러워해 본 경험이 누구나 있을 것이다. 나도 몇 년 전에 자전거를 타다 넘어져 팔에 깁스를 한 적이 있는데, 결코 다시 할 것이 못 된다는 것을 그때서야 깨달았다.

등산을 하다가 아내가 발을 헛디뎌서 구급차를 타고 내려온 적도 있고, 나는 지리산 등반 도중에 다리 통증이 너무 심해 구급 헬리콥터를 타고 병원으로 후송되기도 했다. 정말 사고뭉치 가족이 아닐 수 없다.

옛날 사진들을 정리하다 보니 아이들 얼굴에 상처가 난 사진이 제법 많았다. 원래 아이들은 그렇게 자라는 게 아닌가. 다치고, 치료하는 경험들을 통해 아이들은 강해지고 대담해진다.

그렇다고 오해는 하지 마시라. 내가 아이들을 위험에 방치한 것은 아니다. 아무리 조심하더라도 사고는 일어날 수 있는 것이다. 그때 의연하게 대처하는 법을 가르치는 것이야말로 아이에게 중요한 교육이 될 것이다. 작은 상처에 부모가 호들갑을 떨거나 다칠까 봐 지레 겁을 내어 아이를 안전한 곳에서만 가두어 키우는 것은 미래에 닥칠지도 모를 사건에 대처할 수 있는 능력을 기를 기회를 아예 차단하는 셈이다.

아이가 다쳤을 때 부부가 서로 책임을 따지며 다투어서는 안 된다. 만약 엄마, 아빠가 자신의 상처 때문에 다툰다면 아이는 몸에 상처뿐 아니라 가슴에 더 큰 상처를 입게 될 것이 아닌가. 이런 점에서 아내에게 고맙다. 나 때문에 일어난 갖가지 사고에도 나를 책망한 적이 한 번도 없으니 말이다.

형제자매간의 서열, 터울, 성비에 따라 아이들의 성격이 달라진다는 것은 널리 알려진 사실이다. 아무래도 첫째는 대체로 규범적이고, 둘째는 애교가 많거나 모험을 즐기는 경우가 많다. 셋 이상을 낳으면 관계는 복잡해지는데, 누나가 많은 집의 아들은 여성적이기 쉽고, 오빠가 많은 집의 딸은 남성적인 경우가 많다. 또 터울이 그리 많이 나지 않는 누나를 가진 아들은 누나를 이기려는 승부욕이 강해 다툼을 일으키기도 한다고 한다.

　우리 집도 그러한 경향이 그대로 드러나는데, 특히 막내 규승이는 승부 의식이 강했다. 규승이가 네댓 살 무렵의 일이다. 어느 날 내가 아파트 주차장을 지나는데, 규승이를 포함한 꼬마들이 주차장 한 편에 모여 달리기를 하고 있었다. 초등학교 고학년의 형, 누나들이 초등학교 저학년부터 규승이 또래까지를 한 줄로 세운 후 출발 신호를 보내면 일제히 달려 승부를 겨루는, 흔히 볼 수 있는 장면이었다. 출발선상에 선 아이들 중에서 규승이가 가장 어리고, 키도 제일 작았다.

　출발 신호가 나자 일제히 달리기 시작했다. 제일 어린데다가 아빠, 엄마를 닮아 달음질에 재주가 없는 규승이가 당연히 제일 꼴찌로 달렸다. 중간쯤 달리다 패색이 짙어지자 규승이가 갑자기 뒤로 돌아서 뛰기 시작했다. 다른 아이들이 결승점에 도착할 때쯤 거의 동시에 반대편에서 규승이가 출발선으로 들어오며 소리쳤다.

　"와, 내가 일등이다."

　전혀 기죽지 않고, 아무도 인정하지 않는 일등을 혼자 주장하는 모습을 보니 우습기도 하고, 당황스럽기도 했다. 어차피 이길 수 없는 싸움에서 코페르니쿠스적인 발상을 한 꼬마의 기지를 칭찬해야 할지, 규칙을 어긴 것을 책망해야 할지 난감했다.

　나중에 규승이에게 규칙을 어긴 것은 잘못했지만 발상은 기발했다고 이야기해 주었다. 사실 따지고 보면 체급이 다른, 경쟁도 할 수 없는 아이들을 한 줄에 세우고 달리도록 하는 것 자체가 잘못된 규칙이 아닌가. 차라리 파격적인 접근으로 당당함을 유지하는 것도 괜찮다는 생각이 든다.

규승이는 게임을 할 때도 비슷하거나 이기고 있을 때는 승리를 위해 최선을 다하다가도 패색이 짙어지면 아예 포기를 해 버리는 경우가 많았다. 등산할 때 형, 누나보다 뒤처지면 갑자기 온몸에 힘이 쫙 빠져 힘들다고 투정을 부리지만, 제일 먼저 나갈 때는 펄펄 날았다. 운동을 할 때도 이길 것 같으면 신이 나서 경기에 임하지만, 질 게 뻔해지면 흥미를 잃기 일쑤였다.

규승이가 초등학교 2학년 때 일이다. 어느 날 집에 오더니 내게 자신 있게 말했다.

"아빠, 평균 100점이면 1등이죠?"

"이야, 그건 너희 학교 1등이 아니라 전 세계 1등이지."

워낙 자신 있게 말한 터라 나는 적어도 평균 95점 정도는 될 줄 알았다. 그런데 막상 받아온 성적표는 평균 80점이 겨우 넘는 성적이었다. 그렇다고 실망하거나 혼을 내거나 하지는 않았다. 그저 낙천적인 태도를 칭찬해 주었다.

이후로도 규승이의 예상 점수와 실제 점수는 상당히 차이가 났다. 차이가 난다는 것은 문제의 요지를 제대로 몰랐거나 실수를 많이 했다는 뜻이니 결코 좋다고는 할 수 없다. 하지만 나는 규승이의 이런 긍정적이고, 자신감 넘치는 성격을 좋아한다.

모든 분야에서 탁월하기는 불가능하다. 부모들 대부분이 자녀가 모든 분야에서 뛰어나기를, 즉 평균 100점을 받아오기를 원한다. 그런데 가만히 생각해 보면 100점도 다 같은 100점이 아니다. 같은 100점이라도 평범한 100점과 탁월한 100점이 있는 것이다. 평균 100점을 받기 위해 골고루 열심히 하다 보면, 탁월한 100점을 받을 수 있는 특정한 분야를 평범한 100점으로 만드는 우를 범할 수 있다는 것을 생각해야 한다. 평균 100점의 유혹에 빠져 진정한 재능을 발견할 수 있는 기회를 잃어버리게 되는 것은 정말 안타까운 일이다. 김연아 선수가 모든 과목에서 100점을 맞았을까? 분명한 것은 피겨스케이팅에서만큼은 탁월한 100점이었던 것이다.

또한 모든 면에서 완벽함을 이루기 위해 달리는 사람, 또는 그것을 요구하는 부모를 가진 아이는 지나친 스트레스로 자신의 행복과 건강을 소모하는 결과를 낳게 된다. 승부욕만으로 모든 것이 해결되는 것도 아니다. 어려운 과업을 향해 과감히 대시할 수 있는 용기가 필요하지만, 때로는 원치 않는 실패를 여유 있게 받아들이고 경우에 따라 포기할 줄 아는 배포도 필요하다.

남 앞에 서는 것을 두려워하지 마라

규준이가 초등학교 2학년 때 담임선생님은 유명한 동요 작곡가이셨다. 선생님은 음악과 관련된 많은 행사들을 기획하고 추진하셨다. 그해 7월에 조선일보 소년합창단 정기연주회가 있었는데, 이 합창단의 전임 지휘자이셨던 선생님이 특별 출연 순서를 맡았다. 선생님은 선생님이 가르치는 반에서 남녀 각두 명씩, 총 네 명을 뽑은 후 부모에게 의향을 물어왔다. 규준이가 거기 포함되었다. 나는 흔쾌히 참석을 허락했다.

네 명의 아이들은 〈에농데농〉이라는 전라도 전래동요를 발표하게 되었는데, 개량 한복을 맞추어 입고, 소품도 제법 갖추어 실제 농사꾼들이 노래를 하는 것처럼 분장했다. 규준이는 남 앞에 나서는 것을 그리 즐기는 편이 아니었지만 한 달 정도 계속된 공연 준비를 통해 많이 대담해졌고, 공연 당일 수백 명이 보는 큰 무대에서 제 몫을 훌륭히 해냈다.

그해 말에는 가족노래자랑이 열렸다. 규준이 담임선생님이 기획한 행사였다. 아이가 참가안내장을 보여 주기에 우리 가족이 모두 참가하자고 제안했다. "파란 하늘, 파란 하늘 꿈이"로 시작하는 〈아기염소〉라는 동요를 율동과 함께 하기로 하고 열심히 연습했다.

그런데 대회가 열리는 날, 갑자기 회사에 중요한 일이 생겨서 참석하지 못하게 되었다. 마침 집에 놀러온 아이들의 삼촌을 설득해서 함께 노래자랑에 나갔다. 할머니, 할아버지까지 나온 대가족에 밀렸지만 우리 가족은 3등에 입상했다.

2011년 봄 학기, 즉 규준이가 미국 고등학교를 졸업하는 마지막 학기에 연극 공연이 있었다. 미국에서 1972년부터 1983년까지 방영되었던 한국전쟁 당시 야전병원의 이야기를 다룬 〈매시MASH〉란 드라마를 각색한 것이었다. '호전Ho-Jon'이라는 이름의 키가 큰 한국 학생이 주요 배역으로 나오는데, 규준이가 호전 역을 맡았다. 호전이와 규준이가 나이가 같았고, 키도 큰 편이어서 극의 효과를 배가시켰다고 했다.

등장인물만 30여 명, 스태프가 20여 명이 필요한 엄청난 규모의 연극이었다. 그런데 규준이가 다닌 학교는 한 학년이 50여 명쯤 되는 그리 크지 않은 사립학교였다. 12학년뿐 아니라 10, 11학년 학생들까지 함께 한 달 이상 연습을 했다고 한다. 사흘간 계속된 전체 공연 시간은 약 90분이었고, 연극 티켓은 부모, 친척들 그리고 지역 주민들에게 장당 5달러에 판매되었다. 나중에 연극을 찍은 영상을 보았는데 무대장치, 의상, 연기와 연출이 프로 뺨치는 수준이었다.

미국 학교에서는 이런 프로그램을 통해 아이들의 재능을 발견하고, 발휘할 수 있도록 한다고 한다. 준비하는 기간 동안 선배와 후배가 서로 협력하고, 배려하는 법을 배울 수 있도록 하는데, 주로 12학년, 즉 고3 학생들이 주축이 되어 진행한다. 한국의 고3들이 입시에 찌들어 있을 때 미국 학생들은 대부분 진학할 대학을 결정한 후 마음껏 자유를 즐기는 것이다. 규준이도 이 공연을 통해 영어도 늘었지만 다른 친구들과 훨씬 친해지고 자신감도 생겼다고 했다.

우리도 유치원이나 어린이집에서는 매년 다양한 공연을 벌인다. 그리고 자신의 아이들의 귀여운 모습을 보기 위해 부모뿐 아니라 할아버지, 할머니까지 행사에 초대한다. 그러나 중학교와 고등학교로 진학하면서 이러한 활동들은 공부에 밀려 흔적도 없이 사라지고 만다.

많은 부모들이 공부에 지장을 줄까 봐 이런 행사를 꺼려하는 것이다. 좋은 대학에 가기 위한 스펙 쌓기를 위해서 행사에 참여하는 경우도 있다. 그러나 스펙이 목적인 학생이라면 준비하는 과정이나 공연에 최선을 다할 것 같지는 않다. 정말로 좋아서 참여한다면 공연 시간뿐 아니라 준비하는 과정도 즐겁고, 유익할 것이다.

기회가 있을 때마다 아이를 특별한 무대에 출연할 수 있도록 하는 것이 성숙에 크게 기여를 할 것임은 두말할 나위가 없다. 하는 역할이 어떻든 하나의 공연을 위해 협력하여 준비하는 과정 자체가 중요한 경험이 될 수 있다. 특히 큰 행사를 학생 스스로가 기획하고 진행하며 마지막 정리까지 하는 전 과정에 주도적으로 참여한다면, 그 경험은 나중에 직장생활에서도 큰 능력으로 드러나게 될 것이다.

용인으로 이사를 가면서 아이들은 당시 신설된 홍천초등학교에 다니게 되었다. 겨울방학 중인 1월에 이사 가서 2월에 개학을 했고, 3월이 되면서 규준이, 다솜이, 규승이는 각각 6학년, 4학년, 2학년이 되었다. 신설학교이다 보니 학급수가 많지 않았고, 특히 6학년은 두 반밖에 되지 않았다. 규준이가 6학년을 마치면 그 초등학교의 1회 졸업생이 되는 것이다.

3월이 되자 규준이가 집에 와서 말했다.

"저, 전교 어린이회장에 출마하면 안 될까요?"

반장을 두어 번 해본 적은 있지만 전교 어린이회장 출마는 전혀 예상하지 못했던 것이었다. 물론 흔쾌히 허락했다. 그때부터 우리 집은 무척 바빠졌다. 나는 홍보물에 담을 규준이 사진을 촬영하고, 아내는 포스터 제작을 도왔다.

이왕이면 당선되어야 할 텐데, 규준이의 당선을 위해 나는 여자 후보가 많이 나오기를 바랐다. 초등학교 6학년쯤이면 여학생들이 더 성숙하고, 활동적이기 때문에 그런 바람이 무리한 것은 아니었다. 신설 학교이고, 겨울방학을 마치고 학교가 시작했기 때문에 기껏 한 달도 되지 않는 터라 별생각 없이 투표를 한다면 아무래도 남자는 남자에게, 여자는 여자에게 투표할 가능성이 높을 것 같았고, 여학생의 표가 분산될 수 있기 때문이다. 그런데 후보등록을 마친 결과 여학생이 한 명, 남학생이 두 명 출마했다. 게다가 6학년이 두 반뿐인데, 여학생 후보가 규준이 반 친구였다.

　며칠 동안 등하굣길에서 친구들과 함께 선거 운동도 하고 유세 연설도 했다. 4학년에 올라간 다솜이는 자기 친구들에게 오빠의 홍보를 했고, 3학년부터 투표를 할 수 있으니 투표권이 없는 규승이는 덩달아 신이 나서 친구들에게 형 자랑을 하곤 했다.

　선거 결과, 여학생이 당선되었다. 규준이는 차점자로 낙선했다. 후보 구도가 불리했다고 핑계대려는 것은 아니지만 아쉬움은 남는다. 규준이의 야심찬 도전이 좌절되기는 했지만 수줍음을 많이 타고, 남 앞에 나서기를 꺼렸던 아이가 용기를 내었고, 이런 경험들을 통해 점차 성장해 가는 것이 눈에 띄어 뿌듯한 경험이 되었다.

　군에 입대한 규준이가 훈련소에서 자원하여 분대장이 되었다. 솔선수범해서 어려운 일을 도맡았고, 매사에 최선을 다해 수료식에서 1등 표창을 받았다. 많은 사람들이 군대에 가면 앞서지도, 뒤처지지도 말고, 중간만 하라고 충고하지만 규준이는 항상 우직하게 앞장섰다.

　요즘 학교에서는 공부에 방해된다고 반장 등을 사양하는 경우가 많다고 한다. 그러나 학창시절 성적이 높았던 학생보다 사회성과 리더십이 뛰어난 학생이 사회에 나오면 성공한다는 것은 너무 자명하다. 스펙을 염두에 두고 반장이나 회장을 하려는 경우도 많다. 희생은 마뜩찮지만 열매만을 취하려고 하는 약삭빠른 생각은 친구들과 선생님에게 쉽게 읽힌다. 자신의 스펙에 한 줄 더 적어 넣을 수 있겠지만, 다른 친구들의 친구목록에서는 지워질 가능성이 높다.

부모의 과잉보호는 자녀의 자유로운 날갯짓을 방해한다. 어차피 희망의 세계를 찾아 날아가야 할 자녀들인데, 스스로 날 수 있는 훈련을 일찌감치 시킬 필요가 있다. 자녀를 충분한 훈련 없이 사회로 내보낸 후 지속적인 후견인 역할을 하려는 엄마들, 나아가 결혼 이후에까지 시시콜콜 자녀의 가정사에 개입하는 부모들이 많다고 한다. 그러나 이것은 자녀의 미래와 가정을 파괴하는 지름길이 될 뿐이다.

나도 대학교에 입학하면서 고향을 떠나 살아왔고, 세 아이들을 각기 혼자 미국으로 떠나보냈다. 학교, 교회, 학원 등에서 캠프가 열리면 적극 참여시켰다. 새로운 경험이 아이들을 강하게, 지혜롭게 만들 뿐 아니라 친구들과 삶을 나누는 과정을 통해 배려하고 양보하는 정신, 그리고 친구들과 함께 목표를 성취해 나가는 경험을 할 수 있으리라는 생각했기 때문이다. 규준이와 다솜이는 초등학교 때 영어 캠프를, 규준이는 중학교 2학년 때 베트남 선교여행을 혼자 다녀왔다.

규준이가 미국으로 교환학생을 떠난 지 14개월쯤 지났을 때 나와 아내가 미국으로 가서 잠시 만난 것을 제외하고는 17개월 동안 아이 혼자 살았다. 다솜이도 고1 때 1학기를 마치고 교환학생을 떠나 11개월 동안 말수가 적은 홈스테이 맘과 함께 살았다.

규승이가 고등학교에 입학한 해에 기숙사를 오픈한다고 하여 단체생활을 해보라고 권유했다. 집에서 버스로 10분 정도면 갈 수 있는 거리였지만 부모와 함께 지내는 것보다 친구들과 생활하면서 공부도 하고, 운동도 하면 좋겠다고 생각했던 것이다. 통학 시간을 줄여서 공부를 더 하라는 뜻이 아니었다. 부모의 보호를 벗어나 스스로 시간을 조절하고, 목표를 이루어 나가는 법을 배우게 하고 싶었을 뿐이다. 그러나 기숙사 생활이 기대와는 달랐기 때문에 곧 다시 집으로 돌아왔다. 이후 교환학생을 떠나 캔자스 주에 있는 KAMS에 합격하여 2년 과정을 미국에서 보내게 되었다.

이렇듯 나는 아이들에게 가급적 독립의 기회를 많이 제공하였다. 가족과 이별하는 훈련, 스스로 서는 훈련, 그리고 새로운 관계를 만들어 나가는 훈련이야말로 청소년기 아이들에게 필요한 훈련이라고 생각한다. 분명한 것은 집 안에 있는 것보다 문을 열고 세상을 향하여 나갈 때 훨씬 더 많은 기회를 만날 수 있다는 것이다.

요즘은 집이 조용하다 못해 썰렁하다. 규준이는 군대에, 규승이는 미국에, 밤샘 실기 작업이 잦은 다솜이는 학교 근처에서 자취하도록 했으니 집에 있는 시간 대부분을 부부끼리 보내고 있다. 내가 출근하고 나면 아내 혼자 덩그러니 지내야 한다. 결국 자녀도 떠나는 훈련을 해야 하지만, 부모도 떠나보내는 훈련을 해야 하는가 보다.

그래서 몇 년 전부터 올드 잉글리시 쉽독Old English Sheepdog이라는 대형견을 분양받아 키우고 있다. 개 한 마리가 적적함을 깨는 데 혁혁한 공을 세우고 있다.

포 브론슨Po Bronson, 애쉴리 메리먼Ashley Merryman이 쓴 《양육쇼크NurtureShock》라는 책에 보면 재미난 실험들이 나온다. 학생들을 임의로 두 그룹으로 나눈 후 A그룹 학생들에게는 "여러분은 특별히 선발된 아주 우수한 학생들입니다"라고 하고, B그룹 학생들에게는 "여러분은 매우 끈기가 있는 학생들입니다"라고 설명해 주었다. 사실 두 그룹은 별 차이가 없었다.

첫 번째 실험으로 두 그룹이 모두 동일한 시험 문제를 풀게 했는데, 성적이 비슷하게 나왔다.

두 번째 실험에서는 학생들에게 "어려운 문제와 쉬운 문제가 있는데 어느 문제를 줄까요?" 하고 물었다. 두 그룹이 재미난 차이를 보였다. A그룹은 쉬운 문제지를 달라고 했고, B그룹은 어려운 문제에 도전하기를 즐긴 것이다. 즉 A그룹 학생은 자신의 우수성을 점수로 드러낼 수 있는 기회를 얻고자 했고, B그룹은 점수보다는 자신의 끈기를 시험해 볼 수 있는 문제를 원했다는 것이다.

마지막 실험은 더욱 극적이다. 이번에는 아주 어려운 문제지를 동일하게 두 그룹에 나누어 주었다. 그랬더니 A그룹은 당황한 기색을 드러내며 시험을 망친 학생이 많았다. 심지어 자신의 점수를 속여서 말하는 학생이 많았다고 한다. 그러나 B그룹은 문제를 못 풀더라도 푸는 과정 자체를 즐겼고, 결과적으로 A그룹보다 높은 성적을 기록했다.

실패를 두려워한 A그룹은 자신의 영특함을 자랑하기 위해 쉬운 길을 선택했고, 과정을 즐기는 B그룹은 보다 어려운 문제에 도전하는 것을 즐겼다는 것이다. 선생님의 말만으로도 실패를 두려워하지 않는 학생, 도전을 즐기는 학생으로 바뀔 수 있다는 사실이 놀랍다. 아이들에게 말 한 마디가 얼마나 중요한지를 절실히 깨닫게 하는 사례다.

시험에 턱턱 붙는 것이 좋을까? 아니면 여러 차례 떨어져 보는 것이 좋을까? 보는 시험마다 문제없이 다 합격하면 좋겠지만 삶이라는 그렇게 만만하지가 않다. 결과보다 과정을 즐길 줄 아는 아이로 자랄 수 있도록 환경을 만들어 주어야 한다.

우리 아이들은 어릴 적부터 경시대회나 경연대회에 많이 참가했다. 수상의 기쁨을 맛본 적도 있지만, 많은 경우 낙방의 쓰라린 추억을 가져야 했다. 그러나 그런 시험이나 대회에 자주 나가 봄으로써 시험장의 분위기에 주눅 들지 않고 당당해지는 법을 배웠으며, 자기보다 뛰어난 학생들을 보며 보다 높은 목표를 가질 수 있게 되었다.

아이들이 상을 받아 오면 축하를 하기는 해도 호들갑을 떨지는 않았다. 상을 받지 못해도 실망스러워하지 않았다. 나는 아이들이 받은 상장을 벽에 붙이는 것을 좋아하지 않는다. 상을 받은 아이나 받지 못한 아이나 모두 소중한 내 자식들이고, 최선을 다하는 과정이 더 중요하다는 생각하기 때문이다.

성공만을 지지하고 환호한다면 초등학교에서 중학교, 고등학교, 대학교, 이후 취직을 해서 승진하면서 급격히 줄어드는 성공 확률에 아이들은 쉬이 질리게 될 것이다. 결국 점차 위축되고 말 게 빤하다. 게다가 두 자녀 이상을 키울 경우 성공 확률은 자녀마다 다를 수밖에 없는데, 성공을 반기는 부모라면 성공 확률이 상대적으로 낮은 아이는 스스로를 실패자로 낙인찍을 수도 있다.

나도 인생에서 실패를 여러 번 경험했다. 대학까지는 순탄하게 들어갔는데, 실패 확률이 그리 높지 않은 대학원 시험에서 그만 낙방하고 말았다. 시골에 계시는 아버지에게 시험에 낙방했다고 전화드렸더니 아버지가 내게 깊은 상처를 주는 말씀을 하셨다. 아버지에게는 자식의 실패가 용납되지 않으셨던 것이다.

사실 나는 초등학교부터 중고등학교 시절 내내 성적 때문에 아버지께 매를 많이 맞으며 자랐다. 그러나 그 매가 성적 향상에 도움이 된 적은 한 번도 없었다. 뜻한 대로 성적이 나오지 않으면 우선 아이 자신이 속상해 한다. 의기소침해 있는 아이와 살가운 대화를 나누며 해결방안을 고민해 주는 것이 오히려 더 큰 도움이 되는 법이다. 자녀와 다정다감한 대화법을 배우지 못하고, 호통만 치곤 하셨던 우리 부모 세대가 더 외롭고, 불쌍한 분들인지도 모른다.

나는 벤처기업을 창업했다가 금전상의 큰 손실을 안고 실패로 끝을 냈다. 그러나 그 실패로 인해 많은 것을 배울 수 있었으며, 그만큼 성숙했다고 자부한다.

실패는 사람이나 조직을 위축시키고, 결국 망하게 할 수도 있지만 실패를 어떻게 활용하느냐에 따라 훨씬 큰 성공으로 가는 디딤돌이 될 수도 있는 만큼 아이들이 실패에 의연하게 대처하는 법을 가르쳐야만 한다. 그리고 일의 결과와 상관없이 부모의 전폭적인 신뢰를 보여 주어야 할 것이다.

세상에 흔적을 남겨라

규준이가 미국으로 교환학생을 떠날 때 업무를 대행해 주었던 유학원 원장이 후배들에게 도움이 될 수 있도록 교환학생 기간 중에 있었던 경험을 일기 형식으로 써 보라고 권유했다. 규준이는 자신의 경험담을 한 주에 한 편 정도 꾸준히 메일로 보내 주었다. 때때로 사진도 함께 보내 왔다.

규준이의 글을 읽어 보니 꽤 재미있고 짜임새가 있었다. 유학원 원장도 그 글을 읽고 재미있다고 하며, 미국인들과의 영어 대화도 삽입하고 남들이 궁금해 하고 흥미 있어 하는 내용들을 포함시키면 좋겠다고 조언을 해주었다. 덕분에 내용이 점점 더 풍부해졌다. 그렇게 모인 글을 보고 내가 미국에 있는 규준이에게 제안을 했다.

"다른 아이들에게도 큰 도움이 될 것 같은데, 책으로 내 보지 않을래?"

규준이는 자기 이름의 책이 발간된다는 것에 부담을 느끼기도 했지만 나름대로 의미 있는 일이 될 것 같다며 동의해 주었다. 그 이후 나는 규준이와 메일을 주고받으며, 좋은 책을 만들기 위한 논의를 했다. 경험담뿐 아니라 어떤 주제에 대해 체계적으로 파악한 후 글을 적어 보기를 권유했다. 예를 들어, 미국의 크리스마스, 신년, 부활절 등의 절기 문화에 대해서, 현지 학생들의 용돈 생활, 한국과의 연락방법 등 여러 가지 주제를 찾을 수 있었다. 그래서 에피소드가 있을 때는 에피소드 중심으로, 그렇지 않을 때는 나름대로 조사한 것을 정리해서 글을 써 나갔다.

규준이는 교환학생을 연장하여 17개월 간 미국에 있다가 한국으로 들어왔다. 그간 모인 글과 사진을 가지고 출판사를 섭외해서 2010년 11월에 《미국, 넌 내 거다》맛있는 공부 발간라는 책을 출간했다.

1년에 2,000명 정도가 교환학생으로 떠난다고 한다. 규준이가 쓴 《미국, 넌 내거다》가 재판까지 찍었으니 꽤 성공한 책이라고 할 수 있다. 조선일보에 인터뷰 기사와 함께 소개가 되기도 했고, 미국에서도 지역신문에 이 책에 대한 기사가 실렸으니 규준이는 졸지에 국제적인 스타가 되었다. 책의 뒷면에는 다음과 같은 소개 글이 있다.

 2008년 서울 배재고등학교에 입학한 뒤에는 반장도 하고 학교 성적도 상위권을 달리는 등 대한민국의 전형적인 바른생활 고등학생이었으나 소극적이고 내성적인 성격 때문에 늘 고민을 하던 중 아빠의 권유로 미국 교환학생 프로그램에 참가하게 되었다. 교환학생 프로그램을 거친 지금은 누구보다 밝고 적극적이고 긍정적인 마인드를 갖게 되어 미래에 대한 아름다운 포부를 설계하고 있다.

 입대하기 전 3개월 동안 규준이는 나와 함께 거의 매일 밤을 새어 가며 《아이갓》이란 책을 번역했다. 이때 번역료는 모두 아들 몫으로 돌렸다. 이 기간 동안 고려대학교에서 계절학기 과목을 세 과목이나 들었으니, 친구들을 만나거나 여행을 즐길 여유를 거의 갖지 못했다. 그럼에도 불구하고 아이는 즐거운 마음으로 번역 작업에 임했으며, 계절학기에도 우수한 성적을 거두어 수업료의 일부를 장학금으로 돌려받기도 했다. 2014년 2월에 출간된 책이 국방일보에 크게 소개되었다. 규준이는 젊은 나이에 벌써 저자이자 번역자가 된 셈이다.

 미국으로 교환학생을 떠난 다솜이는 초등학교 미술선생님인 독신녀의 집에서 홈스테이를 하게 되었는데, 홈스테이 맘이 말수가 적고 금욕적인 생활을 해서 집에는 TV도 없었고, 식사시간이나 함께 미술작업을 할 때 외에는 집이 대체로 조용했다. 대신 홈스테이 맘의 어머니, 즉 할머니가 주말마다 자주 놀러왔는데, 그분이 다솜이에게 재봉틀과 뜨개질을 가르쳐 주셨다. 아이는 홈스테이 맘과 함께 찰흙공예를 배우러 다니기도 하고, 시간이 날 때마다 집에서 유화, 수채화, 파스텔화, 소묘 등 다양한 방식으로 그림을 그렸다. 작품 사진과 함께 미국 생활에 대한 글을 한 편씩 보내왔는데, 규준이 때와는 전혀 색다른 글과 사진들이었다. 이번에도 다솜이에게 제안을 했다.

"다솜아, 너의 다양한 미술 활동이 의미가 있으니 이야기가 있는 포트폴리오라는 콘셉트로 책을 내보면 어떨까?"

처음에는 일언지하에 내 제안을 거절했다.

"책은 아무나 써요? 오빠는 글을 잘 쓰지만 나는 안 돼요."

다시 다솜이를 설득했다.

"오빠의 글도 재미있지만, 다솜이는 한국에서 공부하는 다른 학생들과는 전혀 다르게 미술활동을 하고 있으니, 그 작품들을 중심으로 미국 생활을 소개하면 작품 정리도 되고 다른 학생들에게도 재미있는 책이 될 것 같거든. 네게도 좋은 추억이 될 수 있을 테니 한번 시도해 보자."

결국 다솜이도 내 말을 듣고 책을 쓰기로 했다. 아이는 스테인드글라스, 종이 공예, 철사 공예 등 다양한 시도를 했다. 모래로 작품을 만들어 보기도 하고, 겨울에는 특이한 눈사람을 만들기도 했다.

이러한 작품들을 엮어 '이야기가 있는 포트폴리오'라는 콘셉트로 구성하고 출판사를 찾았다. 다솜이가 귀국하여 출판사 편집자와 여러 번 만났는데, 편집자가 미국에서 있었던 다양한 에피소드를 곁들여 창의성이란 주제로 책을 낼 것을 제안했다. 그래서 몇 달 동안 글을 보완하고, 다솜이가 중학교 때 썼던 동화에 삽화를 그려 넣은 그림 동화도 추가하여 2012년 1월《애들아, 창의성이 밥 먹여 준대》^{꿈의열쇠 발간}라는 제목의 책을 출간했다.

이 책에는 다솜이의 창의적이고 도발적인 시도로 만들어진 많은 작품들이 11개 파트에 걸쳐 소개되어 있다. 중학교 2학년 때 썼던 동화에 삽화를 추가하여 만든 〈하늘에서 헤엄치는 오리〉라는 동화책이 부록으로 삽입되어 있다. 작은 표지에는 '글 14세 황다솜, 그림 17세 황다솜'이라고 적혀 있다. 여러 언론에 소개되었고, 〈Mom대로 키워라〉^{JEI재능교육}라는 잡지에 인터뷰 기사가 실리기도 했다. 책의 소개 글은 다음과 같다.

물감에 더럽혀지고, 바늘에 찔리고, 본드로 양 손이 끈적끈적해지는 것 또한 즐길 줄 아는 초보 작가 황다솜. 서울 명일여고 2학년에 재학 중이며, 약 1년 동안 미국 생활을 했다. 다양한 미술 활동을 통해 "창의성은 다양성의 토양에서 나온다"라는 말을 실감하고 돌아왔다.

규준이와 다솜이의 책이 발간되면서 두 아이는 미래에 대해 자신감을 가질 수 있게 되었고 책을 통해 소개했던 미래에 대한 자신들의 포부를 이루기 위해 더욱 열심히 노력하고 있으니, 책을 만들기 위해 보냈던 시간과 수고가, 그리고 두 아이의 책을 홍보하기 위해 팔불출이 되었던 아빠, 엄마의 수고가 충분히 보상되고도 남음이 있다. 두 아이는 출판을 통해 글을 채우고 다듬고, 고르고 버리는 소중한 경험을 했다. 무엇보다 책장에 꽂힌 자신의 책을 보는 재미와 뿌듯함을 갖게 되었다.

요즘은 비교적 출판이 쉬워졌다고 한다. 책을 쓰면서 인생을 정리하고, 새로운 삶을 배우게 된다는 이야기도 많이 듣는다. 중고등학교 학생 시절에 책을 쓸 기회를 가진다는 것은 그리 흔한 일이 아니지만 자녀에게 좋은 콘텐츠가 있으면 책을 발간하도록 권유해 보는 것도 좋을 것 같다. e북으로 발간한다면 그리 큰 비용이 들지도 않는다. 소장용으로 몇 권만 제본해 주는 것도 좋겠다.

02

너는
혼자가
아니다

가정 예배의 놀라운 결과

기독교 신앙을 가진 우리 가족은 규준이가 돌이 지났을 때부터 매일 저녁 가정 예배를 드리기 시작했다. 그러나 셋째 규승이가 태어나면서부터는 어린아이가 셋이나 되니 예배드리기가 거의 불가능해졌다. 할 수 없이 3년 정도 예배를 쉬었다가 2000년이 되면서 재개하여 거의 매일 가정 예배를 드렸다. 주로 내가 진행을 맡고, 내가 없을 때는 아내가 진행했다.

우리 집 가정 예배의 순서는 다음과 같다.

먼저 찬송가를 한 곡 부른다. 교회에서 사용하는 찬송가의 1장부터 순서대로 부르는 것이 원칙이었으나 부활절이나 추수감사절 또는 성탄절 등 절기 때에는 그와 관련된 찬송을 불렀다. 이따금 부르고 싶은 찬송이 있을 때는 그것을 부르기도 했다.

다음으로 가족들이 돌아가면서 성경을 읽는다. 구약과 신약을 번갈아 가면서 앞에서부터 계속 읽어 내려갔다. 읽는 분량은 내용에 따라 적당히 잘라서 읽었다. 그리고 나서 진행자가 성경을 간단히 설명한 후에 이해가 안 되는 것은 질문을 받고, 설명해 주었다. 그런 다음 간단히 각자 있었던 일과 함께 기도할 내용을 소개했다.

그런 다음 한 사람씩 돌아가면서 기도를 했다. 이때는 자신을 위한 기도도 하지만 대개 남을 위한 기도가 많았다. 기도가 끝나면 〈주기도문〉을 외운 후 예배를 마쳤다.

이렇게 하면 평균 20분에서 30분 정도가 걸린다. 아이들이 고등학교에 들어가면서 귀가시간이 늦어지고, 한두 명씩 교환학생을 떠나면서 횟수가 줄어들긴 했지만 지금도 계속 가정 예배를 드리고 있다.

가정 예배를 드리는 것은 하나님께서 우리 집의 주인이심을 믿기 때문에, 그 하나님을 찬양하며 또한 부모가 가진 신앙을 잘 전수하고자 한 이유에서다. 그런데 이외에도 많은 유익이 있다. 가정 예배가 준 유익을 자세히 소개하도록 하겠다.

첫째, 절대자이신 하나님 앞에 예배를 드린다는 것이다. 하나님 앞에 나간다는 것은 우리의 부족함이 그 앞에 드러나게 되는 것을 의미한다. 이런 생각이 아이들이 바르게 성장하는 데 도움을 주었다. 요즘같이 부모의 권위가 떨어진 시대에 부모의 권면은 잔소리 이상의 의미를 갖지 못한다. 그러나 성경은 하나님의 권위로 씌어졌으므로, 성경을 읽는 것 자체가 하나님의 말씀을 듣는 행위가 된다. 하나님의 말씀은 아이들뿐 아니라 부모에게도 적용된다.

"오늘 말씀에 '두려워하지 말라'고 하셨네. 요즘 아빠도 많이 힘들고 어려운데, 이 말씀에 의지하여 담대한 마음을 가져야겠다. 너희도 하나님을 의지하여 항상 담대하게 살아야 돼."

이처럼 부모에게 먼저 적용을 하고, 아이들에게 전한다면 부모의 말을 잔소리로 듣지 않을 것이다. 이를 위해서는 아이들이 하나님에 대한 신앙을 제대로 가져야 하며, 부모가 하나님의 말씀에 순종하고자 하는 모습을 평소에 보여주어야 한다.

성경을 가지고 아이들과 예배를 드릴 때 부모가 하고 싶은 말을 성경을 이용하여 전할 수도 있는데, 이러한 시도는 자녀들의 반감을 사게 되고 오히려 역효과를 낳을 수 있다. 아이들은 부모가 잔소리를 하기 위해 성경을 이용한다는 것을 이미 다 알고 있다. 이를 방지하기 위해서는 가정 예배 관련 자료를 참고하거나 우리 집에서 했던 것처럼 성경을 앞에서부터 차례로 읽어 내려가면 된다.

두 번째, 가정 예배를 통해 가족의 삶을 나눌 수 있다. 매일 드려지는 예배를 통해 아이들의 생각을 알 수 있고, 아이들도 가정의 상황과 부모의 고민을 알게 된다. 우리 가족은 이 시간을 통해 서로의 필요를 어느 가정보다 잘 알고 있다고 자부한다.

세 번째, 서로를 위해 기도할 수 있다. 이것이 정말 중요하다. 자녀가 부모의 형편을 위해 기도하는 모습을 상상해 보라.

"하나님, 아빠 회사가 요즘 많이 어렵대요. 도와주세요."

"하나님, 엄마가 많이 아파요. 빨리 낫게 해 주세요."

"하나님, 내일 동생이 캠프를 떠납니다. 좋은 경험하고, 무사히 돌아오게 해 주세요."

"하나님, 아이들이 중간고사를 봅니다. 하루하루 최선을 다할 수 있게 해 주시고, 습득하는 지식이 장차 이들이 사회에서 귀하게 쓰임 받는데 많은 도움이 되게 해 주소서."

나는 아이들이 부모를 위해 기도하는 소리를 들을 때마다 가슴이 뭉클해진다. 아이들은 기도를 통해 타인의 아픔을 이해하게 되고, 상대를 배려하는 법을 배워 나간다. 가슴이 뭉클하긴 자녀 입장에서도 마찬가지일 것이다. 그 옛날 자식 몰래 새벽 일찍 정화수를 떠놓고 기도하던 어머니의 정성도, 매일같이 자식이 일어나기 전에 새벽예배에 가서 울면서 드리는 어머니의 기도도 의미가 있지만, 아이들을 위해 하나님께 드리는 엄마와 아빠의 기도 소리를 직접 듣는 것이 아이들의 정서에 얼마나 큰 도움이 되겠는가.

또한 할아버지, 할머니, 삼촌과 이모 그리고 사촌들을 위한 기도를 하면서 아이들은 자연스레 가족의 중요성을 알게 되고, 운명공동체이자 하나님 앞에서 축복공동체인 가족을 인식하게 된다. 우리가 잘 아는 사람들과 어려움 당한 사람들을 위해 기도하기도 하는데, 주위를 돌아보고 그들의 어려움을 위해 기도할 줄 아는 것이야말로 남을 배려할 줄 아는 좋은 성품을 가지는 기회가 된다.

때로는 국가적 이슈를 놓고도 기도하기도 한다. 이슈에 대해 잠시 대화를 나누고, 이를 위해서 기도하는데, 이 또한 국가의 소중함을 깨닫게 해줄 뿐 아니라 나라와 민족을 위한 자신의 사명을 발견하도록 한다.

네 번째, 거의 매일 드리는 예배는 아이들에게 절제력과 인내심을 가르쳐 준다. 20분에서 30분 정도의 시간이 아이들에게는 힘들고, 지겨울 수도 있지만 그것이 몸에 배고 나니 우리 아이들은 어느 장소에 가도 오랜 시간 반듯한 자세를 유지할 수 있다. 1분도 참지 못하고 몸을 비트는 아이들이 얼마나 많은가.

다섯 번째, 예배를 통하여 아이들은 글 읽기를 배우고, 자신을 자연스레 표현하는 법, 상대방의 말을 경청하는 법 그리고 기도하는 법을 배우게 된다. 찬송을 부르고, 성경을 읽으면서 자연스레 글씨에 익숙해지고, 소리 내어 읽는 훈련이 된다. 또한 자기의 일을 소개하고 기도를 하면서 표현력이 늘어나고, 말에 자신감을 가지게 된다. 상대방의 기도 제목에 관심을 기울이는 자세 또한 자연스레 몸에 배게 된다.

기독교 신앙을 가지지 않았더라도 이런 형태의 가족 모임을 가급적 자주 가지도록 권하고 싶다. 신의 존재가 믿기지 않는다면 뭔가 다른 형식을 통해서라도 가족이 매일 서로 대화를 나누고, 축복할 수 있는 시간을 가진다면 자녀들의 바른 성숙과 화목한 가정을 이루는 데 큰 도움이 될 것이다. 그런데 아무리 생각을 해도 절대자가 개입되지 않은 다른 형식은 마음을 모으기가 힘들고, 우리 가정에서와 같은 효과를 얻기가 쉽지 않을 것 같다.

가정 예배가 늘 순탄했던 것은 아니다. 2005년 어느 날, 아내가 예배를 진행하던 날 가정 예배의 존폐가 심각히 논의된 적이 있었다. 내가 퇴근해서 돌아오자 아내가 아이들이 적은 종이를 보여 주면서 그날 있었던 일을 이야기해 주었다. 아래 글은 그 다음날 아내가 적어 준 글이다.

어제 다솜이가 '주일에만 예배를 드리면 되지, 왜 매일 저녁마다 예배를 드려야 되는지'에 대해 의견을 제시했어요. 단순한 의견이라기보다는 강력한 의지와 불만이 섞인 반란에 가까웠죠. 6년여 드려온 가정 예배에 심각한 위기가 찾아온 것입니다.

이유인 즉 가정 예배가 너무 졸리고 힘들고 지루하다는 것이에요. 게다가 우리보다 더 신앙 좋은 사람도 가정 예배를 안 드리는 집이 많다는 게 이유였죠.

원인을 분석해 본 즉 중학생이 된 큰 아이 규준이의 영어 학원 시간이 늦어지면서 예배 시간이 너무 늦어진 데다 엄마의 기도 부족, 진행 부족 등으로 인해 예배가 형식적으로 흐를 때가 많았다는 결론에 이르렀습니다.

중학교 1학년인 규준이는 가정 예배 찬성, 초등학교 5학년 다솜이와 3학년 규승이는 반대. 그러니까 2대 1, 나까지 치면 2대 2. 큰일이에요. 마구 회개가 되면서 이 일을 어찌 수습할까 기도를 드리며 간절히 생각했습니다.

그러다가 하나님께서 지혜를 주셔서 아이들에게 이야기했어요.

"좋아, 예배가 지루하거나 졸리게 진행한 건 엄마의 잘못이다. 그건 시간 설정을 잘못했거나 엄마의 기도나 인도 방법이 부족했기 때문이야. 미안하다. 너희들이 하루 종일 졸린 건 아니니까 예배 시간을 좀 앞당기고, 불필요하게 생각되는 진행 시간도 줄이고, 찬양 예배, 기도회 등 다양하게 진행해 나가도록 하자. 남들이 안 하니까 우리도 안 한다는 건 난 반대다. 그게 꼭 필요하고 좋은 것이라면 우리는 하자.

그럼, 지금부터 가정 예배의 좋은 점에 대해 10개 정도씩만 종이에 써 봐. 곰곰 생각해 봐도 가정 예배가 불필요하다면……. 그럼, 예배드리지 말자."

잠시 후 아이들은 각자 종이에 '가정 예배가 좋은 이유'에 대해 이렇게 써 왔어요.

첫째, 범생이 규준이

1. 가족들과 대화를 나눌 수 있다.

2. 말씀을 묵상할 수 있다.

3. 하나님과 교제할 수 있는 소중한 시간이다.

4. 그 시간을 헛되이 보내지 않을 수 있다.

5. 하루를 반성할 수 있다.

6. 성경을 차례대로 읽으면서 모든 성경 내용을 읽을 수 있게 된다.

7. 그날의 말씀을 통해서 앞으로의 삶에 대해 계획할 수 있다.

8. 가족들과 화목하게 된다.

9. 성령 충만!

10. 서로를 축복하고 서로를 위해 기도해 줄 수 있다.

둘째, 반란주동자 다솜이

1. 가족들과 많은 얘기를 할 수 있다.

2. 하나님과 얘기할 수 있다.

3. 오늘 하루의 일을 반성할 수 있다.

4. 기쁨을 느낄 수 있다.

5. 다른 사람을 위해 기도해 줄 수 있다.

6. 하나님께 부탁할 수 있다.

7. 찬양할 수 있다.

8. 하나님에 대해 더 큰 믿음을 가질 수 있다.

9. 가족들의 고통과 슬픔을 함께 나눌 수 있다.

10. 가정이 화목해진다.

막내, 반란동조자 규승이(자기에게 10개는 무리라며 3개만 써왔어요.)

1. 믿음이 커진다.

2. 그 시간에 잠자는 것보다 나으니까

3. 하나님이 하셨던 일을 알 수 있다.

자기가 써 온 것을 발표한 후 예배가 이렇게 좋은 것임을 재확인했어요.

마지막으로, 복 있는 사람은 주야로 말씀을 묵상하는 사람이며 우리의 본분은 하나님께 예배하는 것임을 그리고 우리는 언제 어떻게 될지 모르는 사람이라는 것을 짧고 굵게 아이들에게 들려주었어요. 결국 우리는 다시 예배를 드리기로 했어요.

어제 저녁의 예배는 짧았지만 눈물의 감사와 회개 기도로 끝이 났습니다. 아이들이 쓴 가정 예배의 중요성은 날짜를 기록하고 각자 사인을 해서 냉장고에 붙여 놓았답니다.

내가 다닌 고등학교는 미션스쿨이었다. 교훈이 "여호와를 경외함이 지식의 근본이니라"이었다. 이것은 성경 잠언 말씀인 "여호와를 경외하는 것이 지

식의 근본이거늘 미련한 자는 지혜와 훈계를 멸시하느니라"잠 1:7, 개역개정판 에서
인용한 것이다.

여호와를 경외하는 것이 어떻게 지식을 얻는 길이 될 수 있을까? 교회에
의해 오랫동안 학문의 발전을 방해받았던 중세 역사를 읽으면 기독교 신앙이
참된 지식을 얻는 데 방해가 된다고 생각할 수 있다. 현대에도 많은 과학적 발
견들이 교회에서는 부인되기도 한다. 그러한 상반된 주장들에 대한 내용은 여
기서 논하지 않겠다. 여호와를 경외하는 것이 어떻게 지식의 근본이 되는지에
대한 나의 생각은 이렇다.

먼저, 우리가 하나님을 경외한다면 하나님이 손수 지은 천지만물에도 관
심을 가지고, 그 안에 담긴 이치를 발견하기를 기뻐하게 될 것이다. 그러면
자연스레 사물에 대한 이해와 자연을 운행하는 원리에 대한 이해가 높아지게
되고, 관련된 과목의 성적도 올라가게 될 것이다. 따지고 보면 우리가 배우는
학문이라는 것이 사물의 원리를 깨달아 나가고, 그러한 원리의 발견을 통하여
새로운 것을 발명해 나가는 것이다.

피카소를 좋아하고 나아가 경외한다면 피카소가 그린 그림과 만든 조형물
들을 좋아하는 것이 당연하다. 그리고 좋아하게 되면 그것들에 대해 공부하게
되며, 자연스럽게 피카소의 작품들에 대한 지식이 늘어나게 될 것이다.

나는 교회에서 예배를 드리는 것도 중요하지만 하나님께서 만드신 자연의
아름다움을 즐기며, 감사하는 것도 중요한 예배 행위이며, 자연의 이치를 공부
하는 것 또한 하나님에 대한 사랑의 표현이라고 생각한다.

두 번째, 기독교인이라면 마땅히 지식을 연마함에 열심을 내어야 한다. 마

태복음에는 그 유명한 달란트 비유가 나온다. 주인이 먼 곳으로 떠나면서 한 사람에게는 다섯 달란트를, 다른 사람에게는 두 달란트를, 마지막 사람에게는 한 달란트를 나누어 준다. 한참 후에 주인이 돌아왔을 때, 다섯 달란트, 두 달란트 받았던 사람은 각각 다섯 달란트, 두 달란트를 남겼지만, 마지막 사람은 한 달란트를 땅에 묻어 두었다가 그것을 다시 내어 놓는다. 그러자 주인은 달란트를 남겼던 사람들에게는 '착하고 충성된 종'이라고 칭찬하며 큰 선물을 주었지만, 마지막 사람에게 '악하고 게으른 종'이라고 책망했다.

하나님께서 오늘이라는 시간에, 우리나라 그것도 우리 가정에 나를 태어나게 하시고, 필요한 지식을 주신 것은 달란트를 주신 것과 같다. 그러므로 하나님을 믿는다면 마땅히 지식 연마에 최선을 다하고, 그 지식을 활용하여 의미 있는 성과를 냄으로써 '착하고 충성된 종'이 되어야 한다.

마지막으로, 하나님께서 우리에게 지혜를 주신다고 약속하셨다는 것이다. 앞의 두 가지 설명에서 하나님께서는 우리가 마땅히 지혜로워야 되고, 또 지혜롭기 위해 노력하기를 원하신다고 설명했다. 그럼에도 불구하고 나의 지혜가 부족하다고 느낀다면 "여러분 가운데 누구든지 지혜가 부족하거든, 모든 사람에게 아낌없이 주시고 나무라지 않으시는 하나님께 구하십시오. 그리하면 받을 것입니다"^{약 1:5}라는 말씀을 믿고 솔로몬 왕이 백성을 다스릴 지혜를 구했던 것처럼 하나님께 지혜를 구해야 한다.

물론 교회를 열심히 다니는 학생들 중에도 공부에 최선을 다하지 않는 경우가 많이 있다. 그러나 하나님을 제대로 경외한다면 공부가 재미있어질 뿐 아니라 공부를 잘해야 한다는 의무감도 생겨날 것이다. 최선을 다해도 성적이 오르지 않을 때는 하나님께 기도드려야 한다.

우리 집에서는 가족들이 모이기 힘들어서 가정 예배를 쉬기는 해도, 다음 날이 시험인 이유로 예배를 건너뛰거나 시간을 단축한 적은 없다. 예배를 통하여 하나님께 참된 예배를 드리는 것이 지식의 근본이라고 믿기 때문이다.

감사는 행복의 출발점이다

내가 초등학교 3학년 때 주일학교 선생님은 소아마비를 앓아 목발을 짚고 다니시던 분이었다. 비록 신체가 불편했지만 늘 천사 같은 미소를 띠셨고, 무엇보다 얼굴이 참 잘 생기신 분이었다. 그분은 글씨를 잘 썼는데, 복사기가 없어서 등사를 하던 시절, 주보 등 교회의 유인물을 만드는 일을 도맡아 하셨다.

선생님이 주일학교에서 성경 공부를 시작할 때면 먼저 준비해 온 기도문을 꺼내 읽으시고, 한 문장씩 따라 읽게 하셨다.

"하나님, 좋은 날 주셔서 감사합니다.

하나님, 우리를 대한민국에 태어나게 해 주셔서 감사합니다.

하나님, 건강한 몸 주셔서 감사합니다.

하나님, 길가에 예쁜 꽃을 주셔서 감사합니다.

하나님, 아름다운 교회를 주셔서 감사합니다.

하나님, 학교에 다니게 해 주셔서 감사합니다.

하나님, 아팠던 친구가 나을 수 있게 해 주셔서 감사합니다.

하나님, 감사할 수 있게 해 주셔서 감사합니다.

예수님 이름으로 기도드립니다. 아멘"

선생님의 기도문은 처음부터 끝까지 감사로만 가득 차 있었다. 어린 나에게 그것은 엄청난 충격이었다. 장애인에 대한 배려가 훨씬 부족했던 그때에, 사람들이 놀리고 비웃는 일이 많았던 때에 그렇게 불편한 몸을 가지고 힘들게 사시면서도 항상 감사 기도를 드리는 선생님의 온화한 표정이 나에게 너무나 큰 감동이었다. 선생님의 기도 시간에 눈을 뜨고 장난치는 친구는 하나도 없었다.

감사의 마음을 가르치는 것이야말로 아이들의 삶을 풍요롭게 할 뿐 아니라 매사 긍정적인 자세를 가질 수 있게 해 준다. 작은 황제로 불리는 중국의 외둥이들의 문제도 심각하지만, 우리나라에서도 적게 낳아 잘 기르자는 생각에서 행해지는 부모의 절제 없는 베풂에 익숙해진 아이들의 감사할 줄 모르는 자세는 장차 삶을 불행하게 만들 수 있다. 작은 일에도 "땡큐Thank you"를 연발하는 미국인들이나 "아리가토ありがとう"가 입에 배어 있는 일본인들의 자세가 우리에게는 부자연스러워 보이기도 하지만 서로에게 감사의 마음을 표하는 자세야말로 사회를 아름답고, 행복하게 만드는 원동력이 된다.

감사의 마음이 거저 생겨나는 것은 아니다. "부모는 자기 자식을 위해 마땅히 희생해야 하고, 국가는 국민을 위해 모든 것을 제공해 주어야만 한다. 그리고 어른들은 미래의 일꾼인 어린이들에게 최고의 환경을 제공해 주어야 마땅하다"라고 생각한다면, 그에게 주어지는 어떠한 배려도 감사의 이유가 되지 못할 것이다. 오히려 조금이라도 자신의 기대에 미치지 못하면 불평하게 되고, 적극적으로 무력을 쓰거나 소극적으로 우울증에 빠지게 되고 만다.

가장 흔한 반려동물인 개와 고양이가 사람에게 가지는 생각이 이렇게 다르다고 한다.

"야, 나랑 같이 사는 이 사람들은 먹여 주고, 사랑해 주고, 따뜻하고 마른 보금자리를 제공해 주고, 만져 주고, 나를 잘 돌봐 주니, 정말 그들은 하나님인가 보다." -개의 생각

"야, 나랑 같이 사는 이 사람들은 먹여 주고, 사랑해 주고, 따뜻하고 마른 보금자리를 제공해 주고, 만져 주고, 나를 잘 돌봐 주니, 정말 나는 하나님인가 보다." -고양이의 생각

개와 고양이 중에 어느 편이 행복할지는 분명하게 보인다. 기독교 신앙은 우리 인간은 죽을 수밖에 없는 죄인이었으나 하나님께서 하나밖에 없는 아들 예수를 이 땅에 보내셔서 십자가에 못 박혀 죽으심으로 우리의 죄가 씻어졌고, 예수의 부활과 함께 부활의 소망을 가지게 되었다고 가르친다. 죽을 수밖에 없는 죄인이 예수님의 희생의 피로 인해 살아났으니 얼마나 감사한 일인가? 사형장에서 사형이 집행되기 바로 직전에 사면장을 받은 죄인이 얼마나 감사하겠는가? 더욱이 사형이 취소된 이유가 다른 사람이 대신 죽었기 때문이라면 평생 감사의 생을 살게 될 것이다.

우리 부부의 결혼식 주례를 맡아 주셨던 목사님께서 이런 말씀을 해 주셨다.

"여러분은 죽을 수밖에 없었던 죄인이었습니다. 그런데 하나님께서 독생자를 보내 주셔서 살리셨을 뿐 아니라 이렇게 멋진 아내, 멋진 남편까지 선물로 얻게 되었으니 어찌 감사하지 않을 수 있겠습니까?

남편이 직장을 잃더라도, 남편이 실수를 하더라도, 또한 아내의 요리가 시원찮더라도, 아내의 몸매가 망가지더라도 죽을 수밖에 없었던 나의 과거를 생각한다면 감사할 이유밖에 없는 것입니다.

이제 평생 감사하며 결혼 생활을 이어가기를 바랍니다."

그렇다. 감사하면 결혼 생활도 행복해진다. 많은 가정이 깨어지는데, 결국 감사가 없기 때문일 것이다. 나의 과거, 죽을 수밖에 없었던 기가 막힌 그때를 생각하면 늘 감사할 수밖에 없다.

자녀가 미래에 행복하게 살기를 원한다면 감사의 마음을 가르쳐야 한다. 이왕이면 무엇으로도 대체될 수 없는 큰 감사의 이유를 가르칠수록 더욱 행복해지게 된다. 감사의 이유가 현재의 풍요로움이라면 그 풍요가 사라질 때 감사는 사라지게 되며, 감사의 이유가 행복한 가정이라면 가정에 어려움이 닥치면 감사가 줄어들게 될 것이다. 죽을 수밖에 없는 나를 위해 하나님의 외아들을 십자가에서 죽게 하신 사랑보다 더 큰 사랑이 없고, 이 사랑에 대한 감사보다 더 큰 감사가 없다. 당신의 자녀는 무엇에 감사하고 있는가?

나는 봄이 되어 새싹이 돋아나고, 꽃이 피며, 겨우내 사라졌던 벌과 나비들이 나타나는 것을 보면 너무나 큰 행복을 느낀다. 여름이 되면 또 여름에 맞는 강렬한 꽃들이 우리를 유혹하며, 뜨거운 햇볕과 함께 짙어가는 녹음, 그리고 쉴 새 없이 울어대는 매미들의 합창에 감동한다. 가을이 되어 더할 나위 없이 아름다운 하늘과 나무와 풀에 열린 과일과 씨앗들, 얼마 남지 않은 온기를 아쉬워하는 잠자리 무리들이 정신을 앗아가곤 한다. 겨울에는 함박눈의 향연과 모든 것을 날려버릴 듯한 차가운 겨울바람, 꽁꽁 언 얼음, 추위에 굴하지 않는 자연의 의지와 하늘에 우뚝 솟은 오리온자리에 감탄한다.

천지만물을 사용하여 하나님께서 벌이시는 웅장하면서도 섬세한, 화려하면서도 소박한, 휘황하면서도 세밀한 멋진 공연에 넋을 잃고 만다. 그래서 나는 아이들과 등산을 하면서 묻는다.

"야, 여기 멋진 꽃이 있네. 이 멋진 꽃을 누가 만드셨지?"

"저기 저 새는 누가 만드셨지?"

"저기 보이는 멋진 산과 강은 누가 만드셨지?"

그러면 아이들은 큰 소리로 대답한다.

"하나님이요."

때로 바위 모서리에 수줍게 피어 있는 이름 모를 꽃을 가리키면서 묻는다.

"여기 잘 보이지도 않는 곳에 있는 이 꽃은 누가 만드셨지?"

"하나님이 만드셨어요."

"왜 만드셨을까?"

"우리를 위해 만드셨어요."

그렇다. 자연으로 인해 때로 눈시울이 뜨거워지는 것은, 등산을 하고 산책을 하면서 〈주 하나님 지으신 모든 세계〉새찬송가 79장라는 찬송을 부르는 이유는 하나님께서 나를 위해, 아내와 아이들을 위해 너무나 멋지게 만들어 주셨기 때문이다.

나는 내가 느끼는 감동을 아이들에게도 가르쳐 왔다. 이것은 실내에만 매어 있고, 책상머리에서만 살아가는 아이들은 전혀 누릴 수 없는 감동과 행복이다. 왜 우울증에 빠지고, 왜 자살을 선택할까? 아무도 나를 이해하지 못하고, 나의 편은 아무도 없다고 생각하기 때문이 아닐까? 그러나 하나님께서 나를 위해 이렇게 멋진 수고를 하셨다고 믿는 사람들에게는 감사만 있지 우울증에 빠질 일은 없다. 또 야외에서 자연을 접하며 햇볕을 많이 쬐는 것이 우울증을 이기는 가장 좋은 방법이라고 하니 자연을 사랑하는 사람들은 우울할 틈이 없다.

요즘 아이들은 자연보다는 인공을 더 좋아한다. TV, 인터넷이 있는 집에서 나올 생각을 하지 않거나 밖으로 나오더라도 영화관이나 PC방, 커피숍으로 쏘옥 들어가 하루 종일 지내곤 한다. 걸어 다닐 때조차 스마트폰에서 눈을 떼지 못하고 하늘이나 길가의 자연에는 거의 눈길을 주지 않는다. 약간만 추워도, 약간만 더워도 호들갑을 떨며 건물 안으로 뛰어 들어가서 냉방이 약하네, 난방이 제대로 안 되네 불평한다. 이러니 아이들은 점점 더 나약해지고, 성마른 성격으로 변해 간다.

우리 아이들과 교회 학생들에게 이러한 이야기를 해 주었다.

"만약 네가 갓 결혼한 신랑이라고 생각해 봐. 평소 신부에게 '당신만을 사랑해'라고 자주 고백하는 그런 새신랑 말이야. 그런데 어느 날 신부가 신랑을 위해 집의 커튼과 벽지, 식탁보를 새로 바꾸고, 식탁에는 아름다운 꽃이 있는

꽃병을 두고, 베란다에도 멋진 화분을 들여 놓았어. 그리고 좋은 향수를 집안에 뿌리고, 멋진 음악도 틀어 놓았어. 그런데 만약 남편이 들어와서 아내에게 인사만 하고 별 반응 없이 소파에 털썩 앉더니 TV를 틀고, TV만 본다면 신부가 어떤 기분일까? 뭐라고 할 것 같아?"

"정말 화가 나겠죠."

"그래. 내게는 아름다운 자연에 관심을 가지지 않는 너희들이 그 신랑처럼 보여. 하나님께서 우리를 사랑하셔서 자연을 멋지게 꾸미고, 아름다운 새소리와 꽃향기를 우리에게 선물하시는데, 우리가 전혀 관심을 기울이지 않는다면 하나님께서 섭섭하다 못해 화가 나실 거야. 정말 신부를 사랑하는 신랑이라면 신부가 한 일에도 관심을 가져야겠지."

곤충이라면 질색인 아이들에게는 또 이렇게 말해 준다.

"이 곤충 누가 만드셨지?"

"하나님이요."

"하나님이 징그럽게 만드셨을까, 최선을 다해 아름답게 만드셨을까?"

"아름답게 만드셨겠죠."

"만약 네가 종이로 무엇을 열심히 만들어 아빠에게 선물을 했는데, 아빠가 '아이, 징그러워' 하며 휴지통에 던져 버린다면 기분이 어떨까?"

"무슨 말인지 알겠어요."

이미 쓰인 말씀, 즉 성경도 중요하지만 지금 쓰이고 있는 하나님의 역사에 관심을 가지고, 산과 들과 바다로 눈을 돌려 광대무변廣大無邊한 자연을 찬양하며, 들풀과 곤충, 새들의 이름을 익히며, 그 이름을 불러 주는 것은 기독교인이 마땅히 해야 할 일이라고 생각한다. 아담이 하나님의 창조에 감탄하며 일일이 이름을 붙여 주었는데, 우리는 하나님의 자연에는 눈길을 주지 않고, 교회라는 건물 안에서만 하나님을 찬양한다고 한다면 크나큰 난센스가 아닌가?

사탄은 화려한 도시를 만들어 자연을 향한 사람들의 시선을 돌리게 하고 있고, 인간이 만든 문명을 찬미케 함으로써 자연에 드러난 하나님의 역사를 찬양하는 것을 방해하고 있다. 성경 읽기만큼이나 들풀, 들꽃, 곤충들의 이름을 외우고, 하나님께서 만드신 자연의 변화를 발견하며 찬양하고, 건강을 주신 하나님께 감사드리며, 들로 산으로 바다로 여행 다니며 하나님의 존재를 깨닫고 즐겨야 한다. 또한 이를 아이들에게 가르치는 것은 아이들이 누구보다 행복한 삶을 살게 하는 비결이 될 것이다.

사랑하기 위해 태어난 사람

CCM Contemporary Christian Music* 중에 〈당신은 사랑받기 위해 태어난 사람〉이라는 노래가 있다. 그렇다. 우리는 사랑받기 위해 태어난 사람들이다. 그런데 끊임없이 다른 사람으로부터 사랑을 요구할 자격이 있는 것은 아니다. 그렇다면 원하는 만큼의 사랑이 충족되지 못한다고 느끼면 사회가 불만스러울 수밖에 없고, 자신의 삶이 초라하게 느껴지지 않겠는가. 그래서 사랑에 굶주린

---

* 현대 기독교 음악을 가리키는 말

사람들, 앞으로도 상황이 개선될 기미가 보이지 않는 사람들이 자신의 출생을 비관하며 스스로 생을 마감하는 건지도 모르겠다.

사실 성경에서 말하는 바에 따르면, 당신은 '사랑받기 위해 태어난 사람'이 아니라 '사랑하기 위해 태어난 사람'이다. 그리고 그 사랑의 대상은 하나님이 되어야 하고, 하나님이 사랑하시는 이웃이 되어야 하는 것이다. 성경은 이렇게 기록하고 있다.

"선생님, 율법 가운데 어느 계명이 중요합니까?" 예수께서 그에게 말씀하셨다. "'네 마음을 다하고, 네 목숨을 다 하고, 네 뜻을 다하여, 주 너의 하나님을 사랑하여라' 하였으니, 이것이 가장 중요하고 으뜸 가는 계명이다. 둘째 계명도 이것과 같은데, '네 이웃을 네 몸과 같이 사랑하여라' 한 것이다" 마태복음 22:36~39.

사랑이 의무가 된다면, 서로가 하나님과 다른 사람들에게 사랑을 베풀기 위해 몸부림친다면, 이 사회에는 사랑이 넘쳐나고, 위로가 넘쳐나고, 활력이 넘쳐날 것이다. 하나님을 사랑하고 이웃을 사랑하는 것이야말로 하나님께서 기뻐하시는 것이며, 하나님이 기뻐하시는 삶을 사는 것이 우리 삶의 목적이 되는 것이야말로 우리의 삶을 가치 있는 삶으로 만들어 주고, 결과적으로 우리가 사랑받을 수 있는 존재가 될 수 있게 한다. 사랑을 요구하는 삶이 이 사회와 우리의 자녀를 행복하게 해 주는 것이 아니라 하나님을 사랑하고 이웃을 사랑하는 것이 진정한 행복을 가져다준다는 뜻이다.

하나님을 기쁘시게 하고, 높이는 것 대신에 자기를 기쁘게 하고 높이고자 하는 것은 인간이 끊임없이 받는 유혹이다. 실제로 에덴동산에서 사탄도 이브를 유혹할 때 선악과를 먹으면 "하나님처럼 된다"고 하였다. 만족을 모르는 인간이 자기를 기쁘게 하고자 할 때 자꾸만 더 큰 만족을 위해 유혹에 빠지고, 결국에는 파멸의 구렁텅이로 떨어지는 것을 자주 볼 수 있다.

나는 아이들에게 우리 삶의 목적은 하나님을 기쁘시게 하는 것이라고 수시로 이야기한다. 아이들이 진로나 자신의 바람을 이야기할 때 묻곤 한다.

"그것이 하나님께서 기뻐하시는 선택일까?"

하나님을 기쁘시게 하는 제일 첫 번째의 일은 바로 바른 예배다. 자녀에게 진정한 예배의 의미를 가르치고, 예배의 형식을 가르침으로써 자녀가 바른 예배를 드리게 하는 것, 그것이 정말 하나님께서 기뻐하시는 일이다.

일요일에는 가급적 부모와 자녀가 함께 예배드리도록 해야 한다. 부모가 찬송하고, 기도하는 것을 보고, 함께 들은 말씀을 나누면서 아이들도 참된 예배를 배우는 법이다. 그러나 오늘날 대부분의 교회는 자녀들은 부모와 떨어져 주일학교에서 예배를 드리고 있다. 이슬람과 유대교 등에서 어른과 아이들이 함께 예배를 드리는 모습을 방송에서 자주 볼 수 있는데, 소란하고 무질서한 주일예배를 보면서 기독교의 미래가 이슬람이나 유대교에 비해 어두울 수밖에 없다는 생각이 든다.

하나님을 기쁘시게 하는 일을 위해 자녀와 함께하는 것을 소홀히 하는 경우도 많다. 많은 시간을 교회에서 보내면서 자녀의 문제에 관심을 기울이지 못하는 것은 하나님께서 기뻐하시는 일이 아니다. 신앙에서 멀어지는 자녀의 문제를 놓고, 교회에서, 기도원에서 기도하는 것보다 집으로 돌아가 자녀와 함께

하는 것이 하나님께서 기뻐하시고, 기다리시는 일일 것이다.

　기독교가 지탄의 대상이 되는 경우가 많다. 이것도 결국 자신을 기쁘게 하려는 일부 기독교인들로 인해 생겨난 결과라고 생각한다. 나는 우리 아이들이 하나님께서 기뻐하시는 일을 선택하고, 하나님께서 기뻐하시도록 일을 한다면 장차 많은 사람들에게 존경받고, 사랑받는 인물로 성장하리라 생각한다.

　성탄절은 기독교인이 아니더라도 많은 사람들에게 가장 기쁜 절기 중 하나다. 성탄절 풍습 중 하나가 성탄 트리를 만드는 것인데, 성탄 트리는 기쁜 소식을 남들에게 알리기 위한 것이기 때문에 실내에 설치하는 것보다는 사람들이 볼 수 있도록 집밖에 설치해야 옳다. 그래서 나는 아이들이 어릴 때부터 성탄 트리를 집밖에 설치했다. 고층아파트에 살 때는 할 수 없이 실내에 설치해야 했지만 그렇더라도 베란다 쪽에 두어 밖에서 보일 수 있도록 했다.

　서울대 기혼자 기숙사에서는 3층에 살았는데, 1층 화단에 있는 주목나무에 트리 장식을 했다. 아이들과 함께 가게에 가서 장식용품을 구입하고, 함께 나무를 꾸몄다. 장식을 다 마친 후 3층 베란다 밖으로 전선을 내려 깜빡이 전구를 연결한 후, 해가 지면 집에서 전원을 켜서 트리의 전구를 밝혔다.

　강동구에 살 때는 집이 1층이어서 화단에 있는 나무들에 트리 장식을 하거나 창밖에 깜빡이 전구를 설치했다. 동네 아이들뿐 아니라 어른들도 트리에 불이 들어오면 다들 반가워하고, 어떤 사람들은 트리 앞에서 사진을 찍기도 했다. "크리스마스 장식이 있는 집 알아요? 그 집이 우리 집이에요"라고 하면 모르는 사람이 없을 정도였다.

　기쁜 소식을 남에게 알리는 것은 얼마나 행복한 일인지 모른다. 예수님 탄생의 기쁜 소식을 가족끼리 나누는 데서 한 걸음 더 나아가 남들과 함께 나누는 것, 그리고 그것을 위해 돈을 쓰고, 추운 데 나가 고생을 하는 기쁨을 아이들에게 체험하도록 하는 것은 남들이 느끼지 못한 기쁨, 남들이 앗아갈 수 없는 희열을 자녀들의 가슴에 선물하는 것이다.

기독교에는 중요한 절기가 여럿 있다. 그중에 제일 큰 것은 무엇보다 성탄절과 부활절이다. 그리고 성탄절을 기다리는 대강절, 부활절 전에 있는 사순절과 고난주간, 한 해 동안 주신 하나님의 은혜에 감사하는 추수감사절 등의 절기가 있다. 우리 가족은 가정 예배를 드릴 때 이러한 절기에 맞추어 찬송을 부른다. 절기마다 하나님께서 우리에게 전해 주시는 강력한 메시지가 있는데, 찬송가를 통해 이러한 메시지를 더 잘 이해할 수 있게 된다.

연말연시에는 온 가족이 모여 한 해 동안 가족에 있었던 감사한 일을 나누기도 했다. 얼마나 감사한 일인가. 나와 아내가 하나님의 인도 하에 만나 가정을 이루고, 그 가정에 규준이, 다솜이, 규승이가 태어나서 일 년간 무사히 지냈을 뿐 아니라 다양한 사건들을 통해서 아이들이 성숙하고, 가정에는 멋진 추억들이 장식되었으니……. 얼마나 감사한가, 하나님의 은혜가.

세 아이들의 교환학생 기간 동안 나는 미국인들이 종교적인 절기를 얼마나 중요하게 여기는지 알 수 있었다. 추수감사절에 온 가족이 모여 칠면조 고기와 함께 파티를 벌이고, 쿠키를 구워 어려운 사람들에게 나누어 주기도 한다. 부활절에는 공원에 계란을 숨긴 후 동네 꼬마들이 계란을 찾는 행사를 하고, 성탄절에는 성탄 트리를 화려하게 장식하고, 가족끼리 선물과 함께 카드를 전달한다. 그리고 할로윈 데이Halloween Day*때는 호박 인형을 만들어 무서운 분장을 한 후 집집마다 다니며 캔디를 얻는 놀이를 하기도 한다. 이것은 기독교 행사는 아니지만 꼬마들에게는 즐거운 경험임에 틀림없다. 이 모든 절기들은 가족과 이웃이 함께 하는 시간이어서 더욱 큰 기쁨의 시간이 된다.

수천 년 전에 있었던 예수님의 탄생 그리고 죽음과 부활이 교회의 절기 행사를 통해 아이들의 뇌리에 생생하게 살아있게 하고, 이를 통해 아이들의 삶에 우리를 향한 하나님의 사랑이 느껴지게 해 주는 것이다. 절기의 의미와 전통을 매년 반복하게 됨으로써 하나님에 대한 신앙이 아이들의 몸에 배고, 이러한 신앙의 힘이 아이들에게 새 힘을 주고, 이러한 신앙의 무게가 아이들을 반듯한 삶으로 인도할 수 있으리라 생각한다.

영원한 삶을 믿는다면

사실 여부는 차치하고 영원한 삶, 즉 영생과 영원불멸하는 영혼을 믿는 것이 좋을까, 아니면 이 생이 마지막이라고 생각하고 살아가는 편이 이로울까? 아무리 생각해도 우리 삶이 이 땅에서 끝난다고 가르치는 것보다는 영혼의 존재를 믿고 사후 세계가 있다고 하는 편이 삶을 보다 인간답게 할 것 같다. 그래서 대부분의 종교에서 사후 세계를 가르치고 있고, 그 세계는 이생의 삶의 결과에 따라 영향을 받는다고 가르친다.

---

* 모든 성인들을 축하하는 천주교에서 유래한 행사

기독교 신앙에서는 부활과 영원한 삶을 믿는다. 그리고 영원한 삶은 하나님과의 관계에 따라 천국에서의 삶과 지옥에서의 삶으로 나뉜다고 믿는다. 이 땅에서는 외롭고 힘들고 고통스러운 삶을 살더라도 구원을 받은 사람들은 영원한 행복의 삶을 살게 된다는 것이다. 그러므로 기독교 신앙에서는 가까운 사람들이 세상을 떠나더라도 그 영혼은 천국으로 먼저 갔고, 얼마 안 있어 천국에서 다시 만날 것이라고 설명한다. 그래서 그런지 기독교식 장례식은 희망이 넘치고, 기쁨이 넘칠 때가 많다. 뿐만 아니라 시한부 환자들이 기독교 신앙을 받아들이고, 천국에 대한 소망 가운데 눈을 감는 경우도 많다. 내세에 대한 소망만큼 이 땅에서의 고통을 이길 수 있는 힘을 주고, 죽음에 담대하게 맞설 수 있도록 하는 것은 없다.

나는 아이들을 장례식장에 자주 데려갔다. 빈소에서 조문하는 법을 가르치는 것보다는 유한한 삶 너머에 있는 영생을 설명하기 위한 것이다. 성경에서도 말하고 있다.

"지혜로운 사람의 마음은 초상집에 가 있고 어리석은 사람의 마음은 잔칫집에

가 있다" 전도서 7:4.

삶의 고통을 사후 세계에서만 보상받는 것은 아니다. 순간순간 다가오는 두려움과 공포, 외로움을 영생에 대한 희망으로 다 해결할 수는 없기 때문이다. 가수 윤복희 씨가 부른 〈여러분〉이란 노래는 이렇게 끝이 난다.

"내가 만약 외로울 때면 누가 나를 위로해 주지? 여러분."

여기서 '여러분'이 과연 누구일까? 가수 앞에서 노래를 듣는 관객이 '외로울 때 위로해 주는 여러분'일 리 없다. 자녀에게 있어 부모나 친구가 '여러분'일까? 물론 그렇게 되어야 하고, 그렇게 되면 좋겠지만 정신없이 돌아가는 세상에서 가족 서로의 외로움조차 제대로 헤아리지 못하는 것이 현실인데, 나의 외로움을 제대로 알지 못하는 그들이 어떻게 나를 위로해 줄 수 있을까? 결국 '여러분'의 위로를 기다리던 '나'는 아무의 위로도 얻지 못하고, 외로움에 쓸쓸히 소멸되고 말 것이다. 죽음 이후에 다가올 영생의 삶을 기대하며 스스로 목숨을 끊는 사람들의 소식은 가슴을 아프게 한다.

인간의 위로는 불완전하고 제한적이다. 만약 인간의 위로를 구하는 사람이라면 그 요구는 절대 충족될 수 없으며, 삶이 견딜 수 없이 힘들어지고 고통스러워지는 순간 그는 쉽게 허물어져 버릴 가능성이 크다. 많은 경제학자들이 자본주의가 더 큰 위기에 처할 것이라고 예견한다. 이러한 위기는 많은 사람들의 삶을 바닥에 내팽개칠 것이며, 치열해져 가는 입시와 취업 경쟁은 우리 자녀들을 피할 구멍이 없는 궁지로 몰아가고 있다. 많은 사람들이 '여러분'의 위로를 갈구하고 있지만 사람에게서는 참된 위로를 찾을 수 없다.

기독교인들은 삼위일체 신앙*을 가지고 있는데, 그중의 한 분이 '성령 하나님'이다. 성령 하나님께서 하는 일 중 중요한 것이 우리를 위로하시는 것이다. 그래서 성령 하나님의 별명을 영어로 컴포터Comforter라고 하는데, 보혜사保惠師**로 번역되어 있다. 성경은 이렇게 설명한다.

---

* 성부, 성자, 성령이 서로 다른 세 개의 인격을 가지지만 본질적으로는 한 하나님이라는 신앙
** 변호자, 중재자, 협조자라는 뜻으로 옆에서 보호하고 지켜 주는 존재라는 의미

"이와 같이, 성령께서도 우리의 약함을 도와주십니다. 우리는 어떻게 기도해야 할지도 알지 못하지만, 성령께서 친히 이루 다 말할 수 없는 탄식으로, 우리를 대신하여 간구하여 주십니다" 로마서 8:26.

고통보다 더 힘든 것은 그 고통을 함께할 사람이 없다는 것인데, 성령 하나님께서 말할 수 없는 탄식을 하신다는 것은 너무나 큰 위로가 된다. 부모가 언제까지나 자녀와 함께할 수는 없다. 우리의 모든 필요를 아시고, 탄식하며 구하시는 성령 하나님이 우리의 든든한 후원자가 됨을 자녀에게 가르치는 것이야말로 가장 큰 선물이다. 윤복희 씨의 노랫말로 바꾸어 본다면 성령 하나님이야말로 유일한 '여러분'이라는 사실을 아이들에게 가르쳐야 한다.

영생에 대한 믿음과 이 땅에서 우리의 아픔을 위로하시고, 치유해 주시는 성령 하나님에 대한 신앙은 삶을 당당하게 해 줄 뿐만 아니라 두려워하고, 힘들어 하는 사람들을 배려하고, 섬기는 삶을 살게 도와준다. 진정한 기독교인이라면 영원한 생의 주인이 되시는 하나님 앞에 선 자신의 모습을 돌이켜 보고, 끊임없이 자신을 하나님과 닮아가게 하는 삶을 살아야 한다.

자녀들에게 하나님께서 약속한 영원한 삶에 대한 소망을 가짐으로 죽음을 포함한 어떠한 어려움에도 당당할 수 있도록 하고, 힘을 주시고, 위로하시는 성령 하나님에 대한 신앙을 통하여 힘든 세상에서 좌절하지 않고, 당당하게 이겨낼 수 있도록 돕는 것이야말로 부모가 전해주어야 할 최고의 선물일 것이다.

교회에서는 하나님을 '하나님 아버지' 또는 그냥 '아버지'라고 부르며, 기도란 아버지이신 하나님과 나누는 대화라고 말한다. 다시 말해 기도란 살아계신 하나님을 아버지로 가진 우리가 힘들고, 어려울 때 사정을 털어놓고, 그의 음성에 귀 기울이는 것이다. 너무 힘들어 하소연을 하고 싶을 때, 간절히 바라는 것이 있을 때, 분노를 참지 못할 때, 각오를 새롭게 하고 싶을 때 그리고 기쁨과 감격이 넘쳐 감사드리고 싶을 때 하나님께 기도드릴 수 있다.

자세는 아무래도 좋다. 무릎을 꿇고 기도할 수도 있지만, 그냥 앉은 자리에서, 누운 채로, 길을 걸으면서, 운전하면서도 기도할 수 있다. 아이들이 아버지 앞에서 그렇게 하지 않는가.

"기도할 수 있는데 왜 걱정 하십니까?"라는 CCM 가사도 있지만 정말 기도할 수 있다면 걱정할 필요가 없다. 그렇기 때문에 자녀의 미래에 일어날 수 있는 모든 문제에 대한 마스터키인 기도를 자녀에게 가르치는 것이야말로 부모가 자녀에게 넘겨야 할 중요한 유산 중의 하나다. 이렇게 소중한 유산을 빠뜨리고 상속하지 않는다면 정말 낭패가 아닐 수 없다.

벤처기업을 운영하다가 경영이 어려워져 사업을 접게 되었을 때, 친구들이 나를 위로해 주러 왔다. 직원들도 떠나고, 집기도 처분하고 썰렁한 사무실에 혼자 남아있는 나를 보고 친구들이 이야기했다.

"어떻게 회사가 망한 네가 우리보다 표정이 더 밝아?"

사실 나도 많이 힘들었다. 두어 달 채권자들에게 시달리기도 하고, 결국 금전적으로 어려움도 많이 겪었을 뿐 아니라 가족이 원치 않는 이사를 여러 번 하면서 고생도 많이 했다. 그러나 기도할 수 있었기 때문에 나는 그 어려움들을 잘 이겨낼 수 있었다. 그리고 그 이후 나의 문제를 해결하는 과정에서 기적 같은 일들을 여러 차례 경험했는데, 나는 내가 믿는 하나님께서 나의 상상을 뛰어넘도록 세밀하게 내 문제를 해결하고 계심을 느낄 수 있었다.

기도에는 나를 위한 기도도 있지만 남을 위한 기도도 있다. 내 힘이 부족해서 다른 사람의 필요를 모두 채워 줄 수 없지만 더 큰 능력이 있으신 하나님께 그를 위해 기도해 주는 것은 그와 나에게 얼마나 큰 힘이 되는지 모른다. 지쳐 있는 사람에게 "기도하고 있어요", "기도할게요"라는 말은 큰 위로가 된다. 기도만 해서 뭐가 되겠냐고 반문할지도 모르겠다. 간절히 기도드리다 보면 내가 그를 직접 도울 수 있는 지혜가 떠오른다. 혹시 그렇지 않더라도 천지만물의 주인이신 하나님께서 그를 직접 도우실 수 있다.

나는 아이들과 가정 예배를 드리면서 돌아가면서 직접 기도를 드리도록 했고, 식사를 할 때도 아이들에게 대표기도를 자주 시켰다. 처음에는 아이들의 기도가 "잠 잘 자게 해 주세요", "내일 학교 잘 다녀오게 해 주세요", "건강하게 해 주세요", "키 크게 해 주세요", "이 음식 주셔서 감사합니다. 맛있게 먹게 해 주세요"와 같이 짧고 습관적인 내용이었지만 점차 하나님과의 대화를 즐기고, 또 다른 사람들의 형편을 돌아보는 기도로 발전하는 모습을 봤다. 이제는 교회뿐 아니라 다른 모임에서도 우리 아이들이 기도를 잘 한다는 이야기를 자주 듣는다.

나는 불완전하고 능력이 부족한 아빠다. 아이들과도 한시적으로밖에는 함께할 수 없다. 그러나 전지전능하신 하나님 아버지께서는 아이들의 일평생 기도를 들어주실 뿐 아니라 그들이 구하지 않은 것까지도 풍성히 채워 주신다. 이러한 비밀을 아는 자녀들의 삶이 얼마나 확신에 차고, 당당할 수 있는지 생각만 해도 흐뭇하다.

규준이와 다솜이가 쓴 책에는 외롭고 힘들 때 기도를 통해 잘 이겨낸 기록을 볼 수 있는데, 앞으로의 인생에서도 더 큰 기도의 힘을 체험할 수 있기를 기도드린다.

실패는 사람이나 조직을 위축시키고,

결국 망하게 할 수도 있지만

실패를 어떻게 활용하느냐에 따라

훨씬 큰 성공으로 가는 디딤돌이 될 수도 있는 만큼

아이들이 실패에 의연하게 대처하는 법을 가르쳐야만 한다.

그리고 일의 결과와 상관없이 부모의 전폭적인 신뢰를

보여 주어야 할 것이다.

책을 마치며

아빠를,
힘내세요!

혹시 좋은 아빠로서의 자격이 부족하다고 스스로 느끼는 독자가 있다면 용기를 내시기 바란다. 지레 좌절하고 아내에게 주도권을 넘길 필요가 없다. 이제부터 소개할 내 이야기를 들으면 "쳇, 이 사람도 별거 아니었네"라고 생각할 수 있다. 자신감을 가질 수 있을 것이다.

많은 면에서 나는 아이들에게 그리 좋은 아빠가 아니었다. 아이들의 반이 몇 반인지 몇 번인지도 모르고, 담임선생님의 이름이나 담당 과목도 모르고, 친한 친구의 이름조차도 잘 모른다.

나는 성미가 급하다. 그러다 보니 심사숙고하지 않고 결정을 내릴 때가 많다. 심지어 직장을 구하거나 이사를 가거나 또는 아이들의 진로를 정할 때도 그다지 오래 고민하지 않고, 쉽게 결정하곤 했다. 돌이켜 보면 조금 더 신중했더라면 하는 아쉬운 순간들이 많다.

가족여행을 떠날 때도 역시 그렇다. 사전에 자세히 알아보지도 않고 즉흥적으로 떠나곤 한다. 그러니 꼭 챙겨야 하는 것들을 챙기지 못해 고생한 적이 한두 번이 아니고, 길을 잃고 헤매거나 시간을 맞추지 못해 고생한 적도 여러 번 있다.

한번은 아무 생각 없이 규승이와 자전거를 타고 여의도까지 다녀온 적이 있는데, 출발한 지 한참이 되어서야 지갑을 챙기지 않은 것을 알았다. 결국 그날은 달랑 생수병 두 개를 가지고 다섯 시간 동안 자전거를 탔다. 그런 과정을 통해 굶주림을 체험해 보고, 사전 준비의 중요성도 배웠다고 자위할 수 있겠지만 어린 규승이에게 얼마나 미안했는지 모른다. 다른 사람 같았으면 집으로 돌아가 돈을 가지고 가든지 아니면 애초의 계획을 변경하여 적당한 곳에서 돌아오겠지만 나는 처음 목표대로 끝까지 강행했다.

그런 면에서 고집이 세다. 그래서 가족들은 나의 무리한 강행군에, 쓸데없는 고집 때문에 고생을 많이 했다. 그러나 그런 고집이 아니었다면 아이들을 1년씩 일찍 입학시키거나 학원을 못 다니게 하거나 성적에 신경 쓰지 않도록 가르치는 등의 일들을 하지 못했을 것이다. 많은 부분 아내의 의견이나 다른 사람의 의견에 기대어 절충했을 것이다. 타협하지 않고 밀어붙인 고집 덕분에 자녀 양육이 잘되었다고 생각한다.

그렇다고 나의 고집 센 것을 미화하고 싶지는 않다. 고집 때문에 아내의 속이 상하고, 자녀들이 힘들어 했던 순간이 참 많았다. 직장이나 모임에서도 많은 사람들을 힘들게 하기도 했다.

또 성미가 급하다 보니 버럭 화를 낼 때가 많다. 아이들이 어릴 때는 나름 원칙을 세우고 키웠으나 아이들이 사춘기에 접어들어 자신의 의견을 주장하면서부터는 대화보다 언성이 높아질 때가 더 많았던 것도 사실이다. "대화에서 화를 먼저 낸 사람이 진 것이다"라는 사실을 잊을 때가 너무 많다. 아이들의 말을 가로막거나 과도한 체벌을 한 적도 있었음을 고백한다.

그럼에도 불구하고 가장인 나를 가장으로 믿고 인정해 준 아내와 아이들에게 미안한 마음과 진심어린 고마움을 느낀다.

시간은 빨리 흐르고, 아이들은 시간보다 더 빠르게 자란다. 잠시 한눈팔다 보면 아이들은 훌쩍 자라나 있어 부모와 거리가 멀어져 있고, 머지않아 부모 품을 떠나고 만다. 부모의 눈에는 여전히 어설퍼 보이더라도 때가 되면 떠나보낼 준비를 해야 한다.

이미 사춘기를 넘어선 우리 아이들에게 홀로서기를 위해 갖춰야 할 것들을 미처 주지 못한 게 있어 아쉽다.

우선, 규칙적인 생활을 가르치지 못했다. 대개 이과理科 체질은 일찍 자고 일어나는 반면에 문과文科 체질은 늦게 잠들고 늦게 일어난다고 이야기한다. 이 말이 맞는다면 나는 공대에 잘못 들어온 것 같다. 나는 아무리 피곤해도 늦은 밤까지 잠을 잘 이루지 못한다. 일찍 잠자리에 들지도 않지만, 잠자리에 누워도 말똥말똥 잠을 이루지 못할 때가 많다. 인터넷도 하고, 책도 읽고, 글도 쓰고, 음악도 듣고, 생각도 하고, 야식도 먹다 보면 대개 자정을 훨씬 넘겨서야 잠이 든다. 그러다 보니 휴일에는 특별한 약속이 없으면 하염없이 늦게 일어난다. 새벽예배는 내게 불가능한 미션일 수밖에 없다.

우리 아이들도 마찬가지다. 학교에 가지 않는 날은 해가 중천에 떠서야 일어난다. 두 아들도 수학, 과학을 더 좋아하는 이과 체질인데 수면 시간에 대해서만큼은 아닌 것 같다.

둘째, 경제관념을 제대로 가르치지 못했다. 결혼 이후 박사과정에 들어가면서 그리고 IMF을 겪고 나서 벤처기업을 운영하던 마지막 두 해 동안은 경제적으로 많은 어려움을 겪어야 했다. 경제관념을 가르치기 위해서는 아이들에게 용돈을 정해서 주고, 계획적으로 사용하도록 가르쳐야 하는데, 경제적으로 불안정하니 용돈을 규칙적으로 주기가 어려웠다. 별 수 없이 아이들이 필요할 때마다 용돈을 주어야 했다.

대신 세계적인 경제 파동에 대한 뉴스나 최근 논의되는 자본주의에 대한 우려 등에 대한 이야기를 통해 경제에 대한 시각을 가질 수 있도록 대화를 나누긴 했지만, 그래도 직접 돈을 운용하면서 체험하는 교육을 하지 못한 것이 많이 아쉽다.

마지막으로 정리정돈 하는 습관을 들이게 하지 못해서 아쉽다. 나나 아내나 물건을 잘 잃어버리는 것을 보면 정리정돈 습관은 유전이 아닌가 생각이 들 정도다. 우리 가족은 물건 분실과 관련된 해프닝이 많다. 신혼여행 갈 때 항공권을 빠뜨리고 공항으로 갔는가 하면, 규준이가 교환학생 갈 때는 미국 입국에 반드시 필요한 서류를 빠뜨려서 난리가 났던 적도 있다.

정리되지 않은 아이들의 방을 들여다보면서 다른 집도 그럴 테지 하고 체념해 보기도 하지만, 핸드폰 등을 수시로 잃어버리고 오는 아이들을 보면 이걸 어떻게 해야 하나 답답할 때도 있다.

그렇다. 나는 부족한 아빠였고 지금도 여전하다. 그렇기 때문에 다른 분들과 함께 보다 나은 아빠의 모습을 고민하고, 함께 노력하고 싶다. 이것이 내가 이 책을 쓴 이유다.

제일 중요한 것은 자녀의 행복

자녀의 행복은 아빠의 성공보다 자녀의 성적보다 더 중요하다는 것을 늘 되새겨야 한다. 직장에서 잘 나가던 사람이 자녀 문제로 고통스러워하는 것을 자주 보고, 학교 성적이 뛰어났던 아이들이 힘든 상황을 이기지 못해 성적뿐 아니라 모든 것을 놓아버리는 안타까운 뉴스도 자주 접한다. 바쁘다는 이유로, 또는 자녀의 성적에만 신경 쓰면서 자녀에게 일어나는 변화를 놓치고 있다가 문제가 불거진 다음에야 우왕좌왕하곤 한다. 아이의 행복을 위해 아빠가 노력해야 할 부분이 있다.

먼저, 아이의 표정과 행동에서 고민과 정신적인 불안을 조기에 읽어야 한다. 함께 식사도 하고, 산책이나 여행도 함께하면서 대화를 통해 감시가 아닌 관심을 보여야 한다. 호들갑을 떨면서 자녀의 사생활에 미주알고주알 개입하라는 것은 아니다. 대화를 통해 문제를 파악하고 아이 스스로 문제를 해결할 수 있도록 도와주는 것이 좋다.

아이의 자아가 건강하고 행복하다면 실패를 경험하더라도 다시 일어날 수 있다. 부모와 함께 있는 것을 행복으로 느끼는 아이는 그릇된 선택을 하지 않을 것이다.

둘째, 아이들이 어릴 때 가급적 많은 시간을 함께 보내야 한다. 아이들이 사춘기에 접어들 때까지는, 적어도 주말의 우선순위는 자녀와의 시간이어야 한다. 자녀와 함께 길을 걷고, 산을 오르고, 자전거를 타고, 공놀이를 해 보라. 처음에는 어색하겠지만 조금만 있으면 친구들이나 사업 파트너들과 함께하는 시간과는 비교가 되지 않는 행복을 맛볼 수 있다.

주말에 자녀가 학원에 가느라 부모와 함께할 시간을 갖지 못해서는 안 된다. 적어도 초등학교 때까지는 주말에 부모와 시간을 보내는 것이 반드시 필요하다. 정말 아이들은 빨리 자란다. 아빠가 자신의 시간을 즐기는 동안 아이들은 아빠와의 거리를 좁히지 못한 채 훌쩍 자라고, 아차 하는 순간에 이미 너무 멀어져 갈 수 있다.

불가피한 일 때문이 아니라 더 많은 수입 또는 승진을 위해 주말을 사용해야 한다면, 과감하게 자녀를 위해 비즈니스를 줄일 것을 권한다. 자녀가 행복하지 않은데 더 많은 소득이 무슨 소용이 있는가?

나는 막내 규승이가 중학교 1학년이 될 때까지 토요일은 대부분 가족과 함께 등산이나 여행을 하며 보냈다. 규승이가 중학교 2학년 여름방학을 마칠 무렵 규준이가 미국에서 마지막 고등학교 12학년으로 진학하고, 다솜이도 교환학생을 떠나게 되었다. 아이들이 미국으로 가기 전에 온 가족이 지리산을 등산하면서 아이들에게 이야기했다.

"이제 두 명이나 미국을 가고, 규승이도 점차 바빠지고 있으니 이제 주말에는 아빠도 개인시간을 가지도록 할게. 그러나 아빠가 필요하면 언제든지 이야기해라. 모든 약속을 취소하고 너희와 함께 시간을 보낼 테니."

결혼하기 전이나 아니면 아이를 낳기 전에, 그것도 아니면 가급적 빨리 자녀 양육에 대해 미리 공부하고, 양육 원칙을 세울 것을 권유한다. '문제 자녀는 문제 부모에게서 나온다.'는 말이 있다. 자랑스러운 자녀를 원한다면 자랑스러운 부모가 되어야 한다. 원칙을 만든다고, 항상 그 원칙대로 행할 수는 없지만 원칙을 만드는 과정에서 자녀 양육에 대한 생각을 정리할 수 있으며, 부부가 함께 원칙을 만듦으로써 양육 문제로 다투는 일이 줄어들게 된다.

교육은 태어날 때부터 시작되어야 한다. '세 살 버릇 여든까지 간다.'는 말이나, 《내가 정말 알아야 할 모든 것은 유치원에서 배웠다》라는 책 제목처럼 어린 시절 교육은 정말 중요하다. 아이들의 출생과 성장에 대해 공부하고, 다양한 상황에 대해 구체적인 원칙을 세우는 것이 필요하다. 갓난아기 때 귀여워서 모든 것을 받아 주고, 유아 시절에는 기를 살리기 위해 모든 것을 용납하고, 초등학교 때는 공부시키느라 모든 것을 허용하면서 키운 자녀는 청소년기에 들어서면서부터 각종 일탈 행위로 부모 속을 썩이며, 성년이 되어서도 독립하지 못하는 마마보이, 마마걸이 되기 쉽다. 아이들은 시간보다도 빨리 자라서 곧 부모 곁을 떠난다는 사실을 잊지 말라.

유목민이 되어야 하는 시대

오늘날의 시대를 일컬어 디지털 노마드Digital Nomad 시대라고들 한다. 스마트 기기를 소유하고, 언제 어디서든지 업무를 처리하고, 많은 사람들과 소통하게 된 세대를 말한다. 뿐만 아니라 평생직장의 개념이 사라지고, 따라서 직장 때문에 주거지를 수시로 옮겨야 하는 시대가 되었다. 나는 노마드, 즉 유목민이란 말이 유독 다가온다. 광활한 대지를 말을 타고 달리면서 목축도 하고, 사냥도, 때로 전투도 하는 유목민.

그렇다면 유목민에게 필요한 지식은 어떻게 전수될 수 있을까? 엄마의 품속에서, 학교 교실에서 또는 책을 통하여 전수될 수는 없다. 유목민이 되기 위해서는 아빠를 따라나서야 한다. 말에 올라타 달리는 말의 움직임을 온몸으로 읽고, 귓전을 스치는 비바람과 눈보라를 느끼며, 달아나는 사냥감을 향해 화살을 날리는 것은 아빠와 함께해야 경험할 수 있다. 힘든 시간을 보낸 후 가지는 휴식이나 식사시간에 자녀의 행동을 관찰한 아빠가 전해 주는 가르침과 격려가 자녀를 더욱 강하게 할 것이다. 디지털 노마드 시대에는 특히 아빠가 필요하다.

그러나 여러 가지 이유로 아빠가 그 자리를 지키고 있지 못하는 경우도 많다. 순탄치 못한 결혼 생활로, 때로 불의의 사고로 아빠와 헤어져야 하는 경우도 있고, 아빠가 지나치게 바쁘거나 근무지 때문에 자주 볼 수 없는 경우도 있다. 게다가 초등학교에서는 남자 선생님을 찾아보기 힘들어져 가고 있고, 중고등학교에서도 남자 선생님들이 급격하게 줄어들고 있다고 하니 보통 심각한 문제가 아니다.

가정에서 아빠의 역할을 체험하지 못한 아이들이 학교에서마저 남자 선생님을 접하지 못한다면 남학생들은 자신의 준거 모델을 가지지 못하게 될 것이고, 여학생들 또한 남성에 대한 제대로 된 이해를 갖지 못하게 될 것이다. 남자에 대한 이해가 부족한 남학생들이 자라서 제대로 된 남자의 역할을 할 수 있을까? 아빠의 역할에 서툴 수밖에 없을 것이고, 스타들의 화려한 삶과는 동떨어진 힘들고 어려운 직접, 많은 노력을 투자해서 얻을 수 있는 직업, 남의 눈길에 잘 띄지 않는 직업에는 투신하려 하지 않을 것이며, 작은 실패에 쉬이 좌절할 가능성이 높다.

여자의 경우도 마찬가지다. 예전에는 스타에 열광하는 것이 한때 지나는 열병으로 그치는 경우가 대부분이었다. 그러나 요즘 여학생들은 남자는 모름지기 연예인들처럼 화려하고, 매사에 완벽해야 하며, 여자를 팬 모시듯 해야 한다고 생각할 텐데, 그런 생각을 가진 사람이 제대로 된 가정을 꾸미기는 쉽지 않다.

그래서 나는 뜻있는 아빠들이 이들의 아빠 역할을 해주어야 한다고 생각한다. 격렬한 전투에서 목숨을 잃은 전사의 자녀들의 양육은 그 동료 전우들에게 책임이 있는 법이다. 자신의 자식마냥 함께 말을 타며, 험한 광야에서의 생존법을 가르쳐야 하는 것이다. 오늘날에는 종교기관이나 사회 모임을 통해 많은 아빠들이 이들을 만나 줄 수 있을 것이다. 함께 공을 차고, 땀 흘리며 힘들고 어려운 작업을 하면서 도전 정신을 배우게 할 수 있다. 또한 집으로 초대하여 며칠씩 함께하면서 온전한 가정의 모습을 체험하게 하고, 장차 그러한 가정을 꿈꾸게 할 수도 있을 것이다. 그러한 과정을 통하여 때로는 엄하게 꾸짖기도 하고, 때로는 자상하게 타이르기도 하면서 아빠의 빈 자리를 채워 주어야 한다. 학교에서도 특별활동을 통해 많은 어른들을 만날 수 있도록 배려해야 하고, 건강한 모방을 할 수 있도록 해야 한다.

유대인들은 지역공동체에 경제적인 이유로 공부를 못하는 학생이 있으면 그 학생에게 반드시 공부를 시켜야 할 의무가 지역공동체에 있다고 한다. 나만, 내 가족만 위하다 보니 우리 기성세대는 사정이 여의치 못한 어린이와 청소년들에게 많은 상처를 주어 왔다. 동시대를 함께 살아가는 그들을 안전하게 지키고, 바르게 키우는 것을 기성세대의 의무라고 생각한다. 이렇게 생각할 때 나라의 미래는 밝아질 것이다.

요즘은 결혼을 하지 않는 사람들에 대해 사회적으로도 많이 관대해졌다. 정부에서도 독신남, 독신녀가 늘어나는 현실을 받아들이고 각종 정책을 만들고 있고, 기업들도 이들을 위한 다양한 상품을 내놓으니 차일피일이 결국 평생이 될 가능성은 점점 높아지고 있다.

성경에 이런 구절이 있다.

"혼자 싸우면 지지만, 둘이 힘을 합하면 적에게 맞설 수 있다. 세 겹 줄은 쉽게 끊어지지 않는다" _{전도서 4:12}.

험한 세파가 몰아칠 때 혼자보다는 결혼한 부부가 낫고, 부부 사이의 자녀를 통하여 견고하여진 가정이 더 잘 이겨낼 수 있다. 경제 상황이 어려워져서 결혼을 못한다는 것은 참으로 잘못된 생각이 아닐 수 없다.

아빠로서의 노후 계획은 이렇다. 손주들을 키우며 살려고 한다. 만약 세 아이들이 평균 두 명씩, 총 여섯 명의 자녀를 낳는다면 내가 2년씩 키워 줄 계획이니 2년씩 터울을 잘 지켜 태어나 준다면 12년간 손주들을 돌볼 수 있다. 물론 양육비는 아이들에게서 받아야 할 터이니 최소한 12년 동안은 생활비 걱정을 안 해도 된다. 만약 아이들이 나처럼 세 명씩 낳는다면 기간은 18년으로 늘어날 것이다.

막내 규승이에게 내 계획을 이야기했더니 아이가 대답했다.

"알았어요, 아빠. 그런데 내 아이들의 버르장머리는 내가 가르칠 거예요. 요즘 아이들은 너무 예의가 없어요."

누가 가르치든 내 손주들이 바르고 건강하게 자라는 데 기여하고 싶다. 할 수만 있다면 손주뿐 아니라 교회나 사회에서 만나는 사람들과 그들의 자녀들에게 보다 행복한 삶을 살 수 있도록 도움을 주며 살고 싶다. 어쩌면 잔소리 많은 할아버지가 될 수도 있겠지만 그 잔소리를 통해 세상을 제대로 살아나가는 지혜가 후손들에게 전달될 수 있으면 좋겠다. 젊은 부부의 가정에서 발생할 수 있는 여러 위험을 해결할 수 있는 가장 좋은 방법은 할아버지, 할머니의 참여가 아닐까?

자녀야말로 최고의 투자다

세계 경제가 휘청거리고, 그로 인해 믿었던 투자가 큰 손실로 이어지는 경우가 많다. 그런데 정말 괜찮은 투자가 있다. 인생 최고의 투자, 그것은 바로 자녀 출산이다.

어떤 목사님이 어린이주일 설교 때 말씀하셨다.

"아이들이 속을 썩일 때 아이들에게 이렇게 말하죠? '내가 너를 어떻게 키웠는데, 네가 그럴 수 있니?' 그러나 돌이켜 보면 자녀에게 쏟은 수고보다 자녀를 통해 얻은 것이 훨씬 더 많습니다. 생각해 보세요. 여러분이 이제껏 살아오면서 가장 행복했던 순간이 언제였는지. 아기가 태어나고, 자라나면서 여러분이 누렸던 행복을 돈으로 환산해 본다면 얼마나 큰 금액이 될까요? 분명한 것은 여러분이 자녀에게 쏟은 노력보다 자녀가 여러분에게 훨씬 더 많은 것을 주었다는 사실입니다. 이것을 기억하세요."

마침 첫째 규준이를 낳고 처음 맞는 어린이주일이었는데, 설교가 크게 공감되었다. 자녀를 키우면서 눈물과 고통의 순간들도 있지만 자녀가 우리에게 주었던 행복 이상의 행복이 도대체 어디에 있단 말인가? 핏덩이를 품에 안았던 그 순간, 수유를 마치고 쌔근쌔근 잠든 모습을 바라보며 행복에 겨워했던 기억, 아기가 처음 미소 짓던 그날, 첫 눈맞춤, 첫 뒤집기, 첫 걸음마, 처음으로 엄마, 아빠를 부르던 날, 퇴근하는 부모에게 뒤뚱뒤뚱 다가와 찰싹 안기던 그 느낌, 유치원, 초등학교 입학하던 날, 각종 발표회, 삐뚤빼뚤 글씨의 카드와 함께 카네이션을 받던 날…… 가만히 눈을 감고 생각만 해도 온몸에 전율이 흐를 정도로 감동적이다.

몇 십 억짜리 로또가 당첨되었어도 아이가 준 기쁨에 비길 수 있을까? 그 목사님은 첫 아이를 낳았을 때 버스에서 내려 집까지 300m 정도 되는 거리를 한 번도 걸어가신 적이 없다고 했다. 아기가 너무 보고 싶어 매일 뛰어가셨다는데, 자녀를 키워본 사람은 이 기분을 이해할 것이다. 정말 최고의 투자가 아닌가?

많은 사람들이 늙어서 필요한 것은 돈과 건강이라고 하지만 아니다. 늙어서 필요한 것은 돈, 건강 외에 또 하나가 있다. 바로 가족이다. 가족 없이 쓸쓸하게 지내다 많은 돈을 제대로 써 보지도 못하고 외롭게 죽는 사람들의 이야기는 이제 뉴스거리도 아니다. 명절 때 내왕하는 자녀들을 하나도 가지지 못한 사람, 세뱃돈 나눠 줄 손주 하나 없는 사람들은 얼마나 처량한지 모른다.

젊을 때 자녀에 얽매이지 않고 자유롭게 살아가는 사람들이 늘어나고 있지만, 자녀를 키우느라 경제적으로 시간적으로 힘들었던 많은 엄마, 아빠들에게 잘 자란 자녀와 손자, 증손자로 이어지는 화목한 가족이야말로 가장 큰 보상이자 상급이다. 행복한 가정은 억만금을 주더라도 살 수 없으니 정말 최고의 투자가 아닌가?

마지막으로 하고 싶은 말은 이거다.

"아이 낳으세요. 많이 낳으세요. 그리고 잘 키우세요. 우리가 낳고, 제대로 키운 자녀들만이 엄마, 아빠의 미래, 그리고 이 사회의 미래를 건강하고, 행복하게 만들 수 있답니다."

01

재미있게 공부하기 위한 과목별 넛지

아이들이 어릴 때 장거리 여행을 오가는 차 안에서 몇 시간 동안
아이들과 동요를 부르곤 했다. 스무고개나 끝말잇기 또는
쿵쿵따 같은 게임을 하면서 재미난 시간을 가졌는데,
아이들은 게임에서 이기기 위해 자기가 가진 지식을 총동원했다.
이런 시간들을 통해 아이들은 새로운 것에 대한 흥미와 함께
가족과 함께 하는 행복을 듬뿍 느낄 수 있었다.
이왕 공부할 거면 재미있게 공부할 수 있도록 하는 방법을 고민해 보자.
우리 아이들이 공부를 재미있게 하도록 만들기 위해서
나와 아내가 했던 넛지들을 과목별로 소개하고자 한다.

국어
–
대화와 토론으로 자유롭게

언어는 말하기, 듣기, 읽기, 쓰기로 구성된다.

먼저, 말하기와 듣기 실력은 다양한 사람들과 다양한 정황에서 많은 대화를 나눔으로써 쌓을 수 있다. 아이의 언어 능력은 임신 상태에서부터 영향을 받고, 정말 중요한 것은 아기가 옹알이할 때 얼마나 관심을 가지고 반응을 해주느냐에 따라 결정적인 영향을 받는다는 연구 결과가 《양육쇼크》란 책에 소개되어 있다. 영아를 대상으로 한 실험에서 엄마 뱃속에서 들었던 언어와 그렇지 않은 언어에 대한 반응이 다르다는 것이 밝혀졌다. 즉 임신 기간에 부모의 대화를 많이 들려주는 것이 아이의 언어 발달에 도움을 준다는 것이다. 더 중요한 것은 아기가 옹알이할 때 즉각 반응해 주는 것이 언어 습득에 지대한 영향을 미친다는 것이다.

그렇기 때문에 엄마가 아기를 키우는 것이 가장 효과적이라고 할 수 있다. 유모가 아기를 돌보는 경우 아무래도 엄마보다는 옹알이할 때 바로 옆에서 계속 반응을 보이기가 쉽지 않으며, 할머니가 아기를 볼 때도 힘에 부쳐서라도 엄마와 같은 반응을 보이기가 쉽지 않다. 아기가 조금 더 자라면 어린이집에 보내기 시작하는데, 이 경우도 여러 명의 아이들을 돌봐야 하는 선생님이 엄마보다 아기에게 살가운 반응을 보여 주는 것은 거의 불가능하기 때문에 아기의 언어 능력 습득에는 적합하지 않다. 아기를 가장 사랑하는 엄마가 아기를 직접 기르는 것이 언어 발달에 가장 효과적일 수밖에 없다.

경제적인 이유나 자신의 자아실현을 위해, 경우에 따라서는 자유를 얻기 위해 육아를 다른 사람에게 맡기는 경우가 많은데, 그로 인해 아기의 두뇌 발달이 상대적으로 느려질 수 있다는 생각을 해야 한다. 자신의 능력을 희생시켜 가며, 경제적인 어려움을 감수하며 집에서 육아에 전념하는 엄마의 자녀가 보다 나은 성장을 하는 것은 그 희생에 대한 보답일지도 모른다.

자녀수에 따른 어휘력 발달 또한 중요한 요소다. 첫째 규준이에 이어, 다솜이, 규승이가 태어나면서 우리 집은 항상 다양한 대화가 이어졌고, 이러한 환경은 아이들의 어휘력 증대에 많은 도움을 주었다고 생각한다.

둘째, 읽고, 쓰는 능력의 발달은 많이 읽고 많이 쓰는 데 있을 것이다. 다솜이가 초등학교 4학년 때 친구 엄마에게서 독서논술을 시작했다. 다솜이가 읽는 책들을 살펴보니 내 어린 시절에 비해 책들이 재질도 뛰어나지만 내용도 재미있고 유익하다는 것을 알았다. 아내에게 제안했다.

"독서논술 교사를 한번 해 보는 건 어때요? 유익한 책들이 많으니 세 아이들에게 좋은 책을 읽게 하는 것만으로도 남는 장사일 것 같은데……."

불문학 석사학위를 가진 아내도 내 제안에 흥미를 가지고, 인터넷을 찾아본 후 독서논술 교사에 도전하기로 했다. 당시 경기도 용인시에 살았는데, 마침 근처에 있는 경기대학교에 논술교사 양성 프로그램이 개설되어 수강생을 모집하고 있었다. 아내는 6개월간의 교육을 마치고 한우리논술교사가 되었다.

몇 개월 후 아이들을 모아 논술교사 생활을 시작했다. 당연히 우리 아이들도 많은 책들을 접하고 토론하며 책 읽는 즐거움을 자연스레 터득하게 되었다. 그 이후 아내는 동네에서 제법 유명한 논술교사가 되어 독서논술 뿐 아니라 역사논술, 세계사논술, 신문토론 등을 하면서 우리 아이들을 포함한 많은 아이들에게 책 읽는 재미와 토론하는 능력을 증대시켜 주었다. 거실에서 TV를 보는 대신에 책 읽는 분위기가 만들어졌다.

아내가 독서지도사가 되면서 우리 집에는 유익하고, 재미난 책들이 많아졌고, 아이들은 자신의 발달 단계에 맞는 책들을 많이 접하게 되었다. 만화책도 마음껏 보도록 했고, 재미난 책은 아이들과 함께 아빠, 엄마도 같이 읽었다. 아이들에게 책을 추천하기도 했지만 강제로 읽히진 않았다. 우리 집에는 전집류가 거의 없다. 전집은 보기엔 좋지만 막상 읽기에는 부담이 되어 책 읽는 재미를 반감시키기 때문이다.

쓰기와 관련해서는 일기를 점검하거나 독서노트를 쓰도록 강요하거나 하지는 않았다. 아무리 좋은 일이라도 남이 시켜서 하는 일은 재미가 없는 법이니까. 대신에 맞춤법이나 좋은 글씨체에 대한 부담을 덜어 줌으로써 글쓰기에 부담을 느끼지 않도록 했다. 그랬더니 아이들의 글쓰기 실력이 저절로 좋아졌다. 이제는 아이들이 자기 이름으로 책을 낸 작가가 되고 번역자가 되었으니 글쓰기에 관한 한 대성공인 것 같다.

수학
–
일상으로 가까이 끌어오기

명절에 아이들을 데리고 시골에 내려갈 때면 내가 운전하는 차 안은 재미있는 숫자 교실이 되곤 했다. 고속도로 인터체인지에서 빠져나와 강변도로로 들어서면 일련번호가 새겨진 다리들 밑을 지나게 된다.

다리 기둥 위에 쓰인 숫자를 보고 물었다.

"어, 저기 2가 있네. 2번 다리 다음에는 몇 번이 나올까? 음……, 아빠 생각에는 2 다음에는 5일 것 같아."

그러면 아직 숫자 개념이 없는 어린 아이들이 제각기 다른 숫자들을 불러 댔다. 그중에 누가 3을 외치면 내가 바로 맞장구를 쳐 주었다.

"아, 3이구나. 그러면 그 다음 숫자는 뭘까? 나는 8!"

아이들 스스로 숫자를 익힐 때까지 이런 식의 놀이가 몇 차례 계속되었다. 수와 수 사이의 관계를 알아내는 것이 수학의 기본이라고 한다면 숫자 놀이야말로 수학의 첫걸음이라고 할 수 있다.

앞서 이야기한 것처럼 나는 아이들에게 암기 과목보다는 수학이나 영어 과목을 꾸준히 하도록 유도했고, 그 결과 세 아이 모두 수학을 비교적 잘하게 되었다. 규준이와 규승이는 수학영재학원에 다니기도 했는데, 영재학원의 장점은 기계적 계산보다는 도전이 될 만한 문제를 내어 흥미를 불러일으키면서 수학적 재능을 자연스레 이끌어 낸다는 점이다. 같은 학년의 아이들보다 한 살이 어렸는데도 수학에 재능을 보인 것이 놀랍기도 하고 감사하기도 했다.

그런데 문제가 없지는 않았다. 문제 푸는 연습을 반복적으로 하지 않다 보니 한 문제를 푸는 데 시간이 꽤 걸린다는 것이었다. 경시대회에 나가면 마지막 문제는 거의 손도 못 댈 정도로 시간이 부족한 경우가 많았다. '선先 이해, 후後 진도'라는 나의 지도 방식 탓이기도 하다. 그래도 겁내지 않고 어려운 문제에 도전하는 것이 더 바람직한 모습이라고 생각한다.

아이들이 중학교 2, 3학년이 되자 수학 학원을 완전히 끊도록 했다. 그때부터는 스스로 공부하도록 했고, 필요한 참고서나 문제집을 구입해 주었다. 물론 처음에는 불안해하고, 힘들어 했지만 시행착오를 겪으면서 스스로 공부하는 방법을 터득해 갔다. 필요한 경우 인터넷 강의를 찾아서 들었고, 경우에 따라서는 내가 개념을 설명해 주기도 했다.

특히 규준이의 미적분 공부는 자랑할 만하다. 중3 졸업고사를 마치고, 여유가 있을 때 규준이를 불렀다.

"규준아, 고등학교 수학에서 제일 재미있는 부분이 뭔지 아니? 바로 미분, 적분이라는 거란다. 아빠가 개념을 설명해 줄 테니 한번 들어볼래?"

그러고는 수학 교과서에 일반적으로 소개되어 있는 도함수를 통해 2차 방정식과 3차 방정식의 기울기를 구하는 공식을 유도하며 미분 개념을 가르쳤다. 규준이는 듣는 내내 신기해하며 신비한 수학의 세계를 즐겼다. 그리고 난 후 $y=x^2$ 그래프와 x축

사이의 면적을 구하는 문제를 통해 적분 개념을 가르쳤다.

"정말 재미있지 않아? 미분과 적분을 개발한 사람이 라이프니츠^{Leibniz}라고도 하고, 뉴턴^{Newton}이라고도 하는데, 어쨌건 그런 천재들 덕분에 우리가 이렇게 재미난 공부를 할 수 있는 거야. 이제부터 네가 혼자 공부해 봐."

"아, 정말 재미있네요. 혼자 해 볼게요."

그 후 2,3주 동안 혼자서 미분과 적분을 완벽히 마쳤다.

규승이가 중학교 때 삼각함수 방정식에 대해 물었다. 나는 소리와 물결, 빛과 무선통신 등 모든 것들이 파동으로 만들어졌고, 이 파동들은 삼각함수 방정식으로 설명된다는 기초적인 내용을 설명해 주었다. 그리고 삼각함수 방정식을 이해하면, 이러한 현상들을 모두 설명할 수 있다고 했다. 규승이가 흥미를 보이는 것을 보고, 삼각함수 방정식의 원리를 설명했더니 역시 신기해하며 재미있게 들었다. 이후 규승이는 혼자서 삼각함수 방정식을 공부하기 시작했다.

수학이 현실과 동떨어진 것이 아니라 현실의 문제를 해결하기 위해 만들어진 것이라는 설명과 함께 간단한 개념을 소개함으로써 흥미를 유도한다면 누구라도 이러한 도전을 받아들일 것이다. 물론 암기 과목, 예체능 등 모든 과목의 성적이 다 좋아야 한다는 압박이 없어야 한다.

수학은 사물을 추상화하고, 논리화하는 것이기 때문에 모든 학문의 기초가 된다. 추상화와 논리화가 고도의 지적 행위이기 때문에 습득이 쉽지 않다. 그러나 인간에게 선천적으로 내재된 지적 호기심이 잘 격려되기만 하면 얼마든지 높은 성과를 나타낼 수 있다. 억지로 하는 공부나 부담이 되는 공부, 기계처럼 문제를 반복적으로 풀게 하는 것은 수학 공부의 적이다.

영어

–

필요성을 느끼는 공부가 최고

글로벌 시대가 되면서 영어의 중요성은 계속 부각되는지라 나도 아이들의 영어 공부에 많은 신경을 썼다. 그래도 초등학교 저학년 때까지는 한국어 능력이 더 중요하다고 생각해서 영어에 대해서는 따로 신경 쓰지 않았다. 초등학교 5학년이 되어서야 영어 학원에 보내기 시작했다. 규준이와 다솜이를 여름방학에 두 달간 영어 캠프에 보내 봤다. 그러나 한국말을 쓰는 한국 아이들이 단체로 모여 제대로 된 영어를 한다는 것은 언감생심 말도 안 되는 설정이었다. 결국 별 효과를 보지 못하고 돈만 날렸다.

아이들의 영어 공부 방법을 고민하던 중 미국 교환학생에 대한 정보를 듣고 "이거다!"라는 생각이 들었다. 중3쯤 되는 학생이 일 년간 미국인 가정에서 홈스테이를 하며 학교를 다니는 건데, 생각보다 돈도 그리 많이 들지 않아 아이들이 자라면 보내야겠다고 생각했다.

교환학생이란 "학생의 신분으로 다른 나라의 문화와 언어를 배우기 위해 그 나라로 가서 생활하는 것"을 의미한다. 미국의 중고등학생 대상 교환학생 프로그램은 만 14.5세에서 18.5세 사이의 학생으로서 학교 성적이 양호하고, SLEP^{Secondary Level English Proficiency} 테스트에서 일정 수준 이상의 점수를 받아야 참가할 수 있다. 이러한 절차는 한국 유학원에서 에이전트 계약을 맺고 진행하고 있다.

참가가 결정되면 교환학생 기간 동안 다닐 학교와 함께 홈스테이를 할 가정을 결정한다. 이때 학생의 성별, 나이, 종교, 취미 등 다양한 요소를 고려하여 결정하게 된다. 기간은 일 년이며 이후 연장 여부는 교환학생 프로그램에 따라 다르다.

공립이냐 사립이냐에 따라 학비가 다른데, 항공료를 제하면 학비가 없는 공립은

1,500만 원 전후, 사립은 학교마다 다르지만 대략 2,500만 원 정도가 소요된다. 이 정도 금액이면 한국에서 등록금, 사교육비, 생활비 그리고 방학 기간의 여행 등에 드는 비용을 생각할 때 그리 큰 금액은 아니다. 게다가 매월 몇 십만 원씩 들여 고생하며 공부하는 학생들보다 영어 실력이 훨씬 나아지게 되니 이를 고려하면 훨씬 저렴하면서도 효과적인 방법이라고 할 수 있겠다.

내가 생각하는 교환학생의 가장 큰 장점은, 일단 미국인 가정에서 생활하기 때문에 아침부터 잠들 때까지 그리고 주말에도 내내 영어에 노출되며, 특히 생활 영어를 배울 수 있다는 점이다. 또한 교환학생을 보내는 학교는 대개 한국 학생이 별로 없는 곳이어서 학교에서도 영어에 노출되는 시간이 절대적으로 많다.

또 다른 형태의 유학으로 보딩스쿨boarding school : 기숙학교과 친척집이나 한국인들이 운영하는 하숙집으로 가는 방법이 있다. 하지만 보딩스쿨이나 한국인이 운영하는 하숙집에 머무르는 경우 주위에 한국 학생들이 많아 영어를 배울 기회가 적을 뿐 아니라 유학생들끼리 탈선의 여지도 많다.

교환학생 프로그램에 참가할 형편이 안 될 경우에는 자기가 좋아하는 것을 통해서 재미있게 공부할 수 있도록 유도하는 것도 좋은 방법이다. 예전에는 팝송을 좋아해서 영어 공부에 심취하거나 새로운 정보를 얻기 위해 영문 서적을 탐독하는 사람이 많았다. 요즘은 인기 있는 미국 드라마가 재미난 공부의 수단이 될 수 있을 것이다. 또는 게임을 좋아하는 아이라면 영문 매뉴얼을 읽도록 유도하거나 프로야구, 프로축구 방송을 영어로 듣도록 하는 것도 좋은 방법이다. 인터넷이 발달한 요즘, 아이들의 호기심을 자극할 만한 좋은 영어 콘텐츠는 무궁무진하다.

과학
–
자연 속에서 보고 들으며

    자연과학은 자연의 법칙을 연구하는 학문이니만큼 공부를 위해서는 집을 나서는 것이 좋다. 나는 아이들과 자주 산에 갔다. 등산할 때마다 아이들에게 산에서는 왜 바람이 낮은 곳에서 높은 곳으로 부는지, 구름이 왜 생기는지, 눈비가 왜 오는지 등에 대해서 설명해 주었다. 구름을 설명하기 위해서는 단열팽창, 단열압축을 설명해야 하고, 그렇게 하면 자연스레 푄Föhn 현상까지 설명하게 된다.

    규준이가 중학교 1학년 때 집에 와서 내게 이야기했다.

    "아빠가 산에서 이야기해 준 내용이 오늘 과학 시간에 나왔는데 이해가 잘되었어요."

    그때의 보람을 짐작할 수 있겠는가?

    그 외에도 산책을 하다가도 물리의 기본적인 내용들을 설명해 주었다. 돌을 던지며 포물선과 중력을 설명하고, 지나가는 차를 보면서 속도, 가속도, 힘, 일, 에너지, 도플러 효과 등을 설명했다. 그리고 물리학에서 자주 사용되는 단위들이 어떤 의미를 가지는지, 그리고 상대성 원리는 무엇인지 설명해 주었다. 호기심 많은 아이들이 물으면 답해 주고 설명해 주었다.

    또 TV에서 헬륨가스로 목소리를 이상하게 내는 것을 보면 종이를 꺼내서 원자의 구조를 설명하고, 수소와 헬륨을, 나아가 외곽 전자 등으로 인한 분자의 구조 등을 설명해 주었다.

    아이들이 내게 불만을 털어놓을 때가 자주 있다.

    "제발 묻는 것만 간단히 대답해 주세요."

    왜냐하면 나는 아이들이 질문을 하면, 일단 "이리 앉아 봐"라고 한 후 관련된 다양한 내용을 설명하며 적어도 일이십 분씩 붙들어 놓기 때문이다. 그러나 단편적인 답을 주는 것보다는 관련 내용을 풍부하게 설명해 주면 원리를 알게 되니 더 큰 도움이 된다고 생각한다. 또한 학문들 간의 상호 연관 관계를 배우는 것은 사고 발달에도 좋은 영향을 준다고 믿는다.

규승이가 초등학교 6학년 여름방학 때 숙제를 하러 친구들과 과천에 있는 과천 과학관을 방문해야 한다고 했다. 내가 자원하여 규승이의 친구들까지 아이 다섯을 차에 태워 갔다. 정원 초과를 무릅쓰고 운전한 것이다. 전시물마다 설명을 해 주었는데, 대충 둘러보고 숙제를 때우려 했던 한두 명은 싫어하는 표정이 역력했지만 나머지 아이들은 내 설명을 재미있게 들었다. 간식을 먹으면서 소감을 나누기도 했다. 이날 내 설명을 가장 경청하고, 가장 많은 질문을 많이 한 사람은 당연히 규승이였다.

나는 중고등학교 때 공부를 열심히 해야 하는 이유 중의 하나로 나중에 아빠, 엄마가 되었을 때 자녀에게 공부를 재미나게 가르치기 위한 것이 있지 않나 하는 생각을 가끔 한다. 유대인 교육의 큰 특징 중의 하나가 부모가 직접 자녀에게 지식을 전수하는 것이라고 읽은 적이 있다. 물론 수십 년 전에 배웠던 내용이라 기억나지 않을 수도 있고, 중고등학교 때 과학 과목이라면 질색이었던 사람도 많을 것이다. 만약 아이들의 질문에 바로 답을 할 수 없을 때는 "몰라. 네가 알아서 해"라고 면박 주지 말고 "아빠가 지금 당장 생각이 나지 않는데, 알아보고 가르쳐 줄게"라고 한 후 참고서나 인터넷을 통해 공부를 한 후 가르쳐 주면 된다. 사실 나도 자주 그렇게 했다. 좋은 아빠, 엄마가 되기 위해 시간을 투자하면, 자녀가 공부에 흥미를 가지게 될 뿐 아니라 과거에 이해하지 못했던 내용들도 알 수 있게 되니 정말 남는 장사가 아닐까.

관찰이 힘든 물리나 화학은 가르치기 쉽지 않지만, 관찰을 통해 배울 수 있는 생물이나 지구과학은 상대적으로 가르치기가 쉽다.

나는 시간이 나는 대로 아이들과 산책을 하며, 풀과 꽃을 감상했고, 매미와 잠자리, 메뚜기 등을 잡아 아이들에게 보여 주었다. 샛강에서 쉽게 볼 수 있는 각종 새들도 좋은 대화 소재가 될 수 있다. 철새들에 대해 설명해 주고, 물고기의 회유에 대해서도 설명해 줄 수 있다. 스마트폰을 꺼내면 모르는 내용들을 쉽게 찾아볼 수 있다.

밤이 되면 하늘에 떠오른 달과 별을 감상했다. 서울에서 별자리를 관찰하기는 쉽지 않으나 아주 밝은 곳이 아니라면 카시오페이아Cassiopeia, 북두칠성, 북극성은 쉽게 발견할 수 있다. 별자리를 알려 주는 스마트폰용 어플리케이션도 있어서 유달리 하늘에 밝게 비치는 별이 있다면 그 별이 금성인지 목성인지도 쉽게 알 수 있고, 별자리를 쉽게 찾을 수 있다. 왜 금성은 서쪽 하늘이나 동쪽 하늘에만 나타나는지, 왜 달은 매일 조금씩 늦게 뜨는지는 아이들과 함께 하늘을 올려다 볼 때 나눌 수 있는 대화거리다.

추울 때 집에만 있지 않고 과감히 밖으로 나서면 그 결단에 상응하는 많은 호사를 누릴 수 있다. 겨울을 나는 곤충들과 식물들의 지혜를 엿볼 수 있고, 얼음의 위력으로 발생하는 풍화현상도 설명해 볼 수도 있다. 얼음이 왜 어는지, 빙산이 왜 생기는지, 이른 아침에 생기는 서릿발이며, 창밖에 붙은 성에도 훌륭한 이야깃거리가 된다. 자연으로 나가면, 그리고 과학에 대한 자그마한 지식만 있다면 아빠, 엄마는 뛰어난 이야기꾼이 될 수 있고, 부모와 자식 간에 많은 교감을 줄 수 있도록 기획된 많은 소재들을 발견할 수 있다. 자연에 감동하지 않는 사람의 삶은 건조하고, 각박할 수밖에 없다.

아이들이 초등학교 다닐 때 2년간 주말농장을 경작했던 적이 있다. 상추, 들깨, 가지, 고추 등을 키웠는데 아이들과 함께 밭에서 돌을 골라내고, 김매고, 물을 주며 땀을 흘렸다. 실컷 땀을 흘린 후 밭에서 먹는 삼겹살과 쌈은 정말 일품이었다. 근처 논밭을 다니며 다른 농작물들의 이름을 익히고, 곤충을 잡으러 뛰어다니고, 비가 왔을 때는 흙탕물 장난을 하며 놀았던 그 시간들이야말로 정말 좋은 학습시간이었다.

개구리알과 도룡뇽 알을 집에 가져와 부화시켜 보기도 했고, 매미 유충을 가져와 아이들과 탈피 과정을 지켜보기도 하였다. 유정란을 두 차례 부화를 시키기도 했다.

달걀에서 병아리가 나올 때 인공부화기 주변에 둘러앉아 초롱초롱한 눈빛으로 관찰하던 그 순간을 어떻게 잊을 수가 있겠는가?

"병아리가 나를 보고 있어요. 저 병아리는 이제 내가 키워야겠어요."

조류의 각인 효과를 설명해 주었는데, 규준이가 제대로 이해하고 한 말이었다.

아이들의 탐구보고서 숙제가 있을 때마다 들풀 관찰을 제안했다. 아이들은 늘 다니던 산책길을 따라 평소 눈여겨봤던 들풀들의 사진을 찍었고, 집으로 돌아와서 식물도감을 뒤지며 이름을 찾고, 특성을 조사했다. 그리고 내가 틀을 잡아준 파워포인트 파일을 이용해서 정리한 후 과제물로 제출하곤 했다.

규승이가 중2 여름방학 때 매미의 탈피 과정을 관찰해서 탐구보고서로 작성했다. 이미 여러 차례 관찰한 바 있던 규승이에게 매미가 많은 곳에 가서 탈피에 대한 특이점을 발견해 보면 어떻겠느냐고 제안했다. 규승이도 흔쾌히 받아들였고, 나랑 규승이는 허물들을 찾아 비교하며 특징을 서로 이야기했다. 그런 다음에 나무별로 붙어 있는 허물들의 숫자를 다양한 관점에서 세어 본 후 매미의 탈피와 관련한 몇 가지 현상들을 정리했다.

- 매미는 경사진 나무에서는 탈피하지 않는다.
- 매미는 주로 나무의 동쪽에서 탈피한다.
- 매미는 죽은 나무에서는 탈피하지 않는다.
- 소음이나 조명 상태는 탈피에 영향을 주지 않는다.
- 매미가 좋아하는 나무와 싫어하는 나무가 있다.

이러한 탐구보고서를 제출하여 교육청에서 동상을 받았는데, 재미있게 놀고 상도 받으니 꿩 먹고 알도 먹은 셈이다.

사회

–

책으로 읽고 몸으로 체험하며

나는 이제껏 사회를 암기 과목이라고 해서 별로 중요하지 않게 말해 왔다. 그러나 단순한 암기를 하지 말라는 것이지 공부를 하지 말라는 것은 아니다. 사회현상을 이해하고, 생활에 필요한 어휘를 배우기 위해서는 당연히 사회 과목이 중요할 것이다. 그런데 이렇게 유용한 과목을 단순 반복 암기로 성적 올리기만 강요한다면 장기적으로는 사회 공부의 순기능을 잊어버리고, 오히려 흥미를 잃어버리게 만든다는 것을 기억했으면 좋겠다.

한 번도 가보지 않은 지역의 특산물을 외우는 것이 무슨 의미가 있겠는가? 오히려 우리나라의 산과 들과 바다의 형태를 위성 지도로 이해시킨 후 그러한 지형으로 인해 생길 수 있는 각 지방의 기후와 그로 인한 농작물의 종류 등을 설명한다면 사회 과목은 암기 과목이 아니라 탐구가 필요한 과학이 될 수 있다. 또한 여행하면서 바다와 산이, 주요 도로와 철도가 지역 산업과 어떤 연관 관계를 갖는지를 설명해 준다면 그 지역의 특징을 추측해 볼 수 있을 것이다. 이러한 통찰을 가지고 대화를 나누어 보는 것이 진정한 사회 공부가 아닐까 생각해 본다.

역사 과목도 마찬가지다. 동서양의 사고방식에 어떤 차이가 있는지를 살펴보거나 종교마다의 특징을 비교해 본다면 사회과학으로서 흥미로운 탐구거리가 될 수 있다.

그러나 단기간에 성적을 올려야 하는 학원에서는 이러한 장기적인 접근을 하기가 쉽지 않다. 학교 선생님을 믿고, 선생님의 말씀에 귀를 기울이면 선생님은 그만큼 자기가 알고 있는 지혜를 최대한 나누어 줄 것이다.

독서는 사회 공부에 있어서 무엇보다 중요하다. 참고서 한 권으로 모든 것을 이해할 수 있다면 효과적으로 공부할 수 있겠지만 앞에서 설명한 것처럼 사회현상을 이해하는 데는 자연과학에 대한 이해뿐 아니라 인문사회과학에 대한 폭넓은 이해를 전제로 하는 것인데, 이것을 한 권의 책으로는 설명할 수 없다. 역사적 사건들은 다양한 원인이 결합되어 나타나는 만큼 이러한 복잡한 관계를 어린 나이에 종합적으로 이해하기란 쉽지 않다. 이해가 되지 않는 것을 암기하기란 얼마나 어려운 일인가. 암기에 대한 스트레스를 갖는 대신에 많은 서적을 읽고 대화를 통해 사건 이면에 있는 원인들을 찾아나가는 습관을 들이다 보면 사회현상을 꿰뚫어보는 통찰력을 얻게 되고 공부도 재미있어질 것이다. 이해가 충분하다면 암기 과목에서 좋은 점수를 받는 것은 그리 어렵지 않다.

현재 내가 사는 지역은 2천 년 전 백제의 수도인 위례성이 위치했을 것으로 여겨지는 풍납동에서 그리 멀지 않은 곳이다. 백제는 왕조 678년의 73%인 490여 년 동안 31명의 국왕 중 21명이 이곳 서울에서 나라를 다스렸다. 때문에 주위에 백제 유물이 제법 많다. 나는 아이들과 함께 하는 백제 역사 탐방을 기획하고 실행에 옮겼다. 역사 탐방은 규준이와 한 번, 다솜이, 규승이와 한 번, 모두 두 번 했는데 이를 소개해 보겠다.

자전거를 타고 한강으로 나가서 광진구에 있는 아차산*을 보며 고구려와 백제의 관계를 설명해 주었다. 그리고 나서 자전거로 이동하여 백제가 쌓았다는 풍납토성을 구경한 후 올림픽공원으로 가서 몽촌토성을 구경했다. 두 토성은 한성백제가 수도를 방위하기 위해 쌓은 것인데 지금은 잦은 홍수로 인해 한강 주변에 토사±沙가 엄청나게 쌓이면서 상대적으로 높이가 낮아졌다.

그 후 올림픽공원에 있는 개선문을 돌아본 후 다시 자전거를 타고, 방이동에 있는 백제고분군으로 갔다. 그곳에는 총 10기의 백제 왕릉이 있는데 신라 왕릉에 비해 규모가 작으나 석실고분이어서 왕릉 안으로 들어갈 수가 있다.

그 다음에는 석촌동 백제고분군으로 이동했다. 석촌동은 아는 사람은 알겠지만

---

* 고구려 유적지로 온달장군이 전사했다고 하는 곳이 있다.

돌을 쌓아 만든 엄청난 규모의 적석총이 있었는데, 돌이 많다고 해서 동네의 이름이 석촌동이 되었다. 그곳에는 봉분 형태의 왕릉과 적석총뿐 아니라 봉분과 적석총이 혼합된 무덤, 토광묘 등 다양한 형태의 무덤이 한꺼번에 모여 있어 가히 왕릉전시장이라고 할 만하다.

마지막으로 삼전도비를 보러 갔다. 병자호란 때 인조가 남한산성에서 내려와 청나라 태종의 막사 앞에서 무릎을 꿇고 절하며 항복한 것을 기념하기 위해 청 태종이 세운 비석이다. 삼전도비는 모두 두 개가 있었는데, 굴욕의 흔적을 지우기 위해 한때 한강에 버려졌다가 그중 하나만을 찾아 세워 놓았다고 한다. 가족들과 남한산성에 갈 때마다 병자호란 이야기를 들려주곤 했다.

몇 시간의 탐방이 아이들의 머릿속에 역사를 고스란히 그려 준 것은 아니지만 역사에 대한 호기심과 외경심을, 그리고 국가의 의미를 깨닫게 해 주기에는 충분했다고 생각한다. 올림픽공원의 개선문은 오늘날 대한민국의 화려한 비상을 상징하는 것이니 한국인으로서의 자긍심 또한 느끼게 하였으리라 생각한다.

예술
‒
공부하기보다 즐겨야

나는 음악과 미술은 공부라기보다는 즐기는 것이라고 생각한다. 삶을 풍요롭게 하는 데 도움이 되는 예술 분야는 여가 시간이 점점 늘어나는 추세와 멀티미디어의 사용이 늘어나고, 멀티미디어를 사용하여 자신을 표현하는 경우가 많아지면서 기본적인 소양이 반드시 필요한 분야가 되어 가고 있다. 그러나 개인차가 크기 때문에 어릴 적부터 부담 없이 재미있게 참여할 수 있도록 기회를 제공한 후에 특별한 흥미나 재능을 보인다면 더 격려하고 지원함으로써 재능을 살릴 수 있도록 하는 것이 바람직할 것이다.

대학교 때 지방에서 서울로 올라와서 놀란 것 중의 하나는 피아노를 칠 줄 아는 남자들이 참 많다는 것이었다. 나의 고향에서는 피아노는 여자들이나 치는 것으로 생각하는 사람이 많았다. 서울 친구들이 피아노 치는 모습을 본 나는 내가 부모가 되면 아이들에게 반드시 피아노를 가르쳐야겠다고, 그리고 내가 피아노를 못 치니 피아노를 잘 치는 아내를 얻어야겠다고 생각했다.

음악을 즐길 줄 안다는 것은 평소 희로애락을 표현할 줄 아는 좋은 도구를 가지는 것이다. 그렇기 때문에 음악은 윤택한 삶을 살아가는 데 큰 도움을 준다고 생각한다. 그래서 아이들이 어릴 때 피아노를 가르쳤고, 집에서도 클래식 음악을 많이 듣도록 권유했다. 그러나 둘 다 그리 성공하지는 못했다. 권유는 하되 강제는 하지 않았기 때문이다.

규준이의 초등학교 2학년 담임선생님은 유명한 동요작곡가이자 어린이 합창단 지휘자이기도 했다. 선생님은 수업 시간에도 동요 반주 파일을 틀어 놓고 아이들로 하여금 노래하게 하거나 홀을 빌려서 한 반 아이들이 신작 동요를 부르는 행사를 개최한 후 그것을 CD로 만들어 나누어 주기도 했다.

그러나 학부모들의 원성이 대단했다. 학생들에게 음악만 지나치게 강조하는 것이 아니냐는 불만이었다. 하지만 나는 그리 불평하지 않았다. 음악이 인격 성숙에 미치는 영향이 지대하다고 생각했기 때문이다. 그 영향인지 규준이가 세 아이 중에서 피아노를 제일 잘 친다.

장차 전문 음악인으로 될 게 아니라면 혹독한 훈련을 받을 필요는 없다. 음악이 삶의 동반자로서의 역할을 할 수 있을 정도면 충분하다. 그런 생각으로 아이들에게 음악을 권했다.

다솜이가 중학교 3학년 2학기, 미술을 배우기 시작할 때 내가 다솜이에게 피아노를 다시 배울 것을 권유했다. 앞으로 입시 준비로 바빠질 텐데 그러면 피아노를 배울 시간이 점점 없어질 것 같았기 때문이다. 다솜이도 어릴 적 피아노를 배우긴 했지만 계속 이어지지 않아서 거의 연주를 못하는 상태였다.

다솜이는 플루트를 배우겠다고 하면서 아빠의 생각을 자신에게 강요하지 말라고 했다. 그래서 내가 세 가지 이유를 들었다.

"우선 플루트는 늘 들고 다니지 않는다면, 남의 것을 빌리기 힘든 악기여서 연주할 기회가 많지 않다. 그러나 피아노는 놓인 곳이 많고 별다른 문제가 없는 한 언제든지 연주할 기회가 있다.

둘째, 음악은 어렵고 힘들 때 힘이 되어야 하는데, 플루트는 입을 쓰는 악기이니 연주를 하면서 노래를 부르지 못한다. 그러나 피아노는 연주하면서 네가 좋아하는 노래도 부를 수 있고, 네 마음을 털어놓을 수도 옆 사람과 대화를 나눌 수도 있다.

셋째, 네가 엄마가 되어 아기를 가졌을 때 아기에게 음악을 가르치려면 피아노가 제일 좋다. 플루트는 아기가 초등학교 고학년이 되어야 비로소 연주할 수 있지만, 피아노는 태어나자마자 건반을 두드릴 수 있으니 음악을 가까이하게 만들 수 있다."

아마도 플루트 선생님들도 알고 보면 대부분 피아노를 먼저 배우고 나중에 플루트를 배웠을 것이고 하나의 악기를 배워야 한다면 우선 피아노를 선택하는 것이 좋다는 것에 동의하시리라 생각한다. 아무튼 다솜이는 나의 권유를 받아들여 몇 개월 동안 피아노를 배웠다.

규준이와 규승이가 각각 중학교 3학년쯤 되었을 때는 기타를 가르쳤다. 피아노와 비슷하게 기타도 쉽게 연주할 수 있고, 코드를 치면서 함께 노래할 수 있다는 장점이 있기 때문이다. 나는 기타의 음과 코드가 만들어지는 원리를 설명하고, 전자 조율기*를 구입해서 음의 주파수를 설명해 주었다. 화음에 대해서는 옥타브는 2배음,

---

* 악기의 음높이를 조절할 수 있도록 만든 기기.

완전5도는 1.5배음이라는 식으로 설명해 주었다. 두 아들은 수학과 물리를 잘했기 때문에 음악과 물리를 연결시켜 설명하면 더욱 잘 이해하리라고 생각했고 실제로 그랬다. 지금 규준이와 규승이의 기타 실력은 제법이다.

억지로 배우지 않고, 스스로가 선택해서 재미있게 배운 악기와 음악 실력은 삶에 좋은 윤활유 역할을 하게 될 것이다. 뿐만 아니라 피아노나 기타는 사람들을 흥겹게 하는 도구가 될 수 있으니 대인관계에도 좋은 도구가 될 수 있다.

내가 어릴 때 볼 수 있었던 미술 작품은 기껏해야 교실 뒤에 전시된 학생들의 그림이나 미술책에 소개된 내용이 전부였다. 그러나 요즘은 산책하면서 예술품을 감상할 수 있는 공간이 많아졌고, 디자인이 강조된 건축물도 도심에 부쩍 많아졌으며, 좋은 전시회도 많아서 미술 감상의 기회가 많이 늘어났다.

예술품을 보기 위해서는 집을 나서야 한다. 인터넷과 TV에만 빠져있는 사람들은 제대로 된 예술품을 즐길 수 있는 기회가 많지 않다. 우리 가족은 예술품을 관람하기 위해 미술관이나 전시회를 자주 찾았다. 황홀한 표정으로 관람하는 아이도 있고, 지겨워서 어쩔 줄 모르는 아이도 있었다. 모든 분야가 그렇지만 예술 분야는 특히 흥미와 재능을 발견하는 것이 무엇보다 중요하다.

가만히 생각해 보면 가장 뛰어난 예술품은 자연이다. 예전에 등산을 하다가 아내가 "야, 그림 같이 아름답네"라고 하자 다솜이가 말했다.

"자연이 그림보다 훨씬 아름답죠. 자연을 그림 같다고 하는 것은 잘못된 말이에요."

그렇다. 미술 공부의 시작은 가장 뛰어난 예술품인 자연을 즐기고, 자연을 사랑하며, 자연에서 경이를 발견하는 데 있다. 사랑하면 소유하고 싶고, 그러한 욕구가 그림이나 사진, 조각 등 미술 작품으로 표현되는 것이 아닐까 생각한다. 그런 면에서 우리 가족의 자연을 통한 미술 공부는 충분했다고 생각한다.

다솜이는 어릴 적부터 그림 그리기를 좋아했다. 다솜이가 중학교 3학년 2학기 중간고사를 치른 후 내가 조심스레 물었다.

"다솜이는 평소에 그림 그리는 것을 좋아하는 것 같은데, 미술을 전공해 보는 건 어떨까?"

다솜이가 큰 소리로 "좋아요!"라고 환호를 질렀다. 다솜이의 미술 공부는 월, 수, 금 주 3회로 하루 네 시간씩 진행되었다. 엄청난 노동이었을 텐데도 미술학원 외에 다른 학원에 대한 스트레스가 없었기 때문에 그림 그리는 시간을 매우 즐거워했다. 당연히 다솜이의 미술 실력은 하루가 다르게 빨리 늘었다.

그렇다고 다른 학과 성적이 떨어지는 일은 없었다. 자신이 하고 싶은 것에 전력을 다할 수 있도록 허락했더니 미술도 다른 공부도 놓치지 않았던 것이다.

미국 학교의 수업시간표를 보니 우리나라와는 달리 모든 요일의 시간표가 거의 동일했다. 예를 들어 1교시 수학, 2교시 미국사, 3교시 체육, 4교시 미술 등으로 시간표가 짜이면, 이런 식의 시간표가 일주일 내내 반복되며 과목마다 교실을 이동하여 수업을 듣는다. 따라서 들어야 하는 과목수가 적을뿐더러 학과 공부를 매일 계속 이어서 할 수 있다는 장점이 있다. 미술처럼 오랜 시간 작업해야 하는 과목을 일주일에 다섯 번이나 들을 수 있으니 훨씬 좋은 것 같다. 한국의 미술 시간은 대개 일주일에 두 시간, 그것도 이어서 편성되기 때문에 한 시간 이론 수업을 한 후 나머지 한 시간 동안 실기를 하다가 미처 완성하지 못하고 마치는 경우가 많다. 그러니 제대로 된 작품을 만들어 보기가 힘들 수밖에 없다.

다솜이가 미국에 가서 처음 한 일은 홈스테이 집에 만들어진 미술작업실 벽에 칠을 하는 것이었다. 마침 방학 기간이어서 다솜이는 재봉틀과 뜨개질을 배웠다.

"정말 좋은 기회네. 이제 미술은 단순히 붓만 가지고 그리는 것이 아니라 다양한 재료를 섞어서 만들곤 하지. 그런데 다른 재료를 잘 다룰 줄 모른다면 다른 사람에게 부탁해야 하고, 부탁할 때는 다솜이의 마음에 들 때까지 다양한 시도를 해 보기가 힘들 거야. 그러나 다솜이가 직접 그런 작업들을 할 줄 안다면 정말 네가 원하는 대로 작품을 만들 수 있게 될 거야.

　이왕 미술을 하는 거면 호숫가 모래사장에서 모래로 작품을 만들어 보고, 겨울에
는 눈사람도 예술적으로 만들어 봐. 다양한 소재로 다양한 시도를 해 본다면 장차 미
술 활동하는 데 좋은 경험이 될 거야."

　그 이후 다솜이는 재봉틀과 뜨개질뿐 아니라 찰흙 공예, 종이 공예, 유리 공예,
그리고 유화, 파스텔화, 색연필화, 소묘 등 온갖 작업에 도전했다. 모래로도 작업을
하고, 돌을 주워 와서 그림을 그리고, 그것을 자연과 매치시켜 사진을 찍고, 추운 겨
울에는 눈사람을 만들었다. 또한 가을 단풍잎을 정밀 묘사하고, 나이아가라 폭포를
그리기도 했는데, 아름다운 자연은 묘사의 대상이자 소재이자 팔레트가 되었다.

　그런 다양한 활동들을 책으로 엮어서 출간을 했다. 다솜이는 미술을 공부했다
기보다 즐긴 것이었는데, 다솜이의 책에는 그러한 흥분과 감동이 여기저기서 배어
나온다.

　지금 다솜이는 실내디자인을 전공하며 의욕적인 대학 생활을 하고 있다. 즐기면
서 작업을 하니 고된 작품 활동도 잘 견뎌내고 있으며 매학기 우수한 성적을 거두고
있다.

02

등산일지는 이렇게

전체 내용 중 일부만 소개합니다.

우리가족 등산, 여행 일지

규준이, 다솜이, 규승이와
엄마(이지혜), 아빠(황영헌)가 같이 다녔던
등산과 여행에 대한 내용들입니다.

재미있게 구경하세요.

목 차

부록　311

2000. 8. 15. 경기, 서울 청계산(583M) : 전가족

특징: 규승이가 34개월 때 정상에 올랐던 산(마지막 사진)으로 이후 여러 차례 등산.
바위가 별로 없어 오르기 수월하고, 나무와 계곡이 많아 여름에 등산하기 좋은 산.
산 아래는 음식점이 많아 등산객들이 많음.

2005. 10. 3. 전북 정읍 내장산(763M) : 전가족

불출봉 619M   망해봉 650M   연지봉 670M

까치봉 720M   신선봉 763M   연자봉 675M

특징: 전날 도착하여 민박을 한 후 아침부터 내장산 9 봉우리 중 6개를 7시간 30분에 걸쳐 종주
후 케이블카를 타고 하산한 우리 가족 사상 최고로 힘든 코스
단풍 절정기는 아니었지만 내장산의 화려함을 맛볼 수 있었던 산행

2006. 8. 15. 강원 인제 설악산(1708M): 전가족

특징: 해발 400M 정도의 오색약수에서 올라감. 짧은 코스였으나 급경사여서 아주 힘들었음.
　　　등산시간 약 5:40, 하산시간 약 4:10정도 걸렸고, 중간에 다람쥐들이 반겨주었음.
　　　날씨가 흐려 전망을 볼 수 없었던 것이 가장 큰 아쉬웠음.

2006. 10. 4. 경남 통영 지이망산(398M): 전가족

특징: 끊임없이 이어지는 바위산으로 너무나 힘들었고, 많이 위험한 산.
　　　그러나 수려한 산세와 아래로 보이는 다도해의 절경이 어우러졌던 멋진 산.
　　　뱃시간에 쫓겨 급하게 등산을 마무리해서 다음에 다시 한 번 가보고 싶은 산.

2006. 12. 26. 서울 백제 유적지 답사: 솜승빠

답사 초기에 한 장

백제유적지 메운 장면

풍납토성과 플래카드

올림픽 공원 조형물

홍시가 달린 감나무 앞

몽촌헌성비

페이퍼테이너박물관

백제 토광묘

적석총

특징: 준 답사코스를 솜승이 다시 한 번 여행함.
유적 발굴지가 흙으로 메워져 가슴이 아팠고, 풍납토성에 플래카드 등이 보기 싫었음.
답사 중에 새들이 까치밥 먹는 모습, 종이로 지은 박물관 등을 구경했음.

2008. 5. 5. 경기 가평 명지산(1267M): 전가족

특징: 규승이의 마지막 어린이날이었던 이날은 날씨가 너무 좋았음.
오를 때는 비교적 쉽게 올랐지만 하산 길에 경사가 급해서 고생을 많이 함.
특히 엄마가 발을 삐어 소방차, 구급차가 출동했던 잊을 수 없는 산행이었음.

2011. 8. 5. 경남, 전남 지리산 천황봉(1915M): 전가족

특징: 백무동 코스로 올라 장터목 산장에서 일박했는데, 겨우 숙소를 잡는 등 우여곡절이 많았음.
비가 많이 와서 경치를 전혀 볼 수 없어 많이 아쉬웠음.
준승빠만 정상을 올랐으며, 다솜이는 하산길에 많이 힘들어 했음.

2012. 2. 18. 강원 평창 계방산(1577M): 솜승마빠

특징: 전남 속초 워터피아에서 물놀이, 부러진화살을 감상하고 즐거운 시간을 보냄.
다음 날 운두령(1089M)에 주차 후 완전무장하고 등산, 정상 온도가 영하 20도 정도의 혹한.
하산해서는 운두령송어횟집에서 멋진 식사를 하였음.

100대 명산 중 가족이 올랐던 산